Variedades de la lengua española

Variedades de la lengua española ofrece un panorama general de la variación dialectal y sociolingüística en el espacio hispanohablante, presentado por uno de los más prestigiosos expertos en la materia.

La lectura de este manual permitirá familiarizarse con los rasgos que distinguen las diferentes variedades geográficas del español, con una comprensión adicional de las causas históricas y políticas de sus diferencias y de sus implicaciones sociales. Cada capítulo incluye sugerencias de lecturas complementarias y propone temas de debate e investigación, así como un glosario que explica la terminología algo más especializada. Complementariamente, el texto remite a materiales audiovisuales disponibles en la red que permiten una aproximación más directa a las variedades del español.

Estas páginas son de interés tanto para los hispanohablantes nativos como para los no nativos interesados por la diversidad dialectal. Asimismo, esta obra puede servir como texto primario, de apoyo o complementario para los estudiantes, el profesorado y los hispanistas interesados por el conocimiento de las variedades geográficas y sociales de la lengua española.

Francisco Moreno-Fernández es catedrático de Lengua Española en la Universidad de Alcalá (España) y Catedrático Humboldt en la Universidad de Heidelberg (Alemania). Fue el primer director del Observatorio de la lengua española y las culturas hispánicas del Instituto Cervantes en la Universidad de Harvard.

Routledge Introductions to Spanish Language and Linguistics
Series Editor: Carol Klee, University of Minnesota, USA

These accessible and user-friendly textbooks introduce advanced undergraduate and postgraduate students of Spanish to the key areas within Spanish language and linguistics.

Introducción a la lingüística hispánica actual: teoría y práctica
Javier Muñoz-Basols, Nina Moreno, Inma Taboada, Manel Lacorte

Lingüística hispánica actual: guía didáctica y materiales de apoyo
Javier Muñoz-Basols and Manel Lacorte

Manual de fonética y fonología españolas
J. Halvor Clegg and Willis C. Fails

Pragmática del español: contexto, uso y variación
J. César Félix-Brasdefer

Gramática española: Variación social
Kim Potowski and Naomi Shin

Variedades de la lengua española
Francisco Moreno-Fernández

For more information about this series, please visit: www.routledge.com/Routledge-Introductions-to-Spanish-Language-and-Linguistics/book-series/RISLL

Variedades de la lengua española

Francisco Moreno-Fernández

Series Editor: Carol Klee
Spanish List Advisor: Javier Muñoz-Basols

Routledge
Taylor & Francis Group

LONDON AND NEW YORK

First published 2020
by Routledge
2 Park Square, Milton Park, Abingdon, Oxon OX14 4RN

and by Routledge
52 Vanderbilt Avenue, New York, NY 10017

Routledge is an imprint of the Taylor & Francis Group, an informa business

© 2020 Francisco Moreno-Fernández

British Library Cataloguing-in-Publication Data
A catalogue record for this book is available from the British Library

Library of Congress Cataloging-in-Publication Data
Names: Moreno Fernández, Francisco, author.
Title: Variedades de la lengua española / Francisco Moreno-Fernández.
Description: New York : Routledge, 2019. | Series: Routledge introductions to
    Spanish language and linguistics | Includes bibliographical references and index.
Identifiers: LCCN 2019033589 (print) | LCCN 2019033590 (ebook) |
    ISBN 9781138385948 (hardback) | ISBN 9781138385955 (paperback) |
    ISBN 9780429426988 (ebook)
Subjects: LCSH: Spanish language—Variation. | Spanish language—Dialects.
Classification: LCC PC4712 .M675 2019 (print) | LCC PC4712 (ebook) |
    DDC 467—dc23
LC record available at https://lccn.loc.gov/2019033589
LC ebook record available at https://lccn.loc.gov/2019033590

ISBN: 978-1-138-38594-8 (hbk)
ISBN: 978-1-138-38595-5 (pbk)
ISBN: 978-0-429-42698-8 (ebk)

Typeset in Goudy and Helvetica
by Apex CoVantage, LLC

Índice

Gráficos

Cuadros

Mapas

Introducción

Este libro presenta un panorama general de la variación dialectal en el territorio hispano-hablante y explica los rasgos lingüísticos más relevantes de las variedades con mayor difusión de la lengua española. A lo largo del texto, se ofrece información sobre aspectos políticos y culturales relacionados con la variación dialectal y social del español. Las consideraciones históricas son asimismo vitales para comprender los orígenes y la distribución de las variedades del español.

La intención de esta obra es familiarizar a los lectores con los rasgos lingüísticos que caracterizan las principales áreas del español y reflexionar sobre sus implicaciones locales, nacionales e internacionales. La idea es facilitar la comprensión del lugar que le corresponde al español y sus dialectos en el mundo, ya sea como lengua materna o nativa, ya sea como segunda lengua, así como ofrecer argumentos y recursos analíticos en relación con las variedades geográficas y sociales de la lengua.

Estas páginas presentan una forma de entender las variedades del español que no ha sido habitual en la dialectología española más tradicional. Por un lado, se ofrece un perfil lingüístico de las principales áreas geográficas hispanohablantes en estrecha relación con sus contextos políticos y socioculturales. Por otro lado, se presta una especial atención al contacto y a la diversidad de lenguas de cada territorio. Las variedades de los hablantes bilingües o de algunas modalidades consideradas generalmente como marginadas y minoritarias también reciben una atención poco usual en otras obras de estas características.

Variedades de la lengua española va dirigido a todos aquellos interesados por conocer la realidad del español hablado en el mundo y las situaciones de contacto entre el español y otras lenguas en América, Europa, África o Asia; y lo hace sin suponer conocimientos previos de lingüística, aparte de algunas nociones elementales de fonética. El libro quiere ser útil para una gran variedad de estudiantes internacionales, especialmente para aquellos que buscan acceder a conocimientos avanzados sobre el español.

Muchos programas universitarios de español o de estudios hispánicos incluyen cursos titulados "Variedades del español" o "Dialectología del español". Esta área temática ha sido ampliamente investigada en todos los países de habla hispana y en países con una larga tradición de hispanismo, como Francia, el Reino Unido, Alemania, Italia, Japón o los Estados Unidos. Estas páginas podrían servir como texto primario, de apoyo o complementario para los estudiantes, el profesorado y los hispanistas interesados por este campo.

Todos los capítulos de esta obra van acompañados de una introducción y un resumen, de dos propuestas de lecturas complementarias, accesibles a través de internet, de sugerencias para investigar y debatir, de un glosario de los conceptos más especializados y de unas elementales referencias bibliográficas utilizadas en el capítulo y recomendables para ampliar conocimientos.

La versión final de esta obra está en deuda con varios colegas que, con inmensa generosidad académica, han comentado y enriquecido la primera redacción de algunos capítulos. Andrew Lynch (University of Miami), Manuel Díaz Campos (Indiana University) y Rocío Caravedo (Pontificia Universidad Católica del Perú) me han regalado una parte de sus muchos conocimientos. Carol Klee (University of Minnesota) me ayudó a darle forma al proyecto editorial, para finalmente depositar en él toda su confianza. Gracias a todos ellos y gracias a lo/as lectore/as que decidan adentrarse, siguiendo el camino de estas páginas, en el fascinante mundo de las variedades de la lengua española

Créditos

Agradezco a la editorial Arco/Libros y al grupo Planeta, especialmente a la editorial Espasa-Calpe, su consentimiento para reproducir imágenes previamente publicadas en otras obras de mi autoría. La ilustración "Virreinatos y audiencias de América en los siglos XVII y XVIII" (Cap. 3) ha sido cedida por Luis Doyague, a quien también le expreso mi agradecimiento.

Signos fonéticos más especializados
(Alfabeto Fonético Internacional)

[ã]:   /a/ nasalizada (el aire sale parcialmente por la nariz)

[ß]:   /b/ fricativa (cierre de los labios sin interrupción de la salida del aire)

[ð]:   /d/ fricativa (la lengua se aproxima a los dientes sin interrumpir la salida del aire)

[ɣ]:   /g/ fricativa (la lengua se aproxima al velo del paladar sin interrumpir la salida del aire)

[h]:   aspiración faríngea sorda (se produce un rozamiento del aire en la faringe y las cuerdas vocales no vibran)

[j]:   /i/ semivocálica o semiconsonántica (*aire, piano*) (la lengua se aproxima al paladar)

[ǰ]:   palatal fricativa sonora (la lengua se apoya en el paladar sin producir rozamiento y las cuerdas vocales vibran)

[ʎ]:   palatal lateral sonora (la lengua se apoya en el paladar con salida lateral del aire y las cuerdas vocales vibran)

[ʃ]:   prepalatal fricativa sorda (sonido similar a *sh*)

[ɲ]:   nasal palatal (la lengua se apoya en el paladar y salida nasal del aire)

[ŋ]:   nasal velarizada (la lengua se apoya en el velo del paladar y salida nasal del aire)

[r]:   vibrante múltiple (*carro; rojo*) (la lengua vibra en los alveolos)

[ɾ]:   vibrante simple (*cara; duro*) (la lengua toca una vez los alveolos)

[s̪]:   /s/ dorsodental fricativa sorda (la lengua roza en los dientes y las cuerdas vocales no vibran)

[ʧ]–[t͡ʃ]: prepalatal africada sorda (la lengua se apoya en el paladar delantero, con cierre seguido de rozamiento y las cuerdas vocales no vibran) (*chiste; mucho*)

[x]:   velar fricativa sorda (*junto; rojo*) (la lengua roza en el velo del paladar y las cuerdas vocales no vibran)

[ʐ]:   vibrante asibilada (la lengua roza y vibra en el paladar y las cuerdas vocales vibran)

[ʒ]:   palatal rehilada sonora (la lengua se apoya en el paladar con rozamiento intenso y las cuerdas vocales vibran)

[w]:   /u/ semivocálica o semiconsonántica (*causa, puedo*) (la lengua se aproxima al velo del paladar)

[θ]:   interdental fricativa sorda (*zapato, canción*) (la lengua roza entre los dientes superiores e inferiores y las cuerdas vocales no vibran)

Las formas y expresiones entre corchetes ( ) representan pronunciaciones. Las palabras o expresiones entre comillas simples (' ') representan significados.

Mapa 0.1 Lenguas de España

Fuente: Moreno-Fernández 2009

Mapa 0.2 Mapa político de países hispanoamericanos

Capítulo 1

Lenguas y diversidad

Introducción

La diversidad lingüística es uno de los grandes tesoros de la humanidad. Su origen está íntimamente ligado tanto a la propia naturaleza del lenguaje, como a los condicionamientos socioculturales y contextuales en que las lenguas se desenvuelven. Las cuestiones que suscita la diversidad de lengua son numerosas y profundas, desde el modo en que se genera, hasta su distribución geográfica, en la actualidad y a lo largo de la historia.

Este capítulo presenta el origen y el estado actual de la diversidad de lenguas en el mundo, prestando atención a su desarrollo histórico y distribución geográfica. Trata también de la variación y el cambio lingüísticos como factores determinantes de la diversidad.

Los objetivos de este capítulo son los siguientes:

a   presentar el origen y desarrollo de la diversidad lingüística;
b   determinar la posición del español entre las lenguas del mundo;
c   explicar el origen y desarrollo de las variedades dialectales en relación con sus entornos socioculturales;
d   presentar los fundamentos del cambio lingüístico en su relación con factores internos y externos.

1.1 La diversidad lingüística

El desarrollo del intelecto humano y la multiplicidad de modos de vida no pueden entenderse adecuadamente si no se valora la diversidad de lenguas. Las formas en que tal diversidad se origina y manifiesta son muy distintas y complejas porque en ellas están implicados componentes biológicos, sociológicos, históricos, etnográficos y antropológicos, más allá de los netamente lingüísticos. Por eso merece la pena preguntarse cómo ha surgido la diversidad y cómo se distribuyen las variedades lingüísticas por el planeta.

La diversidad lingüística guarda ciertos paralelismos con la multiplicidad de especies que habitan la Tierra. Asimismo, en relación con la diversidad genética humana, se han llegado a asociar las variantes raciales, con las lenguas que se hablan en el mundo. Las grandes migraciones de la antigüedad supusieron la dispersión de grupos humanos con rasgos genéticos precisos y, al mismo tiempo, de las lenguas que hacían posible la comunicación entre ellos. De hecho, la distribución de lenguas en el mundo se asocia parcialmente a acontecimientos abruptos, desde un punto de vista sociodemográfico, como las migraciones masivas, las invasiones o las conquistas. Pensemos, por ejemplo, que la difusión de la gran familia indoeuropea, en su conjunto, ha estado íntimamente ligada a los fenómenos de la colonización y de la migración. De hecho, estos factores han sido determinantes, por ejemplo, en la historia del español. Sin embargo, no puede olvidarse que genes y lenguas no se identifican necesariamente y que la genética es ajena a la historia social de las lenguas.

La gran cantidad de lenguas y variedades habladas por comunidades de tamaño muy pequeño explica que muchas de ellas estén en peligro de extinción: al ser manejadas por grupos reducidos de hablantes, generalmente grupos indígenas, no permiten su uso con ciertos fines comunicativos (por ejemplo, para la ciencia o las nuevas tecnologías) y ello obliga a utilizar una lengua más general, que puede acabar desplazando a la minoritaria en su propia comunidad de origen. Esta es la situación que se vive en muchos entornos bilingües del espacio hispanohablante, tanto en América como en África.

Por otro lado, entre las lenguas vivas se cuentan las modalidades nacidas de los contactos entre lenguas diferentes, contactos que también han sido consecuencia, en su mayoría, de las navegaciones patrocinadas por las potencias europeas desde 1500. Estos contactos llevaron a la necesidad de comunicación entre los hablantes de lenguas europeas (francés, español, holandés, inglés, portugués) y los hablantes de lenguas originarias de África, Asia, América u Oceanía. De esa comunicación surgieron variedades mezcladas, utilizadas solo con ciertos fines comerciales, pero que, en muchos casos, acabaron convirtiéndose en la lengua materna y propia de una comunidad. Estas lenguas reciben la denominación de **lenguas criollas**. Las diferencias en los estilos de colonización de las potencias europeas explican parcialmente que haya más lenguas criollas de base inglesa o francesa que de base española (§ 14.4.2).

Finalmente, entre las lenguas del mundo también se incluyen las **lenguas de signos** utilizadas por la población con carencia o deficiencia auditiva. Quienes no pueden percibir los sonidos ni emitirlos con facilidad han intentado siempre comunicarse mediante gestos. Las lenguas de signos se han formalizado y han sido reconocidas en el seno de las diferentes comunidades lingüísticas, pero no han de entenderse como derivaciones o variantes de las lenguas habladas, sino como auténticas modalidades lingüísticas independientes. Dentro de la geografía hispánica, se usan diversas lenguas de signos o señas, como la lengua de signos española, mexicana, cubana, puertorriqueña, colombiana, peruana, chilena, argentina . . . Prácticamente cada país hispanohablante cuenta con su propia lengua de signos.

1.2 El español entre las lenguas del mundo

El número de lenguas que se hablan en el mundo se sitúa entre un mínimo de 4.500 y un máximo de 10.000, si bien la cantidad comúnmente aceptada es de alrededor de 6.000. La falta de información sobre muchas variedades lingüísticas y las dificultades para clasificarlas llevan a proponer estimaciones diferentes. El primero que elaboró un catálogo de las lenguas del mundo fue el jesuita español Lorenzo Hervás y Panduro, que entre 1800 y 1805 publicó en Madrid su *Catálogo de las lenguas de las naciones conocidas*.

Como se acaba de mencionar, la pregunta sobre el número de lenguas que se hablan en el mundo no tiene una respuesta clara ni única. En realidad, las disputas sobre la cantidad de lenguas no suelen dirimirse por media docena arriba o abajo, sino que, como hemos comprobado, la discrepancia puede ser de centenares. Tal nivel de divergencia se debe a una cuestión de perspectiva. El problema para conocer el número de lenguas del mundo – o incluso de un simple continente – no está en el mecanismo de recuento, sino en decidir qué se debe recontar. Así pues, el primer escollo que se ha de salvar es la definición de "lengua"; y el segundo consiste en la identificación de cada una de las lenguas. Sucede, sin embargo, que no es posible cerrar una definición de "lengua" con argumentos lingüísticos, ya que el concepto no es propiamente lingüístico, sino social. Llamamos **lengua** a aquello que convencionalmente hemos decidido llamar *lengua*. De este modo, el factor que impide determinar de modo preciso cuándo estamos ante lenguas distintas y cuándo ante **dialectos** geográficos o de otro tipo es, en gran medida, de naturaleza social y no lingüística: una cuestión de convenciones. El símil de las razas puede servir para comprender esta realidad. Hoy nadie cree que solo existan las tres razas que proponía Gobineau en 1853: blanca, negra, amarilla. Las etiquetas raciales son convenciones sociales que tienen que ver, no con manifestaciones fenotípicas, sino con los conocimientos y creencias de cada época y territorio. Las lenguas y los dialectos son entidades construidas socialmente: las primeras cuentan con el prestigio del uso público y de la escritura, junto al privilegio de la enseñanza formal o del uso literario. Los dialectos, no.

Los procesos de diversificación y difusión de lenguas han dado lugar, ya desde la prehistoria, a la formación de "familias", que constituyen el objeto de estudio de la "tipología lingüística". Una "familia lingüística" se define como un conjunto de lenguas y variedades que comparten un origen común, así como una serie de rasgos lingüísticos. Son esos rasgos comunes, pues, los que permiten la filiación y clasificación de las lenguas.

La clasificación de las lenguas es un procedimiento muy complejo, que consiste en la identificación de grandes agrupaciones de variedades lingüísticas que reciben el nombre de **filos** o *macrofamilias*. Esas macrofamilias se dividen en familias y estas se subdividen en subfamilias y en agrupaciones menores. La **macrofamilia indoeuropea** está integrada por varios grupos de lenguas (lenguas greco-armenias, indoiranias o balto-eslavas). Dentro de los grupos se identifican, a su vez, familias de lenguas: en la balto-eslava, la báltica y la eslava; en la indoirania, la indoaria y la irania. Así pues, junto a los grupos, se distinguen familias y, dentro de estas, subfamilias. A la familia indoeuropea propiamente dicha pertenecen las subfamilias germánica y celto-itálica. En la subfamilia germánica se inscriben lenguas como el inglés, el alemán, el sueco o el danés. A su vez, a la subfamilia celto-itálica pertenecen las lenguas itálicas, entre las que se incluye el latín.

A partir del latín nacieron lenguas que reciben el nombre de **románicas** o romances: francés, italiano, portugués, catalán, gallego, rumano... Aquí se incluye también el español. Así pues, el español es una lengua románica o romance, de la subfamilia itálica, de la familia indoeuropea, de la gran macrofamilia indoeuropea, que procede, a su vez, de un antiguo protoindoeuropeo. Actualmente, las lenguas de la familia indoeuropea, la de mayor número de hablantes, agrupa las lenguas de un 45% de la población mundial.

1.3 La variación lingüística

Uno de los conceptos clave que explica el porqué y el cómo de la diversificación lingüística es el de "variación"; es decir, la cualidad de las lenguas por la que es posible utilizar diferentes variantes o formas para expresar unos mismos significados. Esto ocurre cuando en español se elige entre *amara* y *amase*, entre *se lo dije* y *se los dije* o entre los sonidos [j] y [ʃ] para la consonante inicial en *llave*. La variación es uno de los factores que contribuyen a los cambios lingüísticos, que pueden llevar a la aparición de lenguas diferentes. Y la variación y el cambio a menudo están a su vez correlacionados con factores culturales, sociales, contextuales, de gran o de pequeño alcance, que afectan a las lenguas en su evolución y distribución espacial. Entre los factores sociales se incluyen la edad, el sexo o género, la raza o etnicidad, y el nivel socioeconómico o el barrio de residencia.

La diversificación lingüística no es un fenómeno fácil de rastrear. La diferencia entre la lengua francesa y la española puede resultar más que evidente para cualquiera en la actualidad, pero no resulta fácil para nadie, ni siquiera para los especialistas, explicar con precisión cómo se llegó a una y otra lengua a partir de unas variedades del latín de constitución borrosa y siguiendo un proceso cuyas etapas no se conocen pormenorizadamente.

La variación lingüística es un factor que impide determinar con precisión cuándo estamos ante una lengua y cuándo ante una variedad de una lengua, llámese *dialecto*, *habla* o de cualquier otra forma. De igual manera, es la variación la que dificulta la tarea de establecer precisos límites geográficos o cronológicos entre modalidades lingüísticas. A menudo somos capaces de distinguir a los miembros de nuestra comunidad de los residentes en la comunidad contigua, tal vez por el uso característico de esta o aquella palabra; tal vez por la pronunciación de un sonido diferenciador. Otras veces somos capaces de intuir que alguien no es de nuestra misma procedencia, aunque no acertemos a explicar por qué. Todo ello ocurre porque la lengua se manifiesta de modo variable, como reflejo de su esencia variable.

Las lenguas se ven afectadas por factores que provocan variación y que pueden ser internos (lingüísticos) o externos. Aunque los factores lingüísticos son cruciales, cualquier estudio de los dialectos que no tenga en cuenta los factores externos, al menos la geografía, no sería propiamente dialectológico. Pensemos que los dialectos se definen precisamente por factores que no tienen que ver con las lenguas mismas. Esos factores no solo crean variación, sino que, de un modo u otro, condicionan toda nuestra experiencia comunicativa. Hablamos, por un lado, del *tiempo* y el *espacio*; por otro, de la *sociedad* y el *contexto* inmediato.

El **espacio** es decisivo en la configuración del lenguaje y sus manifestaciones, tanto en el individuo como en la sociedad. Las lenguas, sus variedades, suelen estar vinculadas a una geografía, donde se concreta la expresión de una cultura o de una identidad. Esto no significa que una lengua no pueda aprenderse o utilizarse fuera de su "geografía natural", como lo demuestran día a día el aprendizaje de lenguas extranjeras en las aulas, la comunicación escrita, tanto en formato físico como digital, o el manejo de lenguas artificiales, creadas precisamente para un uso pretendidamente universal.

El vínculo entre "lengua" y "territorio", supone la inmersión de la lengua en una cultura, en un medioambiente, en una historia, en una arquitectura, en un urbanismo, en un entorno humano. Esta realidad condiciona algo tan importante como el saber enciclopédico de los hablantes, más allá de su nivel de escolarización, confiriéndoles un bagaje léxico y fraseológico particular, junto a una sintaxis y una fonética características. Los hablantes procedentes de áreas geográficas diferentes se reconocen por su común conocimiento enciclopédico, que los hace receptivos al mismo tipo de humor, de ironías, de inferencias, de connotaciones, de referentes culturales y hasta de emociones.

Del mismo modo, es frecuente identificar como característicos de una región vocablos que resultan particulares, no tanto por su forma lingüística, como por el hecho de reflejar una realidad cultural determinada. En español, se consideran andalucismos, usos propios de la región española de Andalucía, voces como *faralá, salmorejo, bulería* o *costalero*, pero no se trata estrictamente de peculiaridades de lengua, sino de realidades culturales de Andalucía, pertenecientes al ámbito del vestido, la gastronomía, el flamenco o la religiosidad, respectivamente. Algo similar podría comentarse del *chaco*, el *choclo* o la *quena* de los Andes; la *butifarra*, la *sardana* o el *seny* de Cataluña; y el *zopilote*, el *quetzal*, el *cuitlacoche* o el *elote* de la cultura azteca. Todas estas formas léxicas, por cierto, han pasado al español, general o regional, acompañando a sus respectivos referentes culturales.

Uno de los ámbitos de mayor interés en la correlación entre lengua y geografía es el de las **fronteras**, tanto de las lenguas como de los dialectos. Las fronteras parecen ser nítidas en algunos casos, sobre todo cuando existen importantes accidentes geográficos entre un área y otra, pero no es esta la situación general ni mayoritaria. Europa es el paisaje dialectal más propicio para apreciar lo difuso de las fronteras entre variedades, pues la forma de hablar va cambiando gradualmente de localidad en localidad, hasta que llega un punto, en ocasiones muy lejano, en que la primera ya no se entiende con la última. Esta gradualidad dialectal, sin embargo, no es patrimonio exclusivo de Europa: en el espacio de contacto uruguayo-brasileño, por ejemplo, se pasa del español al portugués con la intermediación de una variedad mixta llamada *portuñol* que se extiende al norte de Uruguay y se adentra en tierras políticamente lusófonas. Una sola calle separa la ciudad brasileña de Santana do Livramento y la uruguaya de Rivera; como una calle separa la localidad brasileña de Tabatinga y la colombiana de Leticia, frente al río Amazonas (§ 14.4.1).

Las discrepancias entre dialectos de una misma lengua suelen afectar al léxico – recordemos la dimensión cultural – y a la pronunciación; algo menos a la gramática, aunque esta tampoco es ajena a la variación. Naturalmente, las distancias entre variedades dialectales pueden ser mayores o menores, sin que exista correlación necesaria con las distancias geográficas. Además, esas distancias dialectales no son estables, sino que pueden acrecentarse o reducirse dependiendo de las condiciones de su uso o aprendizaje. El aumento y reducción de la distancia lingüística puede producirse respectivamente en forma de "dialectalización" y de "koinetización".

La **dialectalización** es el proceso que lleva a la formación de variedades dialectales, como el que experimentó la lengua latina, sobre todo a partir del siglo IV, y que dio lugar a la formación de las lenguas románicas o romances – entre ellas, el español – o como el posterior proceso de formación de variedades dentro del español. El proceso contrario a la dialectalización es la **koinetización** o nivelación, que consiste en la progresiva confluencia de elementos de origen dialectal diverso, hasta crear una nueva variedad, una *koiné* innovadora.

1.4 El cambio lingüístico

La diversidad lingüística se debe en gran medida a que las lenguas cambian con el **tiempo**. Las causas de los cambios lingüísticos no siempre son fáciles de identificar, pero, en general, podemos hablar de dos tipos diferentes: los cambios internos y los cambios externos. A menudo estos cambios se producen de manera imperceptible para los hablantes y esto favorece su difusión. Los cambios externos responden a las influencias de las lenguas circunvecinas (préstamos, transferencias fónicas), al traslado de población de unos territorios a otros o a los cambios culturales que toda sociedad experimenta y que pueden suponer nuevas necesidades comunicativas.

En lo que se refiere a los mecanismos internos del lenguaje, estos son muy diversos y se activan por la intervención de fuerzas distintas. Así, por ejemplo, los cambios en la pronunciación eran explicados en el siglo XIX como el resultado de la aplicación de unas leyes que no aceptaban excepciones. De esta manera se explicaron importantes procesos, como la "mutación consonántica" producida en las lenguas germánicas, en aplicación de la llamada Ley de Grimm. De acuerdo con esta ley, se producen cambios desde [p], [t] o [k] a [f], [Ɵ] o [h] y desde estas a [b], [d] o [g], en una cadena que se cierra mutando de nuevo estas últimas hacia las primeras. La aplicación de este tipo de leyes fonéticas tiene como contrapunto el funcionamiento de la **analogía**, que es un proceso cognitivo por el que se tiende a igualar lo diferente de acuerdo con un patrón o modelo, quebrantando incluso las leyes fonéticas.

Responden a un proceso de analogía la formación de usos verbales como *semos* 'somos' (analogía con *ser*) o *escribido* 'escrito' (analogía con participios regulares).

En el plano de la gramática, junto a la analogía, el mecanismo más poderoso de cambio es la **gramaticalización**, que consiste en la formación de elementos gramaticales a partir de unidades léxicas, con la correspondiente transformación de su significado. La gramaticalización es la que explica, en español, el paso del verbo pleno *haber* a sufijo verbal de futuro *–é* (p.e. en *amar – é*) o a verbo modal (*he de comer*). La gramaticalización se produce de manera gradual en el tiempo, en el individuo, en la sociedad y en la propia gramática, y tiende a seguir un mismo patrón evolutivo, unidireccional, en todas las lenguas:

ítem léxico > palabra gramatical > afijo

Finalmente, el plano de las palabras y de sus significados también experimenta evoluciones. En lo puramente léxico, la formación de **neologismos** (palabras o significados nuevos) supone cambios notorios. Los neologismos pueden deberse a préstamos de otras lenguas o a creaciones propias. Entre los mecanismos que provocan estas últimas están las **etimologías populares**, que pueden acabar desplazando totalmente a otros usos históricamente más apropiados. Por ejemplo, en la actual expresión española *montar un pollo* ('organizar un lío o escándalo'), nadie es consciente de que su significado primigenio estuvo relacionado con *poyo* ('banco de piedra') y no con el ave doméstica. Es la etimología popular la que asocia la expresión a un origen diferente. En cuanto a los significados, el principal motor de cambio es el metafórico, sea en forma de **metáforas** propiamente dichas (pensemos en las estancias llamadas *leonera* 'lugares desordenado' o *grillera* 'espacio con muchas voces o ruido', sea en forma de metonimias (pensemos en los vinos llamados *riojas* y *oportos*), junto a otros tipos de extensiones y cambios de significado.

Por su lado, la coexistencia de lenguas, debida a las migraciones, los medios de comunicación, el turismo, la enseñanza, los contactos profesionales o las vecindades históricas, es origen de muchos de los cambios que se producen en las lenguas de cualquier rincón del mundo. Esta coexistencia lingüística, nacida de la convivencia de gentes, provoca fenómenos que afectan a todos los niveles del lenguaje y constituye una de las fuentes de cambio. Toda lengua acaba por exhibir la huella dejada por otras variedades; en otras palabras, las lenguas puras no existen.

Los procesos de cambio derivados del contacto de lenguas son muy variados. En general, pueden agruparse bajo el nombre de **transferencias**, puesto que se trata de elementos que se transfieren de una variedad a otra. Las trasferencias aparecen de forma natural en situaciones de bilingüismo o multilingüismo y pueden provocar cambios, a veces muy importantes. Como ejemplos de transferencias, podrían mencionarse el uso de anglicismos (p.e. *lease*: 'contrato; arrendamiento'; *part-time*: 'tiempo parcial' . . .) o de calcos sintácticos (p.e. *¿cómo te gustó?*: '¿te gustó?') en el español de los Estados Unidos (§ 12.3). Las consecuencias del contacto lingüístico pueden ser transitorias o permanentes, de manera que algunas innovaciones pasan a incorporarse al sistema de los hablantes monolingües, que en muchas ocasiones no son conscientes de cómo el cambio se ha producido. En general, el cambio por contacto externo solo triunfa si lo adopta un número suficiente de hablantes en el proceso de transmisión.

En cuanto a su desarrollo temporal, las lenguas suelen experimentar un proceso de **complejificación**; esto es, un proceso por el que adquieren complejidad o por el que se origina una variedad más compleja. A este respecto, Peter Trudgill afirma que el entorno más favorable para la complejificación se halla en comunidades en las que aparecen los siguientes factores sociales: bajo nivel de contacto con otras lenguas, alta estabilidad y homogeneidad social, tamaño reducido, gran cantidad de información comunitariamente compartida. De hecho, los sistemas gramaticales más complejos se encuentran típicamente en las lenguas habladas por agrupaciones humanas muy pequeñas. Frente a esto, el contacto entre dos comunidades que hablan diferentes suele provocar resultados lingüísticos de **simplificación** en cada una de las lenguas adyacentes. Por eso las lenguas internacionales, en su proceso de expansión, suelen simplificar algunos de sus sistemas, como ha ocurrido con el sistema verbal del español, que está diluyendo los límites entre el indicativo y el subjuntivo, en detrimento de este último, o simplificando su sistema de tiempos de pasado.

La explicación de por qué cambian las lenguas pueda abordarse desde perspectivas diversas, que tienen que ver con el modo de entender los procesos internos de cambio. Desde una de esas perspectivas, el cambio estaría orientado a consumir la menor cantidad de energía posible en el lenguaje, sin afectar a la calidad de los significados transmitidos y a la eficacia de la comunicación. Para que esto último ocurra, existen principios compensatorios, como el de la "redundancia" o repetición de rasgos, destinados a impedir la pérdida de información relevante. Esta forma de entender los cambios está ligada a las funciones del lenguaje, dado que los elementos que más difícilmente cambian son aquellos cuya función no conviene suprimir. Pongamos un ejemplo del español: la tendencia a debilitar /s/ en posición final de sílaba es intensa en muchas áreas hispánicas, pero no suele serlo tanto cuando /s/ es indicadora de plural o de segunda persona en el verbo, como en *metas* o *puedes*, ya que con su elisión podría perderse una información gramatical relevante.

Desde una perspectiva social, las variantes y los cambios lingüísticos pueden entenderse como la consecuencia de conflictos de intereses entre grupos sociales. Las agrupaciones de estatus más bajo dentro de la sociedad pueden ser foco de innovaciones que adquieren un valor simbólico como marca de grupo. Las agrupaciones de estatus más elevado, sin embargo, pueden resistirse a las innovaciones, en una defensa de sus posiciones y desde un deseo de marcar distancias respecto a los grupos inferiores. De ahí que el equilibrio entre las fuerzas sociales y la coincidencia de intereses sean la única posibilidad de éxito para una innovación lingüística. Visto así, el cambio lingüístico podría interpretarse como metáfora de las tensiones que se despliegan en el seno de toda sociedad.

Resumen

La mayoría de las lenguas del mundo se agrupan en macrofamilias y familias lingüísticas. La familia indoeuropea, a la que pertenece el español, es la de mayor difusión mundial por número de hablantes. El español es una lengua románica o romance, de la subfamilia itálica, de la familia indoeuropea, de la gran macrofamilia indoeuropea, que procede, a su vez, de un antiguo protoindoeuropeo.

La diversificación lingüística es resultado, en buena medida, de los procesos de variación y cambio lingüísticos. La variación viene determinada por factores lingüísticos internos y por factores externos a la lengua, como la geografía, la sociedad y, en general, el entorno comunicativo. Los cambios lingüísticos asimismo vienen motivados por factores internos, pero también por factores como el contacto de lenguas. Este contacto produce consecuencias lingüísticas y sociales. Entre las primeras, las más relevantes son las transferencias y los préstamos, que dan personalidad a las variedades que los reciben.

Lecturas complementarias

1   La diversidad lingüística en textos normativos de la UNESCO.
www.unesco.org/new/es/culture/themes/endangered-languages/linguistic-diversity-in-unesco-normative-texts/

Descripción del contenido: La UNESCO ha desarrollado una documentación en la que se establecen los derechos relativos a la diversidad cultural y lingüística. Destaca la declaración universal sobre la diversidad cultural (2001) y la convención sobre la protección y promoción de las expresiones culturales (2005).

2   *El lenguaje y la vida humana*. Mauricio Swadesh. México: FCE. 1966.

Descripción del contenido: El autor presenta las características que suelen encontrarse en las lenguas de civilización. Lea el fragmento siguiente: http://antologiaesoterica.com/114swadeshlenguaje.html. Aquí se destacan las características relacionadas con el léxico, que en las lenguas de civilización suelen incluir formas más largas, abundancia de nombres propios e influencias de otras lenguas.

Sugerencias para investigar y debatir

1   Mire el video "Language Families" de Jake Goldwasser (2016) (www.youtube.com/watch?v=17a8eSA2ku0) e intente explicar y debatir a qué se debe la extensión geográfica que tiene cada una de las grandes familias lingüísticas.
2   Identifique cuáles son las lenguas románicas y dibuje su extensión geográfica en un mapa de Europa y en un mapa de América.

GLOSARIO

afijo: partícula gramatical que se une a una base léxica.

analogía: mecanismo lingüístico por el que se tiende a igualar formas diferentes de acuerdo con un patrón.

dialectalización: proceso por el que una lengua se fragmenta en variedades que van diversificando sus formas y significados.

etimología popular: forma léxica creada de acuerdo con un origen interpretado como cierto, pero que no responde a su origen real.

familia lingüística: conjunto de lenguas o variedades que comparten un origen común, así como una serie de rasgos lingüísticos.

filo: agrupamiento de lenguas, generalmente propuesto como relación hipotética.

gramaticalización: formación de elementos gramaticales a partir de unidades léxicas, con la correspondiente transformación de su significado.

indoeuropeo: conjunto de lenguas extendidas desde la India hasta Europa con un mismo origen en la Antigüedad y con rasgos comunes entre sí.

koinetización: proceso por el que dos lenguas o variedades confluyen en sus formas y significados, creando una nueva variedad.

macrofamilia: unidad lingüística que agrupa a varias familias de lenguas.

nivelación: proceso por el que dos lenguas o variedades confluyen en sus formas y significados.

variación lingüística: alternancia de dos o más manifestaciones de un mismo elemento que no supone ningún tipo de alteración o de cambio de naturaleza semántica.

REFERENCIAS

Aitchinson, Jean (2001): *Linguistic Change: Progress or Decay?* Cambridge: Cambridge University Press.

Comrie, Bernard, Stephen Matthews y Maria Polinsky (2003): *The Atlas of Languages.* New York: Facts on File.

Gray, Russell y Quentin Atkinson (2003): "Language-tree divergence times support the Anatolian theory of Indo-European origin". *Nature*, 426: 435–439.

Labov, William (1994–2010): *Principios del cambio lingüístico.* 3 vols. Oxford: Blackwell-Wiley.

Moreno-Fernández, Francisco y Jaime Otero (2016): *Atlas de la lengua española en el mundo.* 3ª ed. Madrid: Ariel.

Nichols, Johanna (1992): *Linguistic Diversity in Space and Time.* Chicago: University of Chicago Press.

Swadesh, Mauricio (1966): *El lenguaje y la vida humana.* México: Fondo de Cultura Económica.

Trudgill, Peter (2011): *Sociolinguistics and Typology.* Oxford: Oxford University Press.

Weinreich, Uriel, William Labov y Marvin I. Herzog (1968): "Empirical foundations for a theory of language change". En W.P. Lehmann y Y. Malkiel (eds.), *Directions for Historical Linguistics.* Austin, TX: University of Texas Press, pp. 95–195.

Capítulo 2

El español en su historia y su geografía

Introducción

Este capítulo presenta un breve panorama de la lengua española desde una perspectiva histórica y geográfica. El tiempo y la geografía son factores ajenos a la lengua misma, pero que la condicionan y, en gran medida, la configuran. La historia de una lengua es también la historia social de sus hablantes y de los procesos comunicativos que se producen dentro de una comunidad. La geografía es el espacio por el que se distribuyen los hablantes y sus lenguas.

La historia de la lengua española hablada comienza en algún momento de la Edad Media y en unos territorios del norte de la península ibérica, sin que existan de un modo absoluto ni un instante ni un lugar precisos. La difusión del español por la península respondió a unas condiciones socioeconómicas y demográficas que fueron muy diferentes a las condiciones que determinaron su difusión por América y por otros territorios.

Asimismo, la geografía de cada área hispanohablante presenta unas características que afectan a la lengua y sus contactos, al tiempo que influyen en el modo en que se distribuyen sus variedades sociales.

Los objetivos de este capítulo son los siguientes:

a   presentar algunos de los momentos más significativos en la historia del español;
b   comentar los factores determinantes en la evolución social de la lengua;
c   presentar los rasgos más significativos de la geografía de la lengua española.

2.1 La lengua española en sus orígenes

El origen del castellano se sitúa en la época en que los hablantes de "latín visigótico" de la península ibérica (siglos VI–X) dejan de reconocerse como hablantes de latín y adquieren conciencia de la peculiaridad de su lengua cotidiana. Esa conciencia tuvo que crearse principalmente en la lengua hablada, aunque la constancia de ello nos ha llegado a través de la lengua escrita. En efecto, mientras el uso del latín – un latín más formal y literario – era habitual en los escritos de contenido elevado, tanto de materia administrativa como religiosa, en la comunicación con fines no literarios iban apareciendo manifestaciones textuales que los hablantes ya no reconocían como latinas.

Los documentos castellanos más antiguos se datan hacia el año 980, en el caso del texto conocido como *Nodicia de kesos* (relación de suministros para la despensa de un monasterio), y hacia 1050 para las glosas emilianenses y silenses (anotaciones en los márgenes de códices redactados en latín). Han transcurrido, pues, mil años de historia de una lengua que en su origen se extendía por una porción del norte de la península ibérica, en contacto con las hablas asturleonesas, al oeste, y navarro-aragonesas, al este. Desde entonces, el castellano, como toda lengua natural, ha evolucionado y cambiado de forma clara.

En el proceso de creación de las variedades lingüísticas en la península ibérica medieval, resultó fundamental la lengua escrita. La escritura es decisiva para articular el funcionamiento de los estamentos sociales, como la organización eclesiástica, la administración del poder político o la reglamentación de la vida en comunidad. Durante la Edad Media europea, la lengua escrita por excelencia fue el latín, que, en el caso de la península ibérica, fue dejando paso paulatinamente al castellano, al portugués, al leonés, al aragonés o al catalán.

En el reino de Castilla y León, el rey Fernando III (1217–1252) fue quien tomó la decisión de que la cancillería real de Castilla y León emitiera documentos en **castellano**, en detrimento del latín y del leonés. Las razones que llevaron a la elección del castellano posiblemente fueron varias: en primer lugar, porque Fernando III fue antes rey de Castilla que de León; y, en segundo lugar, porque Castilla era, desde mediados del siglo XII, el reino cristiano de mayor pujanza demográfica y económica, y el de mayor extensión geográfica. Esto no significó un abandono inmediato de las demás lenguas utilizadas dentro de este amplio reino, pero sí supuso un claro refuerzo de prestigio para el romance castellano.

No obstante, a pesar de la importancia de la lengua castellana en el ámbito diplomático y administrativo, la primera escritura castellana fue protagonizada, al menos desde el siglo IX, por los monjes de los monasterios repartidos por el norte de la Castilla medieval. En aquellos momentos, las fronteras entre la escritura en latín y la escritura en romance eran muy borrosas, hasta el punto de que no se sabe si se percibían como dos lenguas diferentes o como variedades de una misma lengua. La escritura en los monasterios y en las cancillerías resultó fundamental para fijar la lengua castellana y dotarla de identidad frente a otras variedades romances, dada la cercanía existente entre todas ellas y las influencias que ejercían unas sobre otras. Algunas de las características fundamentales del castellano medieval se deben precisamente a la convivencia con las demás lenguas de la península (§§ 2.2; 2.3).

Así pues, el español cuenta con una larga historia y una extensa geografía. En una y en otra, el español ha conocido contextos muy diferentes y coexistido con variedades lingüísticas muy diversas: lenguas de la misma familia o de familias muy ajenas, lenguas orales o de cultura escrita, variedades locales o suprarregionales. Con el paso del tiempo, el español ha ido construyendo una historia social y sus hablantes han formado unas identidades dialectales y sociolingüísticas en las que, sin embargo, se puede reconocer un "aire de familia".

Para comprender el desarrollo lingüístico y social del español, es necesario conocer las características esenciales de su historia y de su geografía. Entre esas características se incluyen aspectos que afectan a la historia social de la lengua, a los contactos con otras lenguas y al uso de la lengua en el interior de las sociedades hispanohablantes. La historia social de la lengua española nos lleva a comprender las situaciones que se han conocido en las distintas etapas de su existencia, desde su nacimiento a su consolidación como lengua internacional. Los contactos con las lenguas circunvecinas han sido, por su parte, factor esencial en la constitución del español y de sus variedades, mientras que el uso de la lengua se ha concretado en muy distintas modalidades geográficas y sociales (§ 4.1).

2.2 La difusión de la lengua española en España

Uno de los factores extralingüísticos más relevantes en la configuración del castellano o español como lengua general de la península fue la demografía: en 1348, época de la peste negra, Castilla tenía entre tres y cuatro millones de habitantes; la corona de Aragón, un millón y Navarra, 80.000 habitantes. También fue un factor destacado la economía: el territorio de Castilla limitaba con dos mares (Mediterráneo y Atlántico) y alcanzó una fuerza económica superior a la de los demás reinos; desde Sevilla se establecieron relaciones comerciales con el norte de África, que permitieron la entrada de oro y el desarrollo de una incipiente fuerza naval; además, los banqueros genoveses fueron aliados de Castilla desde mediados del XIV. En términos militares, las tierras que iban incorporándose al reino de Castilla aumentaron, desde el siglo XIII, a un ritmo mayor que su población, hecho que provocó un incremento de la actividad pastoril, que se convirtió en una importante fuente de riqueza.

Por otro lado, la formación de una flota castellana, con base en Sevilla, y los avances tecnológicos de la navegación durante el siglo XV, hicieron posible la exploración de la costa occidental africana y el arribo a las islas Canarias. Con ello se produjo, sobre todo desde 1478, la llegada a Canarias de la lengua castellana, que incorporó a su léxico algunos elementos de origen indígena guanche antes de que desapareciera esta lengua, vinculada a otras del norte de África. No obstante, la colonización de las islas se había iniciado antes y con la participación de marinos de otras procedencias europeas, aunque navegaran bajo el patronazgo de Castilla. En aquella época, los portugueses tuvieron una importante presencia en las islas, lo que explica la existencia de lusismos en la historia lingüística de Canarias.

Estos factores extralingüísticos, junto a factores culturales, como el desarrollo de una literatura abundante y de calidad, hicieron del castellano una lengua de prestigio, lengua oficial de una administración fuerte, con capacidad, por tanto, para penetrar en los dominios geopolíticos de las lenguas vecinas. Desde 1314, prácticamente todo el territorio peninsular estuvo gobernado por coronas cristianas y Castilla se convirtió en su reino más extenso. La culminación de las campañas militares contra los pobladores musulmanes de la península, campañas iniciadas en el siglo VIII, se logró en enero de 1492, con la rendición del reino musulmán de Granada. También en esta ocasión fue Castilla la protagonista. Sin embargo, este hecho, definitivo en la vida política y cultural peninsular, no fue el único determinante que vendría a producirse entre 1469 y 1517. En el transcurso de apenas cincuenta años acontecieron varios hechos que afectaron significativamente a la historia social de la lengua.

Con la reina Isabel I, Castilla completó su dominio de las islas Canarias, incluyéndolas en el ámbito castellanohablante. En 1492, además de la rendición de los musulmanes de Granada, también se produce la firma de importantes documentos, como las capitulaciones firmadas con Cristóbal Colón, que abrirían la puerta a la aventura transatlántica del español, y el decreto de expulsión de los judíos, que dispersó el habla sefardí por Europa y el Mediterráneo.

En el norte de África, Pedro de Estopiñán y Francisco Ramírez de Madrid conquistan para Castilla la plaza de Melilla en 1497, y en 1505 el cardenal Cisneros conquista Mazalquivir y Orán, en la actual Argelia, extendiendo el castellano por el norte del continente africano. En 1517 llega a España, procedente de Flandes, el rey Carlos I, para someterse al reconocimiento de las cortes de los distintos reinos peninsulares. El desembarco de Carlos I inicia un periodo de expansión del poder imperial, simbolizado en la elección de Carlos como emperador europeo en 1519.

Los hechos geopolíticos que acaban de relacionarse hicieron posible la extensión geográfica y la ampliación de los dominios políticos de la lengua española durante los siglos XVI y XVII. Al mismo tiempo, cada una de sus circunstancias históricas justifican la creación de diferentes modalidades del español, muchas de las cuales perviven hasta la actualidad (p.e. hablas andaluzas, hablas canarias). El español se convirtió en una lengua extendida por todo el territorio peninsular, a excepción de Portugal, donde, sin embargo, la gente más culta también lo conocía. El castellano se instaló en enclaves del norte de África y puso las bases de su asentamiento en las islas Canarias. Por otro lado, a partir de 1492, el castellano vivió el inicio de su traslado hacia el continente americano y, más adelante, hacia Asia.

2.3 La difusión de la lengua española en América y Asia

La difusión del español por América se realizó mediante un proceso paulatino de ocupación geográfica, proceso que explica la falta de unidad cronológica en la colonización de las distintas áreas americanas. Así, entre 1492 y 1530 se coloniza todo el ámbito caribeño, desde las Antillas mayores hasta la costa de la actual Colombia, pasando por México (1521) o Panamá; entre 1530 y 1550, se coloniza la zona andina, aunque la colonización del Cono Sur no se completará hasta el siglo XVII y, aun así, grandes espacios geográficos de Argentina, por ejemplo, no fueron poblados por hispanohablantes hasta el siglo XIX, resuelta ya su independencia.

Las políticas administrativas, judiciales, educativas y religiosas practicadas por España en los territorios americanos tuvieron consecuencias lingüísticas como la redistribución de las lenguas nativas y sus áreas de influencia, la desaparición de lenguas originarias, la introducción del español como lengua vehicular o la formación de un español americano (§ 5.1). La implantación del español, respaldada por la legislación civil, se produjo a partir de la fundación de los principales núcleos urbanos.

Cuadro 2.1 Año de fundación de algunas ciudades americanas

Santo Domingo	1496
San Juan de Puerto Rico	1508
La Habana	1515
Panamá	1519
Ciudad de México	1522
Jalisco	1531
Lima	1535
Santiago de Chile	1541
Mendoza	1561
San Agustín (EE. UU.)	1565
Caracas	1567
Monterrey (México)	1577
Buenos Aires (segunda vez)	1580

La distancia entre unas áreas americanas y otras, la época fundacional de cada asentamiento y el origen dialectal de los pobladores fueron factores que contribuyeron desde muy temprano a la primera configuración de las variedades americanas del español. Asimismo, la concentración en unos mismos núcleos de pobladores procedentes de diversas regiones de España dio lugar a un proceso de nivelación o "koinetización" del cual salieron favorecidas algunas alternativas fónicas y gramaticales, como el seseo, el yeísmo o la tendencia a simplificar el sistema verbal (§ 5.4). Este proceso de nivelación se concretó de modo distinto por áreas geográficas y estratos sociales, de donde surgieron en gran medida las variedades geográficas y sociales del español.

Las independencias de los países hispanoamericanos (resueltas en su mayoría entre 1810 y 1830) supusieron la consagración y la extensión definitiva del español como lengua nacional de las nuevas repúblicas, que con el tiempo se convirtieron en el motor demográfico de esta lengua. Puede decirse que, junto a la llegada del español a América, las independencias fueron el hecho histórico más trascendental para la historia y la geografía de la lengua española o castellana.

Las guerras y el desgobierno vividos por la España de principios del siglo XIX favorecieron que los territorios americanos, con los **grupos criollos** a la cabeza, encontraran el momento idóneo para hacer visible su malestar con la metrópoli. Las secesiones americanas comenzaron en forma de revueltas entre 1740 y 1807 (Caracas, México, Quito, Santiago de Chile, Charcas) y culminaron con las declaraciones de independencia. El proceso independentista fue largo y desigual a lo largo y ancho de la América hispana, pero hacia mediados del siglo XIX, el mapa político del español de América ya había quedado dibujado. Finalmente, tras la pérdida para España de Cuba, Puerto Rico y Filipinas en 1898, se fundó la república cubana en 1902 y, en 1903, Panamá consumó su independencia de Colombia.

El nacimiento de las repúblicas americanas, así como sus consecuencias lingüísticas, ha de entenderse en su contexto demográfico. Durante el siglo XVIII, la migración española no había ido más allá de los 100.000 viajeros y los peninsulares no llegaban al 1% de la población hispanoamericana. Efectivamente, a comienzos del siglo XIX la composición étnica de los territorios americanos era, aproximadamente, de un 20% de blancos, un 25% de mestizos, un 45% de indios y un 10% de negros. Esta distribución no era exactamente así en todo el territorio, puesto que los blancos y mestizos se concentraban principalmente en las ciudades. Así se explica que los **movimientos de independencia** estuvieran guiados por los criollos, blancos o mestizos, cuya presencia urbana les había permitido acceder a una mayor cultura y a los medios políticos y militares más influyentes de la época. Y esto explica también que la lengua vehicular de tales movimientos fuera la lengua española. Los mestizos se ubicaban en los contextos socioculturales de sus padres, españoles o criollos, que utilizaban el español como lengua dominante en la política.

Las nuevas repúblicas se caracterizaron por dos rasgos principales, en lo que a la lengua española se refiere. Por un lado, las comunicaciones entre unos territorios americanos y otros seguían siendo tan pésimas como en la época de la colonia. Este factor se agravó, desde una perspectiva comunicativa, cuando la autonomía política llevó a cada nueva nación a preocuparse por su constitución interna, a configurar sus propias instituciones. Las variedades lingüísticas de cada región redujeron su contacto con las demás y fortalecieron sus señas de identidad, de acuerdo con su nueva personalidad histórica. Asimismo, el carácter rural e indígena de una gran parte de la población contribuyó al mantenimiento de las modalidades populares del español en cada espacio geográfico, así como de las lenguas indígenas más alejadas del contacto con la realidad urbana.

Por otro lado, las nuevas naciones consideraron esencial el uso de la lengua española como instrumento para su construcción social y política. La independencia exigía crear instituciones políticas, jurídicas, educativas, sociales, y militares, de acuerdo con el espíritu de las grandes revoluciones de finales del XVIII y del liberalismo llegado de España. La única lengua adecuada para ello en las nuevas naciones era la española, que era, además, la lengua de los libertadores. En la época de las independencias, la lengua fue un factor de cohesión dentro de cada territorio, y tanto criollos como mestizos, mulatos o negros se esforzaron por hacer ver que su forma de hablar no se diferenciaba de la mayoritaria, que era el español.

En 1876, Argentina aprobó una ley de inmigración y colonización, que supuso el detonante definitivo para atraer masivamente a inmigrantes internacionales, que se asentaron preferentemente en la costa y en las grandes ciudades. La inmigración significó el incremento general de la población, especialmente con gente llegada de Italia. De hecho, la alta proporción de italianos bien podría haber causado un proceso de sustitución lingüística del español, liderada desde la gran ciudad de Buenos Aires y, en general, desde la costa, que es donde más italianos se asentaron, dado que los españoles, en gran parte, se establecieron en el interior de la Argentina. Las razones de que no llegara a producirse la sustitución del español por el italiano son múltiples, como en todos los procesos complejos. Por un lado, el español estaba bien asentado como lengua de las instituciones de la nación, de las familias y personas que regían sus designios económicos y políticos; en otras palabras, la lengua de poder y de prestigio era el español y no la de los inmigrantes pobres que habían llegado para labrarse un futuro. Por otro lado, la diversidad de orígenes nacionales y regionales de los recién llegados (Lombardía, Piamonte, sur de Italia) reforzaba el uso social del español como lengua franca entre todos ellos, ya que no utilizaban una misma lengua o variedad de procedencia. Así, el español fue el principal vehículo de comunicación entre grupos de inmigrantes organizados en redes según su origen geográfico y lingüístico.

En el otro extremo del mundo, la expedición naval de Magallanes, iniciada en 1519 y concluida por Juan Sebastián Elcano en 1522, supuso el inicio de la presencia española en las islas Marianas y en las islas Filipinas, que no fueron exploradas ni conquistadas hasta 1570, aproximadamente, con la expedición de López de Legazpi ordenada por el rey Felipe II. La presencia del español en esta región del mundo nunca fue comparable en intensidad a la conocida en América, pero marcó un punto de inflexión en la situación lingüística de este territorio y permitió que la lengua española alcanzara una extensión de la que aún existen importantes secuelas lingüísticas.

En lo que se refiere a la costa occidental de África, el dominio del español se extendió por la actual Guinea Ecuatorial (continente e islas) desde finales del siglo XVIII como consecuencia de un acuerdo por el que España y Portugal intercambiaron territorios de África y de América (§13.1; 13.3).

2.4 Geografías del español

El espacio es un factor esencial en la formación y evolución de las lenguas, como lo es para su articulación en modalidades o variedades. Aunque el reconocimiento de una lengua pasa por la existencia de una serie de elementos constantes e identificables a lo largo y ancho de su dominio territorial, lo cierto es que todas las lenguas naturales ofrecen, junto a los generales, rasgos variables correlacionados con factores extralingüísticos, entre los que se encuentra la geografía. Los componentes variables de cada lengua – sean fónicos, gramaticales o léxicos – se actualizan de modo distinto en cada área geográfica, dependiendo de circunstancias tales como las distancias relativas, la dificultad de las comunicaciones entre áreas, los contactos lingüísticos con otras lenguas o la historia y la sociología de cada territorio. Siendo así y dado que el español es una lengua cuyo dominio casi alcanza el 10% de la superficie de la Tierra, no es de extrañar que la geografía se correlacione con sus principales variedades.

En la historia y la situación actual de la lengua española en España, han sido muy importantes los siguientes elementos de la geografía:

a) el carácter montañoso de toda la franja norteña española, que, en un principio, permitió la aparición de variedades diferenciadas (catalán, aragonés, navarro, castellano, leonés, gallego) y, más adelante, favoreció la conservación de diversos rasgos lingüísticos;
b) la amplitud y llanura del centro de la península, que posibilitaron una rápida extensión del castellano durante la Edad Media y un uso relativamente homogeneizado de la lengua, por la facilidad de los movimientos de sus hablantes;
c) la barrera montañosa que separa Castilla de Andalucía;
d) la naturaleza insular de las Canarias y su posición estratégica en el tránsito de personas y mercancías entre España y América.

Esta geografía ayuda a comprender que en España se identifiquen tres modalidades más destacadas: las hablas castellanas, las hablas andaluzas y las hablas canarias. En lo que se refiere a América, la magnitud y variedad de su geografía han sido determinantes para la vida de la lengua. Pueden destacarse, en relación con México, América Central y el Caribe, los siguientes elementos:

a) la posición estratégica de la isla de Cuba, de Cartagena de Indias, en Colombia, y del puerto de Veracruz, en México, que sirvieron como puerta de entrada y salida de gente y de usos lingüísticos de y hacia España;
b) la geografía inhóspita del norte del actual México y del sur de los Estados Unidos, que retrasó y debilitó el proceso de hispanización;
c) el carácter de espacio común de los territorios que circundan el mar Caribe: la relativa facilidad de los contactos por mar entre esos territorios y una geografía muy similar ayudaron a mantener rasgos lingüísticos comunes;
d) la naturaleza montañosa y la feraz vegetación de la América Central, que han hecho difícil el asentamiento de grandes grupos humanos: Centroamérica siempre ha sido hábitat natural para la convivencia de multitud de lenguas indígenas.

En cuanto a América del Sur, pueden considerarse como significativos los elementos geográficos siguientes:

a) las imponentes alturas de toda la región andina, que hicieron que el proceso de hispanización fuera débil y tardío, con el consiguiente mantenimiento de una importante población autóctona originaria;
b) las dificultades de comunicación entre las tierras altas de las sierras andinas y las costas del Pacífico, que hicieron posible la creación de variedades dialectales suficientemente diferenciadas;
c) la barrera natural de los Andes, que le ha conferido a Chile una personalidad lingüística bien marcada;
d) la impenetrabilidad de la selva del Amazonas, que ha dificultado el establecimiento del español y del portugués, así como el contacto entre ambos;
e) la frondosidad y fragmentación de la región de los grandes ríos (en las fronteras de Paraguay, Uruguay y Argentina), que han hecho posible el mantenimiento de una importante población guaraní y la formación de una modalidad particular de español;

f) la naturaleza llana y extensa de la región ganadera entre Brasil y Uruguay, que favoreció los intercambios lingüísticos;

g) la importancia del puerto de Buenos Aires, vía de acceso para procesos migratorios de grandes dimensiones, con todos sus efectos lingüísticos;

h) la gran extensión y dureza de los territorios del interior argentino, que solo muy tardíamente pudieron ser poblados por hispanohablantes.

En lo que se refiere a la geografía de los dominios históricos hispanohablantes de Asia y de África, debe tenerse en cuenta que Filipinas está formada por miles de islas que impiden la creación de un espacio lingüístico compacto (§ 13.4), así como las dificultades materiales que supone la penetración por las selvas africanas.

Resumen

Las primeras muestras de castellano escrito son tanto documentos públicos (fueros, repartimientos de tierras), como documentos privados, de carácter utilitario e inmediato (glosas, listas, cartas, donaciones, testamentos privados). En el origen y la evolución del español fueron decisivos los contactos con sus lenguas circunvecinas (vasco, lenguas romances peninsulares, francés, árabe, lenguas indígenas americanas, lenguas indígenas polinésicas), tanto en España como en América, África y Asia. La conversión del español en lengua general de España respondió a las condiciones socioeconómicas y culturales favorables experimentadas por Castilla desde la Edad Media y, muy especialmente, desde el siglo XVI.

Por su lado, la difusión del español en América estuvo muy condicionada por la posición social de los grupos criollos urbanos. Las independencias de las repúblicas americanas y los movimientos migratorios de los siglos XIX y XX dieron forma definitiva al mapa hispanohablante, en América del Sur y del Norte.

Los contactos lingüísticos con otras lenguas y culturas han contribuido a que el español haya cumplido en distintos momentos de la historia una función de koiné o variedad franca para el entendimiento entre pueblos de orígenes diferentes.

Lecturas complementarias

1 "La difusión del español en el Nuevo Mundo". José Luis Rivarola. En R. Cano Aguilar (coord.), *Historia de la lengua española*. Barcelona: Ariel, 2004, pp. 799–823.
https://es.scribd.com/document/227881675/Rivarola-Historia-de-La-Lengua-Espanola

Descripción del contenido: Este texto presta atención a los aspectos más relevantes que afectaron a la difusión del español en América, como fue la complejidad de la sociedad colonial y el contacto con las lenguas indígenas.

2 "La lengua hoy". Alatorre, Antonio. En *Los 1001 años de la lengua española*. México: FCE, 1992, pp. 295–318.
https://cs.scribd.com/doc/29994635/La-lengua-espanola-hoy-Alatorre

Descripción: Este texto presenta una reflexión sobre la unidad y la diversidad de la lengua española en la actualidad, sobre cómo conviven las tradiciones con las innovaciones lingüísticas y sobre la influencia moderna de otras lenguas en los usos léxicos del español.

Sugerencias para investigar y debatir

1   Ordene cronológicamente estas ciudades según su año de fundación por los españoles y responda a las preguntas que se hacen a continuación, después de hacer las averiguaciones necesarias:

    Buenos Aires (Argentina) – México D.F. (México) – Lima (Perú) – La Paz (Bolivia) – La Habana (Cuba)

    a) ¿Qué había en esos lugares antes de su fundación por parte de los españoles?
    b) ¿Cuáles son las principales diferencias de estas ciudades entre la época de su fundación y la actual?

2   A la vista de los mapas que ofrece Miguel Ángel Quesada en su artículo "La división dialectal del español de América según sus hablantes" (2014), razone y discuta cuáles son las discrepancias y semejanzas entre la realidad percibida y el uso lingüístico en el español americano. Consulte: https://bit.ly/35SJrNO

GLOSARIO

aire de familia: concepto procedente del cognitivismo para aludir a la semejanza percibida entre un conjunto de objetos o hechos.

criollos: descendientes de europeos nacidos en colonias de América.

glosas emilianenses: textos del siglo XI escritos en romance, latín o vasco, anotados en los márgenes de códices latinos medievales pertenecientes al monasterio de San Millán de la Cogolla (La Rioja, España).

glosas silenses: textos de finales del siglo XI escritos en romance, anotados en los márgenes de códices latinos medievales pertenecientes al monasterio de Santo Domingo de Silos (Burgos, España).

latín visigótico: latín hablado y escrito en el periodo de dominio de los visigodos (siglo V– VIII) en la península ibérica.

liberalismo: corriente política del siglo XIX que articulaba el principio monárquico con el democrático como garantía de libertad.

REFERENCIAS

Alarcos, Emilio (1982): *El español, lengua milenaria (y otros escritos castellanos)*. Valladolid: Ámbito.

Fernández Ordóñez, Inés (2011): *La lengua de Castilla y la formación del español*. Madrid: Real Academia Española.

Guitarte, Guillermo (1983): *Siete estudios sobre el español de América*. México: UNAM.

López García, Ángel (1985): *El rumor de los desarraigados: conflicto de lenguas en la península ibérica*. Barcelona: Anagrama.

Moreno-Fernández, Francisco (2005): *Historia social de las lenguas de España*. Barcelona: Ariel.

Quilis, Antonio (1992): *La lengua española en cuatro mundos*. Madrid: Mapfre.

Rosenblat, Ángel (1962): *El castellano de España y el castellano de América*. Caracas: Universidad Central de Venezuela.

Valle, José del (2016): *Historia política del español*. Madrid: Aluvión.

Capítulo 3

Políticas e ideologías lingüísticas del español

Introducción

Las políticas lingüísticas que han determinado la historia del español han tenido formas diferentes, dependiendo de la época, la geografía y las sociedades de que se tratara en cada caso. En este capítulo se presta atención a la política relativa al español y sus variedades durante el proceso de colonización de las Américas. También se presta atención a las políticas socioeconómicas y lingüísticas desplegadas durante el siglo XVIII, así como a las políticas practicadas por las nuevas repúblicas americanas, tras los procesos de independencia, y a las ideologías lingüísticas de la España moderna.

Los objetivos de este capítulo son los siguientes:

a   presentar los aspectos más relevantes de la política lingüística civil y religiosa durante el proceso de colonización de América;
b   conocer las líneas fundamentales de las políticas y las ideologías lingüísticas de las repúblicas hispanohablantes tras su independencia;
c   conocer las ideologías y las políticas lingüísticas durante el siglo XVIII, así como los intentos de planificación lingüística y sus consecuencias durante los siglos XIX y XX;
d   explicar la diferencia entre "español", "lengua estándar" y "castellano".

3.1 Políticas lingüísticas en la primera América española

Las acciones políticas fueron decisivas para la configuración lingüística de Iberoamérica durante los periodos de conquista y colonización. En un orden cronológico, las disposiciones legislativas que primero regularon la llegada de los españoles a América fueron las **bulas papales**, por las que la máxima autoridad católica de Roma hacía concesiones u otorgaba privilegios a las naciones. La primera de estas bulas, llamada *Inter Caetera* y expedida en Roma en 1493, estableció que Castilla debía "reducir los moradores y naturales de ellas al servicio de nuestro Redentor", el Dios católico, refiriéndose a las tierras e islas "descubiertas" en 1492 y supeditando el fin de la conquista a la conversión de los nativos al cristianismo. Por otro lado, la "posesión" de las tierras descubiertas se basaba en un principio europeo de tradición medieval, concretamente el principio de *res nullius*, por el que el descubridor de una nueva tierra tenía derecho a su ocupación. En el caso de América, los derechos y las prerrogativas de los "descubridores" se supeditaron a los criterios establecidos por el papa desde Roma.

Los instrumentos políticos que tuvieron un mayor peso durante las primeras décadas de colonización de las llamadas "Indias Occidentales" (la América española) fueron los siguientes:

a   *Testamento de la reina Isabel de Castilla* (1504). La reina dispone enviar prelados y religiosos para instruir a los moradores de las Indias en la fe católica y dotarlos de buenas costumbres, sin hacer agravio en sus personas ni bienes.

b *Encomiendas* (1505). Recogiendo una antigua tradición de clientela y dependencia, comienza a implantarse el sistema socioeconómico llamado *encomienda*, por el cual los españoles recibían a su cargo grupos de indígenas que debían trabajar para ellos a cambio de protección, instrucción y evangelización.

c *Leyes de Burgos* (1512). Mediante este cuerpo legal se ordena tratar a los indios como personas libres, instruirlos en la fe, trabajar en provecho de la comunidad y tener comunicación con los nuevos pobladores. Esto último implica el aprendizaje del castellano.

d *Regulaciones del Consejo de Indias* (1524–1812). El Consejo de Indias fue un organismo que tenía como fines principales fijar las políticas relativas a las Indias, redactar los textos legales que habrían de ser aprobados por la corona de España, regular el tránsito de pasajeros o autorizar los libros que pasaban a América. Entre los documentos emitidos por el Consejo de Indias, se encuentra uno dirigido a Felipe II (1596) en el que se aconsejaba introducir la lengua castellana para así explicar mejor los asuntos de fe.

e *Ordenanzas de Carlos I* (1526). Establecen que los capitanes y oficiales hagan conocer a los indígenas las leyes que ordenan enseñarles buenas costumbres e instruirlos en la fe cristiana, y que se haga recurriendo a intérpretes.

f *Recopilaciones de las Leyes de Indias* (1533–1681). Colección de leyes y normas que regulan todo lo relativo a las Indias, desde los derechos de los españoles y sus descendientes, a los modos de gobierno, la organización de la enseñanza o el uso público de las lenguas.

g *Leyes Nuevas* (1542). Estas leyes, basadas en la filosofía del derecho de Francisco de Vitoria, uno de los fundadores del derecho internacional y de la economía moral, se refieren a la humanidad y la libertad de los indígenas, así como a sus derechos naturales. En ellas se dispone el final del sistema de "encomiendas".

Las grandes leyes de un territorio no siempre tienen una correspondencia exacta con la realidad social y menos en procesos de colonización. En América se dieron situaciones de conflicto y contradicción, que de un modo u otro también afectaron a las lenguas. Uno de estos conflictos se estableció entre la administración civil y el proceso de evangelización desarrollado por los misioneros. Las disposiciones papales tenían como fin último la difusión de la fe católica en América. Las **órdenes religiosas** (franciscanos, dominicos, mercedarios, agustinos, jesuitas) consideraron que el uso de las lenguas indígenas resultaba mucho más efectivo con este fin que el uso del castellano. Esta política de difusión religiosa comenzó a chocar, ya en el siglo XVI, con las disposiciones civiles, que sugerían, recomendaban u ordenaban la enseñanza del español o castellano para difundir la fe, recurriendo a la figura de los intérpretes donde fuera necesario.

Por otro lado, la enseñanza en la América de los siglos XVI y XVII también tuvo que afrontar dificultades nacidas del uso de diversas lenguas. En general, la enseñanza se basaba en el conocimiento de latín, lengua del conocimiento en la época, por lo que inmediatamente surgía una primera asimetría entre el latín y el español, en la que el latín era la variedad elevada y de cultura, frente al carácter vehicular del español. Pero, a esta primera asimetría, había que añadir una segunda en América: la surgida de la enseñanza y el uso de las lenguas indígenas, en la que estas ocupan la posición de variedades con menos prestigio. En varias ciudades de las Indias se establecieron muy pronto escuelas a las que acudían estudiantes de origen indígena, sobre todo los de mejor posición dentro de su grupo étnico. En los planes de estudios de estas escuelas, el español venía a ocupar una posición intermedia entre el latín y las lenguas indígenas, y a funcionar como principal lengua vehicular. Entre estos centros de estudios destacó el Colegio de la Santa Cruz de Tlatelolco, México (1533), dedicado a la formación de indígenas a nivel universitario (§ 7.1).

3.2 Planificación, política e ideología en los siglos XVIII y XIX

Las políticas de España durante el siglo XVIII vinieron determinadas por un hecho decisivo: la subida al trono de la dinastía de los Borbones, procedente de la realeza de Francia. Estas políticas supusieron un cambio en el paradigma político, pero también en el ideológico. En el ámbito político, los Borbones emprendieron una amplia y profunda reforma de la administración y la legislación; en el ámbito ideológico, adoptaron uno de los principios que regían la vida comunitaria en Francia: la centralización, entendida entonces como una forma de progreso y eficacia administrativa.

En España, las **reformas borbónicas** más significativas se produjeron en los terrenos de la administración, la justicia, la economía y el ejército. La unidad de la moneda, el peso y las medidas venía a ampliar el mercado y a posibilitar un contacto más frecuente entre gente de distintas regiones, con el consecuente intercambio de elementos lingüísticos y la nivelación de lengua. Las reformas borbónicas exigían, pues, el uso del español como lengua vehicular de la justicia y de la enseñanza superior, que abandonaba definitivamente el latín como lengua de instrucción y ordenaba sus contenidos de acuerdo con principios ilustrados. Esto implicaba también la introducción de materias como las matemáticas o la biología, y la incorporación del pensamiento de la época, traducido desde el francés al español.

Las reformas y políticas borbónicas también llegaron a América y, como era previsible, afectaron a la lengua española allí utilizada, así como a las lenguas indígenas. De acuerdo con el modelo reformista, centralizador y nivelador, la estrategia consistía en provocar la extinción de las lenguas originarias y universalizar el aprendizaje y el uso del español, propiciando la asimilación lingüística y la homogeneización del pueblo, como se había intentado en Francia con el francés en relación con las demás lenguas del país. De este modo, la monarquía borbónica abría las puertas a la influencia francesa sobre las colonias, en su vertiente ilustrada y literaria, pero también en su vertiente política. La Ilustración supuso una mejora en la educación de los grupos de mayor poder en América, las élites criollas, que accedieron al mundo neoclásico y al de las ideas revolucionarias. Poco a poco fueron creándose espacios literarios ilustrados (Quito, Caracas, Bogotá), emancipados de las grandes capitales virreinales y liberados del monopolio intelectual de la metrópoli.

A pesar del predominio de los criollos, generalmente monolingües en español, las sociedades americanas en las que el componente indígena era más importante ordenaban su bilingüismo en un complejo entramado de relaciones sociales y lingüísticas. Probablemente por ello y por el espíritu uniformador que caracterizó a la monarquía, Carlos III, rey de España (1759–1788), decidió legislar en beneficio de la lengua española en el campo de la educación. La obligatoriedad de la enseñanza del español en la América hispanohablante no llegó hasta 1770, mediante una Real Cédula promovida por el entonces arzobispo de México, Francisco Antonio Lorenzana, en cuyo título se decía: "a fin de conseguir que se destierren los diferentes idiomas de que se usa en aquellos dominios y solo se hable el castellano". Ocurrió, sin embargo, que su cumplimiento no pudo llevarse a la práctica de forma general por dos razones fundamentales: por un lado, la cercanía de la fecha de la Real Cédula con la fecha de las independencias, que impidió que hubiera tiempo suficiente para aplicar la ley en una geografía tan extensa como la americana; por otro lado, la emisión de nuevas instrucciones que apreciaban el uso y el aprendizaje de las lenguas indígenas.

Asimismo, los misioneros tampoco renunciaron en el siglo XVIII a la práctica de las lenguas vernáculas regionales. El caso más representativo fue el de las misiones o **reducciones jesuíticas**, establecidas entre Argentina, Paraguay y Brasil, en zona de habla guaraní principalmente. En estas misiones se consideró esencial enseñar a leer y escribir a los indígenas, así como formarlos en distintos saberes y tecnologías. En ellas se crearon escuelas de primera enseñanza, para niños y para niñas, y desde allí se enseñaba el español, con el uso del guaraní como instrumento para hacer más fácil el aprendizaje. Los maestros de las misiones publicaron en sus propias imprentas libros en español y libros en guaraní, dedicados a cuestiones gramaticales, léxicas o doctrinales. Las reducciones jesuíticas desaparecieron tras la *Pragmática Sanción* de 1767 que, emulando lo hecho por Portugal y Francia, decretaba la expulsión de los jesuitas del territorio español. En cualquier caso, esa situación condicionó el futuro del área paraguaya, que exhibe el mayor nivel de bilingüismo de todos los países hispanohablantes. Otra muestra relevante de la política lingüística religiosa fueron las misiones franciscanas de California, en territorio norteamericano. Estas misiones se integraron en el proceso colonizador de la corona española y se organizaron como comunidades en las que participaban indígenas de distintos grupos étnicos y diferentes lenguas.

Más allá de la política social, administrativa, jurídica o educativa, el siglo XVIII fue la época en que se fundó la institución que mayor repercusión ha tenido en la planificación lingüística del español: la **Real Academia Española**. Esta Academia, fundada en 1713, fue una de las instituciones señeras de la política cultural de los Borbones. La Academia Española venía a entroncarse en la política centralizadora y uniformadora que guiaba, al modo francés, a la monarquía ilustrada. Asimismo, la propuesta de una academia fue reflejo de otras iniciativas europeas, como la *Accademia della Crusca* de Florencia, creada en 1583 con el fin de conservar la pureza de la lengua vulgar florentina, o como la *Academie Française*, fundada en 1634 por el cardenal Richelieu, que en 1694 publicó la primera edición de su *Dictionnaire de l'Academie Française*.

Durante el siglo XVIII, la Real Academia Española dedicó importantes esfuerzos, primero, a perfilar sus propios fines y modos de trabajar y, después, a establecer criterios y modelos sobre los que construir sus obras fundamentales. En aquella época, la tradición lexicográfica en español era exigua, como lo era la redacción de gramáticas orientadas a la instrucción de los jóvenes. La historia de la lengua española *hablada*, sobre todo en el siglo XVIII, no dependió para su devenir de lo acontecido en el seno de la Academia Española. Sin embargo, la historia de la lengua española *escrita* se vio fuertemente condicionada por las decisiones académicas, plasmadas desde entonces en sus ortografías, gramáticas y diccionarios.

En América, una vez consolidadas las independencias de las repúblicas, comenzaron a fundarse también **Academias de la Lengua**, creadas como correspondientes de la Academia Española, aunque con un nivel de independencia creciente y con una teórica autonomía respecto de los respectivos gobiernos. Así, en 1871 se creó la Academia Colombiana de la Lengua y después llegarían la Ecuatoriana (1874), la Mexicana (1875) y las de los demás países hispánicos, incluidas la Filipina (1924), la Norteamericana (1973), la Ecuatoguineana (2013) o la Academia Nacional del Ladino (2018). Asimismo, la adecuación del proyecto académico a su tiempo, condujo en 1951 a la fundación de la Asociación de Academias de la Lengua Española, que supuso un nuevo impulso para la difusión de una imagen internacional del español y en la que todas las Academias se hacen responsables de la elaboración de las obras normativas de referencia: la ortografía oficial, el diccionario general y la gramática académica. A esta concepción de la lengua responde la llamada *política panhispánica*.

3.3 Tradicionalismo y progresismo en España

Las ideologías lingüísticas predominantes en España durante los siglos XVIII, XIX y parte del XX pueden entenderse mejor identificando dos actitudes ante la diversidad: **tradicionalismo** y **progresismo**. Según Fernando González Ollé, los tradicionalistas se presentarían como partidarios de la diversidad idiomática y los progresistas como opuestos a ella y, por tanto, favorables a la unidad idiomática de España. El progresismo unificador, entendido con las claves de los siglos XVIII y XIX, fue el que dictó la política lingüística de Francia en el siglo XVIII o las Reales Cédulas de Carlos III, promoviendo, en España y en América, el uso general y común de la lengua española. La idea de una lengua nacional como instrumento superior de progreso social se encuentra también en Karl Marx, en Lenin y en sus seguidores, en una línea que viene de las ideas revolucionarias de Francia. No es de extrañar, pues, que la izquierda política de España durante la mayor parte del siglo XX se identificara con las "tesis progresistas" defensoras de la unidad idiomática, una unidad que claramente redundaba en beneficio de la clase trabajadora. De lleno ya en el siglo XX, el progresismo unificador inspiró diversas disposiciones legales alusivas a cuestiones prácticas, como el uso de la lengua en los medicamentos, en las corporaciones locales o en la enseñanza.

Pero, sin duda, la acción política que mejor representa esta actitud progresista es la redacción y promulgación de la Constitución de la República Española, de 1931. Allí se encuentra un artículo general en el que se da nombre oficial a la lengua y se establece también la oficialidad del *castellano* como idioma de la República. En otro artículo, referido a la realidad de las regiones de la República, se establece la obligatoriedad del estudio del español y de su uso como instrumento de enseñanza. La trascendencia de este texto constitucional es histórica porque, por primera vez, un documento jurídico de primer rango atiende explícitamente a la situación lingüística de España y decide sobre el estudio y uso de las lenguas, consagrando el carácter común, general y obligatorio de la lengua española y amparando legalmente la posibilidad de la enseñanza en las lenguas respectivas de las llamadas entonces *regiones autónomas*. De este modo, la política de España, incluida la corriente que podría denominarse "nacionalismo estatal", se decanta por una solución fundamentalmente "progresista". Frente a esta tendencia se levantaba la actitud tradicionalista de los "nacionalismos regionales", defensores de un modelo centrífugo basado en la diversidad.

Ahora bien, hacia la mitad del siglo XX, se produce una inversión del contenido lingüístico de los idearios tradicionalista y progresista. Por obra de esa inversión, los tradicionalistas pasarían a ser partidarios de la unidad idiomática y los progresistas, partidarios de la diversidad. En ese cambio de tornas, de explicación difícil, pudieron resultar decisivas la Guerra Civil de España (1936–1939) y la subida al poder de Francisco Franco, así como la consolidación de los nacionalismos y, posteriormente, las reivindicaciones localistas en respuesta a la globalización. La Guerra Civil provocó un trauma que puso en duda las claves ideológicas y políticas de la España de los cincuenta años anteriores; el franquismo, como régimen dictatorial (1939–1975), contó con muchos detractores dentro y fuera de España, especialmente entre la intelectualidad, que rechazaron el tradicionalismo del régimen, entre otras muchas cosas. En ese momento, las tesis defendidas por el franquismo pasaban a ser contrarias al progresismo. Asimismo, su visión sobre la unidad lingüística de España se adscribió al pensamiento más tradicionalista. Por otra parte, no hay que olvidar que la posguerra consolidó el debilitamiento demográfico de las tierras monolingües del interior peninsular, exceptuando la ciudad de Madrid, y el crecimiento de la población en las áreas bilingües.

Así pues, política y demografía podrían explicar la inversión de idearios. Francisco Franco decidió, desde una mentalidad ya tradicionalista, respaldar la "unidad nacional" en el uso de una sola lengua, la española, aunque, una vez derogada la Constitución de 1931, no se aprobara ninguna ley de rango similar donde quedara constancia jurídica expresa de la nueva actitud gubernamental en materia lingüística. La obligatoriedad del español y la marginación de las otras lenguas se plasmaron en legislación de rango menor, aunque muy efectiva. En esta inversión histórica de actitudes entre tradicionalistas y progresistas, la actitud de la Iglesia Católica resulta bastante curiosa porque, si su posición había estado siempre cercana a la conservación y uso de la diversidad de lenguas, durante la dictadura franquista su jerarquía oficial mantuvo una posición cercana a las tesis tradicionalistas oficiales (unidad idiomática), entrando en contradicción con la práctica lingüística de la acción pastoral en los territorios bilingües. Y aquí resulta especialmente significativa la actitud de la Iglesia en el País Vasco, que se manifestó contraria al régimen de Franco, hasta el punto de convertirse en difusora de la cultura vasca y de la propia lengua vasca a través de la creación de *ikastolas*, escuelas donde se enseña en vasco.

Tras la Constitución de 1931, el siguiente hito en la legislación lingüística de España, tal vez el más sobresaliente de toda su historia, fue la promulgación de la Constitución de 1978. La instauración de un régimen democrático podía traer una nueva forma de entender el ordenamiento jurídico en materia de lenguas y realmente lo hizo, aunque no de un modo radicalmente diferente de lo que había existido en el pasado. El carácter fundamental que habrían de tener los asuntos lingüísticos dentro de la Carta Magna quedaba de manifiesto desde el mismo preámbulo. La Constitución de 1978 es continuadora en gran medida del espíritu de la Constitución de 1931.

La Constitución Española de 1978 establece la oficialidad general y común de la lengua española, llamada en este texto *castellano* o *lengua castellana*, a la vez que reconoce la oficialidad de las demás lenguas españolas en sus respectivas comunidades autónomas, garantizándoles su protección y el tratamiento como patrimonio cultural. El cuerpo legislativo formado por la Constitución de 1978 y los Estatutos de Autonomía derivados de ella presenta un destacado carácter innovador, comparado con la legislación en esta misma materia de Alemania, Francia o Italia, ya que, aun partiendo de la primacía política del español o castellano, concede un amplio espacio social y político a la diversidad lingüística.

En los Estatutos de Autonomía de todas las regiones españolas, se acepta la enseñanza en las lenguas oficiales, allí donde se reconoce la existencia de más de una, así como su uso en los dominios públicos. Las llamadas leyes de "normalización lingüística" se convirtieron en decisivos instrumentos políticos y sociales. De esta forma se daba carta de naturaleza a una planificación del estatus, no solo de la lengua española, sino de todas las lenguas de España, a las que se les da la consideración de lenguas propias de cada dominio. El concepto de "lengua propia" es una figura de naturaleza jurídica, no lingüística, que se aplica prácticamente a todas las lenguas cooficiales de España en sus respectivos territorios, excepto a la lengua española o castellana.

3.4 Tendencias ideológicas en las repúblicas americanas

La lengua española fue fundamental para las instituciones creadas por las nuevas repúblicas americanas, aunque eso no significó que fuera aceptada sin reflexión ni debate. En principio, las constituciones americanas, como la de México (1857), no incluyeron declaraciones de lengua oficial y aceptaban como válido el español peninsular y su norma académica. Esto no impedía apreciar, sin embargo, la divergencia entre modalidades lingüísticas, como se deduce de la inclusión de glosarios en las obras literarias americanas destinadas a distribuirse también en España. Además, en los procesos de emancipación, tan importante fue definir los rasgos lingüísticos propios, como marcar distancias respecto del punto de origen. La dificultad estaba en cómo habría que interpretar la relación del nuevo español americano con el español metropolitano. Evidentemente, la lengua era la misma, al tiempo que su historia y prestigio constituían un activo para todos; pero igualmente palmarias eran las diferencias entre las variedades americanas y las españolas. Así surgieron las dudas sobre adoptar los usos propios de los peninsulares o alejarse del español de España en lo posible. El asunto se volvía complicado a la hora de decidir una norma para la enseñanza y el uso culto de la lengua.

Entre los intelectuales de la América independiente, se dieron dos tipos de actitudes claramente diferenciadas en relación con España: el **separatismo** y el **unionismo**. Tales actitudes afectaban de modo directo a la lengua española, aunque sobrepasaban sus límites. La corriente *separatista* tuvo sus inicios en Argentina, con la llamada "generación del 37" y proclamaba una total independencia lingüística y cultural de España. Esa independencia implicaba no solo el establecimiento de diferencias de uso hablado entre el español peninsular y el americano, sino también su traslado a la norma y a la escritura.

Esta actitud motivó la propuesta de reformas ortográficas, como la de Domingo Faustino Sarmiento. Sarmiento proponía prescindir de la grafía *z*, así como de *v*. Sin embargo, sus argumentos, que tenían una justificación lingüística, se revestían de otro tipo razones, ya que la lengua era tratada como materia política y como símbolo de una independencia que aún se consideraba incompleta. Para Juan Bautista Alberdi tal independencia solo podría conseguirse de un modo: abandonando el español o castellano como lengua materna, refiriéndose al peninsular, y adoptando un modelo diferente. La iniciativa había surgido en 1828, cuando el también argentino Juan Cruz Varela introdujo la cuestión del **idioma nacional**, tratada después por Luciano Abeille en su obra *Idioma nacional de los argentinos* (1900).

Frente a esta corriente separatista, se sitúa la *unionista*. Obviamente, esta actitud aboga por la identificación del español, sea en la variedad que sea, como una sola lengua, susceptible por tanto de sustentarse en una norma común, incluida la ortográfica. En el prólogo de su *Gramática de la lengua castellana destinada al uso de los americanos* (1832), el venezolano Andrés Bello adoptó un planteamiento conciliador. Esta actitud resulta más que relevante porque Bello fue uno de los intelectuales que propuso una reforma ortográfica, vigente en Chile como ortografía oficial entre 1844 y 1927, aceptada y utilizada durante varios años en

Argentina, Colombia, Ecuador, Nicaragua y Venezuela. La diferencia entre las propuestas de Bello y las de los separatistas estuvo en que Bello buscó una racionalidad ortográfica que facilitara la enseñanza en las escuelas, no una independencia ideológica de España a toda costa. De hecho, Bello acabó retirando su ortografía en beneficio de la comunicación y las relaciones entre las naciones hispanohablantes.

El criterio unionista encontró un profundo arraigo en la mayor parte de los territorios hispanohablantes, basado en el sentido de comunidad, la conservación de una herencia y el deseo de evitar las debilidades de una lengua fragmentada. Esta visión unificadora de la lengua propició en aquel momento, primero, una concepción jerarquizada de la lengua, que distinguía lo puro y correcto de lo corrupto, lo castizo de lo vulgar y, en segundo lugar, la disposición de una enseñanza prescriptiva de la lengua, con el fin de salvaguardar en lo posible su pureza, con el auxilio de gramáticas, diccionarios y ortografías. De ahí que durante décadas muchos centros educativos en todo el territorio hispanohablante hayan priorizado el aprendizaje de "reglas" sobre la "interacción" lingüística y la "práctica" de la escritura sobre la oralidad.

Actualmente, superadas las posiciones más radicales, en los países hispanohablantes existe una tendencia popular centrípeta, una corriente de reconocimiento en el otro, una búsqueda de lo común sobre lo diferente, que los ha fortalecido como comunidad durante siglos, más allá de las peculiaridades a las que nadie está dispuesto a renunciar. En este sentido, los hablantes suelen ser bastante más pragmáticos y clarividentes que los expertos y los políticos, si bien nunca han faltado intelectuales convencidos de las ventajas de la unidad, aparte de Andrés Bello, como el argentino Esteban Echeverría, el colombiano Rufino José Cuervo o el uruguayo José Enrique Rodó, que abogaban por un compromiso de todos los países hispánicos.

En lo que se refiere a las políticas lingüísticas en los Estados Unidos, estas han sido de represión y exclusión del español en la vida pública desde el siglo XIX. Desde 1960 se han producido dos grandes movimientos que han repercutido en el tratamiento social de la lengua española. Por un lado, la apertura de programas de **enseñanza bilingüe**, especialmente desde el mandato del demócrata John F. Kennedy, movimiento que se vio frenado con la política restrictiva de gastos sociales y educativos del republicano Ronald Reagan, en la década de los ochenta. Desde entonces, los programas de enseñanza bilingüe, mayoritariamente de inglés y español, han sido desatendidos por las administraciones y tan solo se han recuperado, desde el año 2000, por medio de los llamados programas de enseñanza o inmersión dual y de la creación del *Seal of Biliteracy*, por el cual se valora y acredita el conocimiento de lenguas de los estudiantes al finalizar la enseñanza secundaria.

El segundo gran movimiento político de las últimas décadas es el denominado **English Only**, que tiene en la iniciativa *US English* uno de sus principales exponentes. *US English* fue fundado en 1983 por el senador por California Hayakawa, promotor de una legislación para la oficialidad del inglés en los Estados Unidos, dado que este país no tiene declarada una lengua como oficial. El movimiento *English Only* tuvo sus principales impulsos en una ordenanza antibilingüismo del Condado de Dade, en Florida, (1980) y en la proposición 58 del Estado de California (1998), que obligaba a todos los estudiantes no anglohablantes a someterse a programas de inmersión monolingüe en inglés. En la actualidad, la mayoría de los estados de la Unión han aprobado declaraciones de oficialidad a favor de la lengua inglesa.

3.5 Lengua estándar, español y castellano

Español y *castellano* son denominaciones equivalentes, cuyo uso está sujeto a las tradiciones y percepciones sociales y lingüísticas de cada uno de los territorios hispanohablantes. Los argumentos que se esgrimen para la preferencia de una denominación u otra no tienen que ver con causas lingüísticas, sino de naturaleza externa: históricas, sociales, perceptivas. Así, en América del Sur se prefiere la denominación de *castellano*, por tradición y porque *español* se identifica con España solamente. En España, se prefiere *castellano* en la zona norte, por tradición e historia, y en las regiones bilingües, ya que sus respectivas lenguas también son "españolas"; es decir, de España. En las regiones del sur y en Canarias se prefiere *español*, al establecerse un contraste con las hablas de Castilla. También se prefiere *español* en México y el Caribe, probablemente para marcar con más claridad una distancia cultural con el vecino anglófono, dado que es "español" la denominación que suele ponerse en contraste con la lengua inglesa. En el ámbito internacional, la denominación general es *español*, especialmente para la enseñanza de lenguas.

Aceptando, pues, la equivalencia de ambos términos para la denominación de la lengua, es importante establecer una distancia entre dos pares de conceptos que suelen presentarse como estrechamente asociados: por un lado, los conceptos de "español" y de "lengua estándar"; por otro lado, los conceptos de "español" y de "castellano". En relación con el primer par de conceptos, debe distinguirse entre la lengua general denominada *español*, con toda su diversidad interna, y el uso estandarizado de la lengua en la escritura, la enseñanza y los medios de comunicación internacionales (*español estándar*). En relación con el segundo par de conceptos, no debe confundirse la lengua general (*español*) con una de sus variedades, tradicionalmente denominada *castellano*, utilizada en la mayor parte de España, especialmente en el norte peninsular (§ 6.1). De este modo, *castellano* tendría dos acepciones: una como nombre utilizado en diversas regiones para la lengua general y otra como nombre de una de las variedades del español de España.

De igual manera que se disocian los conceptos que se acaban de mencionar, hay que evitar la identificación del "español estándar" con la modalidad castellana. Históricamente, las normas de estandarización del español se construyeron sobre la base del español de Castilla (*castellano*), pero ese criterio de estandarización ha cambiado completamente. Desde finales del siglo XX, la elaboración y difusión de la norma ortográfica, gramatical y léxica se hace desde una entidad internacional: la Asociación de Academias de la Lengua Española. Para ello, se tiene en cuenta que la realidad del español es policéntrica y que existen diversos modelos de referencia para el uso culto de la lengua, según el área dialectal de que se trate. Las normas actuales del español se crean teniendo en cuenta esa multiplicidad de normas regionales, que se aceptan para sus usos cultos. No obstante, los hispanohablantes mantienen sus respectivas modalidades en el plano oral, sin perder la conciencia de que las distancias lingüísticas entre variedades no afectan gravemente a la intercomprensión general ni a la identificación de una gran comunidad conocedora y usuaria de una misma lengua.

Resumen

La política ha sido un factor determinante en la formación, desarrollo y consolidación de la lengua española o castellana como vehículo de comunicación y cultura en todos los países hispanohablantes. La política lingüística durante el periodo de conquista y colonización de

América se desarrolló entre contradicciones por parte de España. Por un lado, el respeto a las etnias indígenas y el afán de evangelización resultaron favorables para el aprendizaje de las lenguas originarias y para su uso con la población nativa. Por otro lado, las sugerencias, recomendaciones y finalmente disposiciones para el uso del español en América fueron intensificándose con el paso del tiempo, en detrimento de las lenguas de los indígenas y de su organización social.

En el siglo XVIII, la política centralizadora de España, promovida por una nueva dinastía de origen francés, desembocó en una serie de reformas para reforzar las estructuras del estado y potenciar la cohesión de los territorios. Para esa cohesión resultaba importante la homogeneidad lingüística. Asimismo, el siglo XVIII fue testigo del nacimiento de la Real Academia Española, instrumento fundamental en la creación de una norma lingüística para la educación y para el uso de la lengua en los espacios públicos y en la escritura.

La independencia de los países americanos en el siglo XIX, protagonizada por criollos monolingües, proporcionó a la lengua española el impulso definitivo para su difusión por todo el antiguo territorio español. En el proceso de creación de las nuevas repúblicas, con sus nuevas instituciones, incluidas las educativas, resultaron decisivas las resoluciones que se adoptaron en torno a la lengua. En España, las ideologías tradicionalista y progresista experimentaron en el siglo XX un cambio de orientación, convirtiéndose en progresista la protección del multilingüismo.

Finalmente, es importante establecer una diferencia conceptual entre las nociones de "español", "lengua estándar" y "castellano". *Español* hace referencia a la lengua general y compartida (llamada *castellano* en América del Sur y en áreas de España); *lengua estándar* se refiere al uso estandarizado de la lengua en la escritura, la enseñanza y los medios de comunicación; *castellano* es el nombre con que se identifican las hablas utilizadas en el centro y el norte de España.

Lecturas complementarias

1 "Lenguaje, política e historia". José del Valle. *Historia política del español. La creación de una lengua*. Madrid: Aluvión, 2016. Introducción.
   https://bit.ly/2BxIqwG

   Descripción del contenido: El texto presenta algunos fundamentos teóricos para el estudio de la historia política de la lengua. Desde esta perspectiva, la historia del español y de sus variedades solo puede entenderse en relación con sus contextos de uso.

2 *Gramática de la lengua castellana destinada al uso de los americanos* (1847). Andrés Bello. Santiago de Chile: Imprenta del Progreso.

   Descripción del contenido: Esta gramática es un texto clásico de la filología y la lingüística hispánicas. La obra ofrece una visión de la lengua española o castellana en la que se reconocen sus variantes geográficas.

   https://bit.ly/33ZsQ9l

Sugerencias para investigar y debatir

A partir del mapa de los virreinatos y las audiencias americanas, razone y debata sobre cómo estos pudieron favorecer la creación de distintas variedades del español.

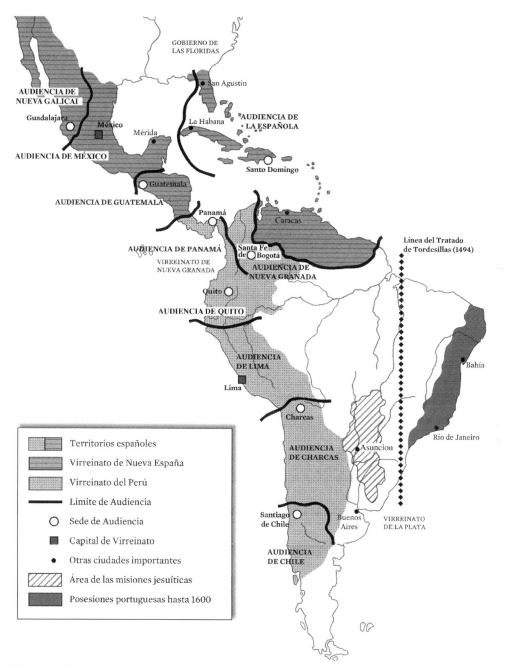

Mapa 3.1 Virreinatos y audiencias de América en los siglos XVII y XVIII

Fuente: F. Moreno-Fernández 2015

Ilustración: Luis Doyague

GLOSARIO

audiencia: territorio que está bajo la jurisdicción de un tribunal de justicia.

encomienda: sistema de organización socioeconómica por el que los conquistadores españoles en América recibían a su cargo grupos de indígenas que debían trabajar para ellos a cambio de protección, instrucción y evangelización; el sistema, que permitió muchos abusos, se extendió oficialmente entre 1523 y 1791, si bien en 1542 dejó de aplicarse estrictamente.

ideología lingüística: sistema de ideas relativas al lenguaje, las lenguas y sus variedades que se correlacionan con factores culturales, políticos o socioeconómicos.

lengua general: lengua utilizada para la comunicación general en un territorio, como intermediaria entre grupos originarios de lengua diferente.

planificación lingüística: conjunto de actuaciones que intentan determinar la forma y el uso de las lenguas o las variedades de un territorio; la planificación requiere de la lingüística para la fijaciòn de la forma de la lengua y de la política para su implantación social.

política lingüística: actuación de un estado o una administración mediante decisiones y actitudes que buscan determinar cómo y en qué ámbitos deben usarse las lenguas y variedades de un territorio.

virreinato: gobierno de un territorio en nombre de un rey, con la misma autoridad y poderes; territorio gobernado por un virrey.

REFERENCIAS

Frago, Juan Antonio (2010): *El español de América en la Independencia.* Santiago de Chile: Aguilar Chilena de Ediciones.

Lockhart, James (1990): "Organización y cambio social en la América española colonial". En L. Bethell (ed.), *América latina colonial, población, sociedad y cultura, IV. Historia de América Latina, IV.* Barcelona: Crítica. Cap. 1.

Moreno-Fernández, Francisco (2015): *La maravillosa historia del español.* Madrid: Espasa.

Muñoz Machado, Santiago (2017): *Hablamos la misma lengua. Historia política del español en América, desde la Conquista a las Independencias.* Barcelona: Crítica.

Parodi, Claudia (2010): "Tensión lingüística en la colonia: diglosia y bilingüismo". En R. Barriga y P. Martín Butragueño (coords.), *Historia sociolingüística de México.* Vol. 1. México: El Colegio de México, pp. 287–346.

RAE-ASALE (2004): *La política lingüística panhispánica.* Madrid: Real Academia Española.

Valle, José del (2016): *Historia política del español.* Madrid: Aluvión.

Capítulo 4

Panorama lingüístico de la península ibérica

Introducción

Este capítulo presenta un panorama general de la situación lingüística de la península ibérica, prestando especial atención a la lengua española y sus variedades, así como a sus relaciones con otras lenguas. Esa situación revela la naturaleza multilingüe de la península a lo largo de toda la historia. Desde la Edad Media hasta la actualidad, la convivencia del español con otras lenguas, como el portugués, el catalán, el gallego y el vasco, ha sido una constante.

Los objetivos de este capítulo son los siguientes:

a   presentar los aspectos más relevantes de la génesis del multilingüismo peninsular;
b   caracterizar la situación lingüística actual de España;
c   presentar las principales variedades del español en España, incluidas las de las áreas bilingües y las hablas de frontera;
d   comentar las razones de la falsa imagen del español de España.

4.1 La diversidad lingüística de la península ibérica

La historia de las lenguas habladas en la península ibérica comparte muchos rasgos con la historia de otras lenguas del sur de Europa. El hecho histórico más determinante para la configuración del paisaje lingüístico de Europa fue la romanización, acompañada de la latinización de todos los territorios dominados por el Imperio romano. La situación anterior a la latinización presentaba un paisaje fragmentado de lenguas prerromanas, entre las que destacaban, en la península ibérica, las variedades de los grupos celta, ibérico y vasco, entre otros. Las lenguas de los celtas, los celtíberos y los iberos acabaron desapareciendo, diluidas en la latinización, pero no lo hizo el vasco, lengua de origen incierto, que logró pervivir en enclaves apartados y en contextos de bilingüismo con el latín. Desde la época de la latinización, la geografía de la lengua vasca ha ido reduciéndose y su implantación social, aminorándose, en un proceso lento, pero continuo, que solo se ha visto detenido a partir de la Constitución española de 1978.

Las demás lenguas de España, incluidas las variedades más fragmentadas y de menos peso social, son de origen neolatino o románico. La fragmentación del imperio de Roma condujo al nacimiento de decenas de variedades lingüísticas. Todas ellas fueron, durante la Edad Media, lenguas asociadas a entidades políticas relevantes (reinos, coronas, condados, marquesados . . .), lo que les confirió, en sus respectivos territorios, un preeminente uso social, hablado y escrito. El devenir de cada una de estas lenguas fue consecuencia de su historia sociopolítica y geodemográfica. El primer gallego-portugués acabó fragmentándose en las lenguas de Galicia (gallego) y de Portugal (portugués); el astur-leonés y el navarro-aragonés fueron restringiendo su uso hasta verse relegados a las zonas montañosas y extremas de Asturias y de Aragón, en forma de hablas locales o minoritarias; y el catalán, por su parte, vio cómo en la Edad Media se extendía su geografía hacia el sur (Valencia) y hacia el este (Baleares), al tiempo que se consolidaba como lengua de los condados catalanes y, hasta finales del XV, como una de las lenguas de la Corona de Aragón. Mientras, las hablas castellanas se fueron consolidando como las de mayor implantación y prestigio, acompañando la evolución, primero, del reino de Castilla y, después, del conjunto de España (§ 2.2).

Las primeras tierras castellanas se ubicaban en la confluencia de las actuales provincias españolas de Burgos, Cantabria y Guipúzcoa. Castilla fue, desde sus orígenes, tierra de fronteras cristianas y de fronteras musulmanas, tierra de contactos de gentes y de lenguas distintas. Sus dominios fueron poblados por cántabros y vascones, y ello se tradujo en la formación de una variedad romance diferenciada del leonés y del navarro-aragonés, pero que compartía elementos con ambas. Al mismo tiempo, en esta variedad se dejó sentir la proximidad del vasco, en forma de transferencias lingüísticas. Así, el reducido número de vocales vascas (5) – como el de otras lenguas prerromanas – contribuyó a la **desfonologización** de las oposiciones vocálicas del latín (que tenía 11 vocales, largas y breves, después abiertas y cerradas), influyendo en el hecho de que el castellano acabara contando con cinco vocales, frente a las siete del catalán, por ejemplo. Por otro lado, el vasco también pudo contribuir a que alcanzaran el rango de fonemas en castellano sonidos **sibilantes** que no existían en latín, como [ʧ] o [ts].

La suma de cruces e influencias lingüísticas confirió al castellano, en su origen, un carácter de koiné, de variedad de compromiso. Ángel López sostiene en su libro *El rumor de los desarraigados* (1985) que el castellano se pensaba originó como una koiné de intercambio entre el vasco y el latín, de modo que su aparición tuvo mucho que ver con la creación de una herramienta básica de relaciones entre comunidades. Esa variedad se difundió muy rápidamente, precisamente por su carácter koinético e instrumental. Emilio Alarcos, por su parte (1982), también piensa que el castellano, como dialecto rural del norte, fue en su origen una especie de lengua franca utilizada por los hablantes vasco-románicos. Esta forma de interpretar el nacimiento del castellano y su rápida difusión por el norte contrasta con la hipótesis que lo presenta como la lengua de un pueblo que hizo valer su hegemonía a partir del siglo XI y al que se rodea de una mitología política y militar. La extensión del castellano desde el norte hacia el sur de la península, entre los siglos XI y XIV también experimentó constantes influencias entre esta variedad y las variedades del este y del oeste peninsular.

Además de los importantes contactos con el vasco, el primer castellano recibió la influencia de las variedades del norte de los Pirineos, muy especialmente del provenzal, que tuvo una importante dimensión literaria (lírica de trovadores). Pero no fue esta la única influencia externa, porque la prolongada presencia de población hablante de árabe en la península, desde el siglo VIII hasta el siglo XV, en distintos niveles y diferente intensidad, también se hizo patente en los usos lingüísticos. En la península dominada política y militarmente por los musulmanes, las fronteras lingüísticas eran más bien fronteras interiores, en las que los contactos lingüísticos (latín-romanceado o romance/árabe popular/árabe clásico/hebreo/bereber) se producían en el seno de la misma sociedad musulmana, ya fuera rural, ya fuera urbana.

Estos contactos en el seno de las comunidades musulmanas de la península, en el territorio llamado entonces al-Ándalus, condujeron a la aparición de variedades que reflejaban intensamente la presencia de elementos de la otra lengua. Uno de los ejemplos más claros es el **romance andalusí**, que fue la modalidad derivada del latín utilizada por los mozárabes. Los mozárabes fueron hispano-romanos cristianos que, entre los siglos VIII y XII, vivieron junto a los musulmanes en la península ibérica. Los mozárabes que pasaron desde al-Ándalus a los reinos cristianos, más al norte, introdujeron arabismos que denominaban conceptos inexistentes e innominados en romance y con los que ellos estaban familiarizados por su conocimiento de la cultura arábigo-islámica (p.e. *rabel; arroba*). Las lenguas romances del norte recibieron desde el sur algunos arabismos cultos (a través de las traducciones de obras científicas: *cénit, acimut*), muchos andalucismos (voces del árabe de al-Ándalus: *albufera, alféizar*), bastantes romancismos andalusíes y voces híbridas arábigo-romances (p.e. *cappara – alcaparra, plantayn – llantén*).

Por otro lado, los contactos del castellano con las demás lenguas románicas de la península también fueron decisivos para su configuración. Estas lenguas de contacto fueron, en un primer momento, el gallego-portugués, el asturleonés, el navarro-aragonés y el catalán; posteriormente, cuando asturleonés y aragonés se asimilaron al entorno sociolingüístico castellano, las principales lenguas de contacto fueron el portugués, el gallego y el catalán. La configuración lingüística de estas lenguas, por muy independientes y diferenciadas que sean, no puede entenderse sin su coexistencia con el castellano, del mismo modo que el castellano no se entendería si se prescindiera de las influencias recibidas de las demás lenguas peninsulares.

4.2 La estratificación sociolingüística de España

Durante los siglos XVIII y XIX, la lengua española vio cómo se enriquecía su nivel culto y se adecuaba su uso a los ámbitos de las ciencias y las tecnologías de la época, así como de la política y la sociología. Esta situación de fortalecimiento lingüístico y social de la lengua permitió que surgiera una estratificación sociolingüística, dentro de la propia lengua española, por la cual los hablantes con acceso a los usos cultos de la lengua, hablantes con educación, urbanos, cercanos a las esferas de la administración en todas sus ramas, hacían uso de un español más elaborado y modernizado, mientras que los hablantes de los grupos populares, sin estudios, rurales, sin acceso a las esferas de poder, restringidos a los contactos sociales en el interior de cada territorio, hacían uso del español más tradicional de cada región, con sus peculiaridades dialectales y su personalidad fónica y léxica. Esta situación podría denominarse *estratificación intralingüística*.

Asimismo, en los territorios en los que se hablaba popularmente una lengua distinta de la castellana, pudo ocurrir algo similar, aunque mediante una *estratificación interlingüística*. Es cierto que las circunstancias históricas y sociales de Galicia, Asturias, el territorio vasco, Navarra, Aragón, Cataluña, Valencia y Baleares eran muy diferentes entre sí, pero ante un modelo político y socioeconómico común, vivieron consecuencias muy similares desde un punto de vista sociolingüístico. En todos estos territorios, se había mantenido vivo el uso de sus variedades vernáculas, pero las circunstancias llevaron a una progresiva implantación del castellano entre las oligarquías locales y regionales, en gran medida a través de la escolarización, entre la población más urbana, con más capacidad de desplazamiento geográfico y que formaba parte del entramado de individuos e instituciones que hacían funcionar tanto las administraciones, como el comercio. El estrato más elevado, el de mayor nivel sociocultural, hablaba español. Los estratos socioeconómicos bajos mantenían sus variedades gallegas, vascas y catalanas, si bien estas últimas también eran de uso entre la clase burguesa de Cataluña. Los grupos medios podían manejar una lengua u otra, o ambas, según su modo de vida. A este tipo de estratificación interlingüística puede dársele el nombre de **diglosia**. Los procesos sociolingüísticos conocidos en España hasta el siglo XIX no tuvieron como consecuencia una castellanización de los espacios lingüísticos no castellanos, sino una progresión hacia la diglosia, consumada en el siglo XX.

Gráfico 4.1 Estratificación sociolingüística de España

En la actualidad, tras varios siglos de predominio sociopolítico y cultura del castellano, España muestra un panorama lingüístico con unos caracteres que le confieren personalidad propia. Si bien España es percibida por muchos, en el exterior y en su interior, como un país monolingüe, lo cierto es que su realidad demográfica revela que, de los 47 millones de españoles en la actualidad, unos siete millones son hablantes competentes en otras lenguas, lo que supone una proporción reseñable, que ronda el 15%. Si atendemos a la población total que reside en las áreas donde se manejan otras lenguas, además de la castellana, observamos que la población española que, de una forma u otra, palpa una realidad bilingüe o se encuentra cotidianamente con discursos bilingües supone cerca del 50%, incluidas las poblaciones de Ceuta y Melilla, en el norte de la costa africana.

En España es una realidad el conocimiento generalizado del español a comienzos del siglo XXI. En los últimos años se han manejado unas proporciones que apuntan al español como la lengua materna del 82% de la población española, al catalán como lengua materna del 8%, al gallego como lengua del 5% y al vasco como la lengua de aproximadamente el 1% de la población de España. La falta de datos precisos se debe a lo difuso de la frontera que separa tener como lengua materna o inicial una sola lengua o dos lenguas. Además, es imprescindible mencionar que un 3% aproximadamente de la población residente en España tiene como materna una lengua de origen no español, por tratarse de población inmigrante.

Naturalmente, estas cifras son orientativas del panorama general, pero poco clarificadoras acerca de la realidad sociolingüística del país. El Centro de Investigaciones Sociológicas de España, en un estudio sobre la identidad nacional, observó que, a la pregunta "¿Diría usted que es castellano-parlante [sic]"?, se responde afirmativamente en un 60%, mientras que se ofrece como respuesta el bilingüismo en un 17,5%:

Cuadro 4.1 Autopercepción de hablantes en España. Respuestas a la pregunta: "¿Diría usted que es castellano-parlante [sic] o más bien (lengua C.A.)-parlante [sic]?", donde C.A.: Comunidad Autónoma. *Fuente*: CIS (2007)

	%	(N)
Más bien castellano-parlante	60.5	(363)
Más bien "lengua C.A.-parlante	21.7	(130)
Bilingüe	17.5	(105)
Ninguna de las anteriores	0.1	(1)
No contesta	0.1	(1)
TOTAL	100	(600)

En estas cifras queda oculto el orden de aprendizaje de las lenguas respectivas, incluso su nivel de uso, pero aflora con fuerza la autopercepción de los hablantes bilingües, dato muy significativo a la hora de valorar el uso de las lenguas de España.

4.3 Variedades del español en España

El español de España no es una modalidad que se manifieste de modo uniforme en todo el territorio, sino que presenta variedades internas, algunas de ellas muy claramente diferenciadas entre sí. Estas modalidades del español incluyen las hablas castellanas, las hablas andaluzas, las hablas canarias, las hablas extremeñas, las hablas murcianas y el castellano de las áreas bilingües, en Cataluña, Valencia, Baleares, Galicia, el País Vasco y Navarra. Naturalmente, cada una de estas variedades ofrece modalidades internas, regionales o locales. Además, hay que distinguir entre las áreas castellanohablantes monolingües y las bilingües, donde las lenguas de cada territorio han influido sobre el castellano.

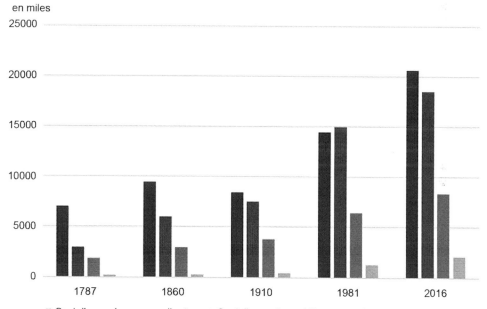

Gráfico 4.2 Evolución histórica de los hablantes de las áreas castellanohablantes monolingües, bilingües, andaluzas y canarias (1787–2016). A partir de información censal

   Desde un punto de vista demodialectal, la evolución de la proporción de hablantes de las modalidades castellanas en áreas monolingües y en áreas bilingües, así como de las modalidades andaluzas y canarias, ha sido la que se refleja en el gráfico, donde se aprecia, desde el siglo XVIII, el predominio demográfico de las hablas castellanas y, en los últimos siglos, el crecimiento de las áreas bilingües, hablantes también de castellano.
   Las variedades más reconocibles en el español de España son tres: la castellana, la andaluza y la canaria. En el caso de Canarias, su posición estratégica ha contribuido a la adquisición

de una personalidad lingüística propia y a la difusión de rasgos lingüísticos a uno y otro lado del océano (§ 6.4). En cuanto a la división de la península entre un área castellana y un área andaluza, la geografía también resultó decisiva en su momento, aunque en la actualidad resulte difícil de creer, por la comodidad de las comunicaciones (§ 2.4). El sistema montañoso conocido como Sierra Morena (norte de Andalucía) funcionó como una barrera natural que permitió el relativo aislamiento de las hablas andaluzas y, en consecuencia, su desarrollo como una modalidad lingüística bien diferenciada de la castellana, con soluciones fonéticas distintas de las de Burgos, Madrid o Toledo y con una percepción de la variedad del español también diferente (§ 6.3).

En el norte de España, por otra parte, existen modalidades que o bien son herederas de las antiguas hablas asturleonesas y aragonesas, o bien son modalidades castellanas que incorporan numerosos elementos de origen asturleonés o aragonés. En el primer caso se trata de *bables* (Asturias) o *fablas* (Aragón) cuyos usos se conservan como vernáculos, principalmente en las áreas rurales. En el segundo caso se trata simplemente de español asturiano o aragonés.

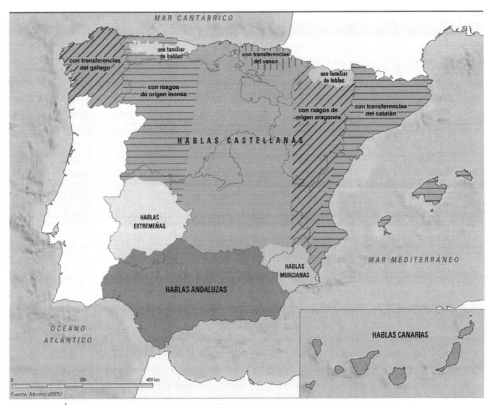

Mapa 4.1 Áreas lingüísticas del español en España

Fuente: Moreno-Fernández 2005

En lo que se refiere a las **áreas bilingües,** puede hablarse de la existencia de un castellano gallego, un castellano vasco o un castellano catalán para hacer referencia a las modalidades que incluyen rasgos ya estabilizados y que son transmitidos como parte integrante de cada una de esas modalidades (§ 6.2). De hecho, el uso del castellano dentro de las comunidades españolas bilingües podría interpretarse como un continuo que iría desde el castellano de cada zona – con elementos de la otra lengua ya estabilizados – hablado por los monolingües allí nacidos, hasta el castellano utilizado con limitaciones – o incluso dificultades – por hablantes nativos de la otra lengua, que acusan la presencia de interferencias propiamente dichas.

Cuadro 4.2 *Continuum* de las transferencias en áreas bilingües de España

Castellano con transferencias estabilizadas	*Castellano con interferencias*
hablado por monolingües <--> *hablado por bilingües*	

En las áreas bilingües, hay fenómenos, pues, que se desarrollan a partir del contacto del castellano con otras lenguas y que posteriormente pasan a formar parte de la norma nativa castellana de cada zona. Veamos algunos ejemplos:

> *Castellano gallego: tener* + participio (p.e. *tengo recibido*); *mirar de* 'tratar de'; indefinido vinculado al presente (p.e. *tu hermano cantó este año muy bien*); uso frecuente de diminutivos en – *iño/a* (p.e. *bueniño, riquiño, graciñas*); léxico gallego: *rapaz* 'muchacho', *orballar* 'lloviznar', *colo* 'regazo', *esmagar* 'aplastar', *perrencha* 'berrinche'.

> Castellano catalán: uso indistinto de *llevar/traer; que* átono sin valor interrogativo en interrogativas (p.e. *¿que quiere comer?*; la respuesta sería "Sí/No"); usos específicos de *hacer* (p.e. *hacer –* 'emitir, proyectar'– *una película*); uso adverbial de *sin* (p.e. *¿Traes el pan? – He venido sin*); léxico catalán: *paleta* 'albañil', *rachola* 'baldosa', *prestache* 'estante', *enchegar* 'prender', *nen* 'niño', *plegar del trabajo* 'salir del trabajo'.

> *Castellano vasco*: uso de *estar* por *haber* (p.e. *no están papeles*, 'no hay papeles'); omisión de clíticos de tercera persona (p.e. *pues eché novio*); léxico vasco: *aita* 'padre', *ama* 'madre', *anaia* 'hermano', *morrosko* 'fuerte', *belari* 'reunión', *bertzale* 'patriota', *pelotari* 'jugador de pelota'.

Muchos de los usos considerados como transferencias no lo son realmente, por existir también en castellano, aunque su frecuencia pudo verse reforzada si coincidían con las formas de las demás lenguas en sus respectivos territorios. En cualquier caso, se puede hablar de un castellano gallego, un castellano vasco o un castellano catalán para hacer referencia a las modalidades que incluyen rasgos ya estabilizados y que son transmitidos como parte integrante de cada una de esas modalidades regionales.

A las modalidades mencionadas hasta ahora, podríamos añadir otras variedades minoritarias que surgen en espacios de **fronteras** entre lenguas o dialectos de la península. Muchas de ellas se hallan en municipios concretos o extensiones geográficas muy reducidas, como el *chapurreao, aguavivano,* el *mirandés* o el *barranqueño.* Se llama *chapurreao* al habla de la frontera entre Cataluña y Aragón, que tiene a su vez otras modalidades locales. El *aguavivano* es la mezcla de hablas valencianas y aragonesas que se produce en la localidad de Aguaviva, en Aragón, con elementos fónicos, gramaticales y léxicos de unas y otras entremezclados. Se llama *mirandés* al habla de Miranda do Douro en la región portuguesa de Trás-os-montes, modalidad que incorpora elementos de las antiguas hablas leonesas, como ocurre con el *barranqueño*, mezcla conocida en la localidad portuguesa de Barrancos, en el Bajo Alentejo. Junto al *mirandés*, pueden considerarse otras hablas de frontera, como las de algunas localidades de Extremadura (Eljas, Valverde del Fresno y San Martín de Trebejo), en las que se entreveran rasgos gallego-portugueses, aunque estén muy castellanizadas, o las de algunos lugares de la frontera entre Galicia y Portugal (Ermisende, Riodonor, Guadramil y Lubián), donde confluyen el gallego, el portugués, el leonés tradicional y el castellano (§ 14.4.1).

4.4 La falsa imagen del español de España

Al español de España se le suele atribuir una serie de características que presentan una imagen impropia de esta variedad de español y de su relación con las demás variedades. Del español europeo se ha resaltado su gran *diversificación* interna, su carácter de lengua *estándar*, su *autenticidad* histórica y su incuestionable nivel de *corrección*. También se dice, por otro lado, que en España se hace un uso poco cuidado de la lengua, comparado con la "pulcritud" y el esmero con que se hablan algunas variantes americanas.

En primer lugar, hay un argumento, referido a la *diversificación* interna del español de España, que se ha repetido en mil ocasiones. Se dice que existe mayor distancia entre el habla de un valle del Pirineo aragonés, al norte de España, y el habla de la Vega de Granada, al sur de España, que entre el habla de México y la de la Patagonia. No puede negarse que dentro de España existe una diversidad lingüística apreciable, al margen del uso de lenguas diferentes. Sin embargo, llevar esa diversidad mucho más allá de las divergencias existentes entre las modalidades americanas no resulta correcto. Cuando se piensa en esta diversificación, a menudo se comparan variedades de origen lingüístico distinto: pongamos por caso los bables asturianos – derivados de las hablas asturleonesas medievales – y las hablas de Cádiz, derivadas históricamente del castellano. Si solamente se comparan variedades geolectales de la península Ibérica surgidas desde el castellano antiguo, las diferencias no tendrían por qué ser mucho mayores que las que se encuentran entre territorios americanos diferentes. Con todo, también es verdad que diferencias semejantes a las que se encuentran en España a una distancia de 500 kilómetros pueden hallarse en América a una distancia de 5.000.

Por otro lado, hay mucha gente que piensa que el español de España es el español "auténtico", el más puro y el más correcto. A España se le atribuye la imagen de la *autenticidad* lingüística, de la legitimidad de la "madre patria", la referencia histórica por antonomasia. Por supuesto que el español de España, en cualquiera de sus modalidades, es auténtico y legítimo históricamente, pero ello no significa que España disfrute de la autenticidad de forma exclusiva. Igual de "auténtico" es el español de San Juan de Puerto Rico que el de Madrid.

En cuanto a la *corrección*, suele ser frecuente que los hispanohablantes depositen la norma en España o consideren a España dueña de esta, tal vez por el peso histórico de la Real Academia Española o de sus diccionarios y gramáticas. Sin embargo, es importante saber que ningún país hispano ni ninguna de sus regiones monopoliza el valor de la "corrección": la corrección consiste simplemente en ajustarse a unos criterios normativos establecidos por las academias y por los hablantes de mayor prestigio de cada área, incluidos los medios de comunicación.

Finalmente, los españoles no son absolutamente descuidados en el uso de la lengua. Por más que haya hablantes descuidados en el hablar, no es justo afirmar sin más que los españoles son despreocupados en cuestiones lingüísticas. El uso del español en España ofrece correcciones e incorrecciones, pero ni más ni menos que en otras áreas hispánicas.

Resumen

Históricamente, la convivencia del español con las demás lenguas peninsulares, por razones políticas, económicas y culturales, acabó derivando en una estratificación del uso social de esas lenguas, de modo que el español era la lengua de los grupos y usos públicos más prestigiosos, mientras las demás variedades se reservaban para espacios sociales más privados y regionales (diglosia). Esta estratificación se reprodujo para las propias variedades dialectales del castellano.

En la actualidad, el panorama lingüístico de España es de diversidad, incluida la que emana de las comunidades bilingües. La legislación española, a partir de la base de la Constitución de 1978, constituye uno de los cuerpos jurídicos de Europa que más peso social concede a las lenguas de las áreas bilingües, que tienen rango de cooficiales: catalán (en Cataluña e Islas Baleares), valenciano (en Valencia), gallego (en Galicia) y vasco (vascuence o euskera) en el País Vasco y en Navarra.

El español de España ofrece una imagen hacia el exterior que, en diferentes aspectos, no se ajusta a la realidad actual, especialmente en lo que se refiere a su autenticidad o su corrección. A este respecto, el español de España, en cualquiera de sus modalidades, debe considerarse al mismo nivel que cualquier otra variedad de la lengua española.

Lecturas complementarias

1   Monteagudo, Henrique. "Lenguas en Transición. De la represión a la convivencia". En J. Gómez Montero (coord.), *Memoria literaria de la Transición española*. Madrid/Frankfurt: Iberoamericana/Vervuert, 2007, pp. 184–206.
    https://bit.ly/2P6mSza

    Descripción: El texto alude a los precedentes de la Transición española y ofrece un esquema de las posiciones que surgieron con motivo de la discusión del texto constitucional. También se explican los procesos de normalización emprendidos desde cada Comunidad Autónoma de España.

2   Gugenberger, Eva. "El castellano y las lenguas regionales en España". En M. Doppelbauer y P. Cichon (eds.), *La España multilingüe. Lenguas y políticas de España*. Wien: Praesens, 2008. pp. 31–52.
    https://bit.ly/31wUxo7

    Descripción: Todas las lenguas se han formado en un proceso de confluencia de diferentes componentes lingüísticos y en procesos de hibridación lingüística que han cristalizado en distintas variedades. La falta de correspondencia entre límites políticos y lingüísticos aparece en muchas Comunidades Autónomas de España.

Sugerencias para investigar y debatir

Busque en internet diccionarios o traductores de las lenguas catalana, gallega y vasca, y encuentre el equivalente de las palabras del español que aparecen en el listado siguiente. Compare las equivalencias y analice sus semejanzas y diferencias.

Albañil
Baldosa
Capricho
Izquierda
Queso

GLOSARIO

al-Ándalus: territorio de la península ibérica ocupado y habitado principalmente por musulmanes durante la Edad Media, hasta 1492.

cántabros: pobladores del centro-norte de la península ibérica; probablemente tuvieron su propia variedad lingüística.

Comunidad Autónoma: división política de España que cuenta con autonomía y competencias en diversos ámbitos sociales, legislativos y políticos; cada una de ellas cuenta con un gobierno y un parlamento.

desfonologización: proceso por el que dos fonemas dejan de oponerse o distinguirse.

diglosia: situación de bilingüismo o de convivencia de variedades en la que una de ellas (A) goza de prestigio y de privilegios socioculturales en detrimento de la otra (B).

Estatuto de Autonomía: documento jurídico que ordena y rige la actividad política y social, así como la identidad, de una Comunidad Autónoma de España.

interferencia: influencia inestable de un elemento de una lengua sobre otra lengua.

mozárabe: persona de religión cristiana que habitó en territorios peninsulares bajo el dominio de los musulmanes.

normalización: proceso por el que una lengua recibe una regulación formal y es objeto de difusión social.

romance andalusí: lengua romance, influida por el árabe, hablada por los cristianos que habitaron en territorios peninsulares bajo el dominio de los musulmanes.

románico: relativo al mundo romance, derivado del latín o del mundo romano clásico.

sibilante: sonido que consiste en un rozamiento de la lengua en el área palatal, alveolar o dental.

transferencia: paso de un elemento de una lengua a otra lengua; influencia de una lengua sobre otra.

vasco-románico: relativo a los pobladores peninsulares que habitaban en el norte de la península ibérica y conocían o usaban el vasco y alguna modalidad romance.

vascones: pobladores del norte de la península ibérica hablantes de un primitivo vasco.

REFERENCIAS

Bastardas, Albert y Emili Boix (1994): *¿Un estado, una lengua? La organización política de la diversidad lingüística.* Barcelona: Octaedro.

Echenique, M. Teresa y Juan Sánchez (2005): *Las lenguas de un reino. Historia lingüística hispánica.* Madrid: Gredos.

González Ollé, Fernando (1993): "Tradicionalistas y progresistas ante la diversidad idiomática de España". En *Lenguas de España. Lenguas de Europa*. Madrid: Fundación Cánovas del Castillo, pp. 129–160.

Monteagudo, Henrique (1999): *Historia social da lingua galega*. Vigo: Galaxia.

Moreno-Fernández, Francisco (2005): *Historia social de las lenguas de España*. Barcelona: Ariel.

Ruiz, Francesc, Rosa Sanz y Jordi Solé i Camardons (1999): *Història social i política de la llengua catalana*, 3ª ed. València: Contextos 3i4.

Siguán, Miquel (1992): *España plurilingüe*. Madrid: Alianza.

Capítulo 5

Panorama lingüístico de Iberoamérica

Introducción

Iberoamérica se extiende por un amplio espacio geográfico con una rica diversidad lingüística que incluye al portugués y al español como lenguas generales de comunicación. La lengua española, pues, ha convivido durante siglos con otras muchas lenguas, con las que ha construido la historia social del territorio americano.

Los objetivos de este capítulo son los siguientes:

a reflexionar sobre la evolución de la diversidad lingüística en América;
b describir el panorama de las lenguas originarias en América;
c presentar las principales características compartidas por la lengua española en la mayor parte del territorio americano;
d presentar las principales áreas del español americano.

5.1 La diversidad lingüística de América

El continente americano es un extenso territorio que puede recorrerse de extremo a extremo conociendo apenas cuatro lenguas: inglés, francés, portugués y español. De ellas, la lengua de mayor peso demográfico en el continente es la española. Así pues, el español es la lengua más difundida y extensa del continente americano y, lógicamente, el principal vehículo de comunicación social en Hispanoamérica. De hecho, la América hispanohablante constituye una de las mayores áreas del mundo, de territorios contiguos, en las que es posible la comunicación en una misma lengua.

La América hispana, sin embargo, no es un área monolingüe, ni mucho menos. Los países que la integran, salvo excepciones, conocen el uso de dos o más lenguas en determinados grupos de su población y para determinados ámbitos de la vida comunitaria. Entre todas esas lenguas, las más importantes cuantitativamente son las lenguas indígenas, originarias o nativas, también conocidas como *amerindias*, que a lo largo de la historia han establecido con el español todo tipo de contactos, con muy diversas soluciones sociales y lingüísticas. Junto a esas lenguas, existen variedades criollas del español (§ 9.4), se encuentran modalidades mixtas, como el fronterizo de Uruguay (§ 11.3), y se conservan enclaves de otras lenguas europeas, como los del sur de Chile que aún hablan alemán o los del sur de Argentina, que solo recientemente han perdido el galés. Asimismo, hay que tener en cuenta que el propio español se manifiesta en distintas modalidades.

Las lenguas originarias o indígenas han pervivido en Hispanoamérica durante los últimos 500 años en coexistencia con la lengua española. Los cálculos de Antonio Tovar y Larrucea para el siglo XVI hablaban de la existencia de unas 170 grandes familias lingüísticas, ramificadas en variedades y subvariedades lingüísticas que suponían la cifra de unas 2.000 lenguas, utilizadas por una población que podría estar, en la época de la colonización, en algún punto intermedio entre los diez y los 45 millones de indígenas.

Un adecuado entendimiento del modo en que esta diversidad lingüística se vio afectada por la llegada de los europeos en los siglos XVI y XVII exige valorar hechos como los siguientes (§ 3.1):

a   El mosaico lingüístico de la América del Sur y Central favorecía la difusión de una o más lenguas vehiculares de intercambio.
b   La población indígena se vio mermada drásticamente, según regiones, por factores externos e internos.

Las lenguas indígenas que históricamente han gozado de un mayor peso demográfico y cultural – peso que mantienen hasta la actualidad – han sido el arahuaco, el náhuatl, el maya, el quechua, el aimara, el chibcha, el mapuche (araucano o mapundungun) y el guaraní. En la historia social de esas y de las demás lenguas indígenas de Hispanoamérica, el hecho que más seriamente amenazó su mantenimiento fue la pérdida de prestigio y presencia que supuso la elección del español como lengua de las jóvenes repúblicas por parte de los criollos que protagonizaron la independencia. A ello puede añadirse que las lenguas indígenas han quedado ajenas a los procesos generales de alfabetización y a la difusión de los medios de comunicación social en la segunda mitad del siglo XX.

Cuadro 5.1 Principales lenguas indígenas en países iberoamericanos

Argentina	quechua, aimara, mapundungun, guaraní, chiripá, wikí
Belice	lenguas mayas
Bolivia	aimara, quecham maropa, itonama
Brasil	lenguas de las familias tupí, caribe, macro-ye, chon, puelche . . .
Chile	mapundungun, aimara, quechua, rapanui
Colombia	chibcha, huitoto, chocó, quechua, tucano
Costa Rica	malecu, cabécar, bribri, guaymí
Cuba	-
Ecuador	quichua, shuar
El Salvador	pipil, lenca, kekchí
Guayana Francesa	-
Granada	-
Guatemala	quiché, kekchí, kaqchikel, mam, poqomchi
Guyana	akawaio, wai-wai, arahuaco, patamone, macushi
Haití	-
Honduras	lenca, chortí, sumo, tolupan, paya, misquito, garífuna
Jamaica	-
México	náhuatl, maya yucateco, mixteco, txeltal, zapoteco, tzoltzil, otomí, totonaco, . . .
Nicaragua	misquito, pipil, sumo, ulwa, rama, guatuso, garífuna
Paraguay	guaraní
Panamá	ngäbere, kuna, embrá

(Continúa)

Cuadro 5.1 (Continuación)

Perú	quechua, aimara, asháninca, aguaruna, shipibo-conibo, cocama . . .
Puerto Rico	-
República Dominicana	-
Surinam	arahuaco, caribe
Uruguay	-
Venezuela	wayúu, pemón, yanomamo, piaroa, jibi

La situación actual presenta un panorama con algunas cifras significativas. En cuanto al número de lenguas indígenas vivas, es interesante observar que, a finales del siglo XIX, el Conde de la Viñaza ofrecía referencias ciertas sobre más de 800 lenguas en América y que, hoy, las cifras que manejan los especialistas más solventes en tipología lingüística hablan de alrededor de 1.000 lenguas vivas en toda América y de unas 850 para Iberoamérica. Estos datos revelan que, a lo largo del último siglo y medio, la muerte de lenguas indígenas no ha sido intensa, a pesar de que los pueblos autóctonos, en líneas generales, han vivido en la marginación cultural, socioeconómica y política.

Por otro lado, la información derivada de los últimos censos nos dice que, en los países de América en los que el español es lengua oficial, la población indígena se sitúa por encima de los 35 millones, lo que supone alrededor de un 11% de la población total. Entre los indígenas, en torno al 65% son capaces de comunicarse en su lengua autóctona, de los que un 15% son monolingües. Consecuentemente, cerca de un 35% de indígenas son monolingües en español. Actualmente, en toda la América hispanohablante, menos del 2% de la población se comunica únicamente en lengua indígena y el 70% de los pueblos indígenas tienen menos de 5.000 miembros, manteniéndose una atomización histórica que solo compensa el peso demolingüístico de lenguas como el quechua, con unos siete millones de hablantes – principalmente en Bolivia y Perú – o como el náhuatl, con un millón y medio de hablantes en México. Centroamérica y los Andes son las áreas de mayor densidad indígena.

Junto a las lenguas indígenas, la región del Caribe muestra un uso consolidado y frecuente de lenguas criollas. Estas lenguas suelen competir en prestigio con las lenguas generales, oficiales o vehiculares, que suelen ser el español, el inglés o el francés. Entre las lenguas criollas más destacadas por su presencia social, deben mencionarse el criollo de Haití, el criollo de Belice o el criollo de Jamaica. Los criollos de base hispánica en el Caribe son el palenquero (Colombia) y el papiamento (Aruba, Bonaire y Curazao) (§ 9.4).

5.2 Presencia social indígena

La coexistencia de las lenguas originarias y la española o la portuguesa en la sociedad iberoamericana puede caracterizarse de diglósica, entendiendo **diglosia** como el uso de una de las lenguas para fines públicos o de prestigio social y de la otra para la comunicación familiar. Así, las lenguas amerindias tienen un uso prácticamente ajeno a la escritura y sirven como vehículo de comunicación en el seno de las comunidades indígenas para el intercambio familiar. Es cierto que en áreas de Centroamérica, de Brasil y de los países andinos se ofrecen programas tanto de educación bilingüe como de enseñanza de las lenguas indígenas; sin embargo, la oferta es muy escasa y la falta de medios adecuados, materiales y humanos, es notoria, por lo que su valor, salvados casos muy honrosos, no pasa de testimonial. De hecho, en América se produce una fuerte asociación entre indigenismo y analfabetismo.

Debido a factores sociales como los que acaban de comentarse, así como a factores demográficos, las lenguas indígenas muestran una progresiva reducción de su conocimiento y de su uso. La proporción de hablantes de lenguas indígenas disminuye en la medida que crece la de los hablantes de español o portugués. Lamentablemente, los censos no ofrecen una información homogeneizada al respecto para todo el mundo iberoamericano y la sola forma de preguntar por estas cuestiones puede hacer que las cifras varíen sensiblemente de un país a otro, pero es general la reducción de la proporción de hablantes de lenguas indígenas. Así se aprecia en Bolivia o Ecuador. En el caso de Paraguay, durante los últimos años no se ha producido una apreciable reducción del porcentaje de hablantes de guaraní, pero sí se conoce un aumento de la proporción de los conocedores del español, que ha pasado del 55% al 69% de la población.

La teoría de las Relaciones Internacionales ha caracterizado a los pueblos indígenas como pueblos naturales, pobres, cercados de obstáculos políticos dentro de sus países y desasimilados a la cultura occidental contemporánea, lo que suele conducirlos a la aculturación y al desarraigo. Y así ha sido en los últimos 500 años y especialmente desde los inicios del siglo XVIII. Ahora bien, del mismo modo que la presencia cultural y lingüística de lo originalmente indígena parece irse reduciendo dentro las sociedades iberoamericanas en la última década, en el terreno de lo político se aprecia una tendencia a la valoración, al reconocimiento y a la concesión de espacios públicos que hasta hace poco parecían estarle vedados.

En general, los regímenes políticos y jurídicos de Iberoamérica se están orientando hacia el reconocimiento de los derechos indígenas. Las consecuencias que este cambio de orientación está suponiendo pueden apreciarse en distintos planos, incluido el sociolingüístico. Así, es muy interesante comprobar cómo ha comenzado a romperse la rigidez de la diglosia (lengua A de prestigio social/lengua B de uso familiar) en Paraguay (§§ 3.2.; 5.3; 11.4). Por otro lado, la reivindicación de las lenguas indígenas se va incorporando paulatinamente a los discursos de formaciones políticas americanas de diferente color, entroncando con los planteamientos del nacionalismo lingüístico europeo, y a menudo confiriendo a las lenguas española o portuguesa un carácter de lengua foránea, cuando no invasora. Como contrapeso, existe un poderoso discurso oficial que resalta las virtudes del español y del portugués como vehículos de comunicación esencial y caracterizadores del mundo iberoamericano. En esta orientación, el español o castellano se presenta como lengua mestiza y de mestizaje, forjada con la aportación de todos los pueblos hispánicos y decisiva para la defensa de los intereses de todos ellos.

El análisis de la situación actual parece revelar que el futuro de la diversidad lingüística de Iberoamérica, especialmente en lo que se refiere a la coexistencia del español o el portugués y las lenguas indígenas, podría moverse entre dos tendencias poderosas y, en principio, contrapuestas: la **minorización** sociocultural y la **revitalización** política.

Por un lado, la presencia social y cultural de las lenguas indígenas en las comunidades iberoamericanas parece ir reduciéndose de forma paulatina, en un proceso de minoración implacable. Estos son algunos de los indicadores que así lo demuestran: la proporción de hablantes de lenguas indígenas va disminuyendo poco a poco – por más que pueda aumentar la cantidad absoluta de indígenas – mientras la proporción de hablantes de español y portugués aumenta, por las vías del monolingüismo y del bilingüismo; lo indígena se asocia indefectiblemente al analfabetismo dentro de Iberoamérica; la enseñanza bilingüe, cuando existe, no pasa de lo meramente testimonial, principalmente por la falta de materiales didácticos, docentes bien preparados y medios adecuados; el uso de las lenguas es claramente asimétrico y diglósico, como se deriva de una proporción total de monolingües en lengua indígena inferior al 2%; finalmente, la autoidentificación de los indígenas suele ser negativa, por su falta de prestigio social y cultural. Todo ello no implica, sin embargo, un riesgo inminente de desaparición de las culturas indígenas.

Por otro lado, las políticas iberoamericanas parecen estar ensanchando el espacio destinado al componente indígena, concediéndole unos derechos jurídicos sin precedentes en los últimos 200 años. En esta línea se explica el reconocimiento de la propiedad colectiva de las tierras indígenas, la representación política o la autonomía territorial, pero, sobre todo, el elemental reconocimiento de la realidad multiétnica y multilingüe de muchos países hispanoamericanos. Lo cierto es que la cultura de los países iberoamericanos, en su conjunto, no puede entenderse sin el elemento indígena, pero el futuro de los grupos indígenas pasa necesariamente por encontrar unos cauces de coexistencia con la población mayoritaria, que es hablante de español o de portugués.

5.3 América y la lengua española

La lengua española en América tiene una historia de más de 500 años que han sido testigos, tanto del crecimiento de su uso, como de la formación de sus variedades. En ese desarrollo histórico, existió una base lingüística primera, originada principalmente en el sur de España (Andalucía), que en el Caribe se continuó desarrollando gracias a los permanentes contactos con la propia Andalucía y con las islas Canarias. Sin embargo, el español de América en su conjunto no puede identificarse solamente con lo ocurrido durante el primer medio siglo de colonización y en la región del Caribe. Durante los siglos XVII, XVIII y XIX se produjeron migraciones desde diferentes regiones españolas y con perfiles lingüísticos variados. Además, se fueron produciendo contactos con otras lenguas, mediante la convivencia con comunidades indígenas o mediante la esclavitud. Todo ello fue dando forma paulatinamente a las variedades nacientes del español en América. Delos Lincoln Canfield propuso una división de los periodos en que se formaron las variedades de español en América. Esta división plantea algunos problemas, como que no tiene en cuenta las diferentes oleadas migratorias, pero puede servir de referencia general.

Cuadro 5.2 Periodos de formación de las variedades del español americano. Basado en Canfield (1966)

1550	1650	1750
Tierras altas de Bolivia	Paraguay	Parroquia de San Bernardo
Tierras altas de Perú	Nuevo México/Colorado	Tabasco, Veracruz, México
Tierras altas de Ecuador	Oeste de Argentina	Costa de Colombia
Tierras altas de Colombia	El Salvador	Venezuela (mayor parte)
Tierras altas de México	Honduras	Costa de Ecuador
Guatemala	Nicaragua	Panamá
Costa Rica	Sur de Chile	República Dominicana
Noroeste de Argentina	Uruguay	Centro de Chile
Estados Unidos/frontera	Argentina porteña	Cuba
Venezuela andina		Florida
		Puerto Rico

Sin embargo, esas condiciones históricas también fueron dando forma a características lingüísticas que han tenido una mayor difusión por todo el continente, ya que el español americano comparte numerosos elementos, no en la totalidad de su territorio, pero sí en grandes áreas, de manera que es posible descubrir conjuntos de rasgos comunes a determinadas variedades; rasgos que, al unirse a otros específicos de cada área, permiten identificar las variedades principales de la lengua. De este modo, aunque no sea adecuado hablar de una variedad de conjunto, de un sistema o de un dialecto denominado *español de América*, lo cierto es que existen rasgos compartidos por gran parte del español americano. Algunos de ellos también se pueden encontrar en España o en Filipinas, pero no por ello dejan de ser importantes para América.

Cuadro 5.3 Rasgos de gran extensión en el español americano

Plano fónico
Seseo (realizado mayoritariamente con /s̬/ predorsal)
Yeísmo
Plano gramatical
Uso de *ustedes, su, suyo/a(s), se* con valor de segunda persona del plural
Tendencia a mantener sistema etimológico en pronombres personales átonos
Uso de *se los* por 'se lo': *se los dije* 'se lo dije'
Uso de *estar* en expresiones adjetivales de edad: *cuando estábamos chiquitos*
Uso de pretérito indefinido para acciones vinculadas al presente; uso minoritario de pretérito perfecto, con valor imperfectivo
Preferencia por las formas en *– ra* del subjuntivo: *cantara; hubiera cantado*
Tendencia al uso reflexivo de numerosos verbos: *demorarse, enfermarse, recordarse, regresarse, robarse, tardarse*
Uso adverbial de adjetivos: *canta bonito, habla lindo, pega duro*
Uso de *no más* o *nomás* como adverbio modal: *pase nomás; no más para pasar el rato*
Uso de *recién* con verbos: *recién salgo*
Plano léxico
Uso de americanismos generalizados: *amarrar* 'atar'; *balacera* 'tiroteo'; *botar* 'tirar'; *bravo* 'enfadado', 'enojado'; *cachetes* 'mejillas'; *chance* 'oportunidad'; *concreto* 'hormigón'; *cuadra* 'manzana'; *egresar* 'graduarse'; *flete* 'pago de un transporte'; *frijol* 'alubia'; *friolento* 'friolero'; *guindar* 'colgar'; *manejar* 'conducir'; *pararse* 'ponerse de pie/vertical'; *plomero* 'fontanero'; *soya* 'soja'; *virar* 'girar'; *tirar* 'jalar'

Un somero análisis del cuadro de rasgos nos permite hacer algunas observaciones generales. A propósito del plano fónico, apreciamos que en América son usuales fenómenos muy bien conocidos en España, hasta el punto de poder afirmar que pertenecen al español general. A ello hay que sumar el sistema vocálico y el sistema consonántico básico, que compartimos todos los hablantes de español. En el plano gramatical, también aparecen rasgos que se encuentran igualmente en España (Andalucía, Canarias), como el uso general de *ustedes*, en lugar de *vosotros*, o el modo de emplear el indefinido y el pretérito perfecto, con un indefinido generalizado para la expresión del pasado (p.e. *llegó hace unos minutos*) y un perfecto que adquiere valores aspectuales, principalmente de acción no concluida. El resto de los rasgos del plano gramatical son claramente predominantes en América: el uso de *estar* para expresiones adjetivales de edad (p.e. *cuando estábamos chiquitos*), la presencia de diminutivos afectivos con adverbios o gerundios (p.e. *corriendito, ahoritica*), el uso adverbial de los adjetivos (p.e. *habla lindo*) o la tendencia al uso reflexivo en verbos como *regresarse* o *enfermarse*. También existen usos sintáctico-discursivos más ligados a América que a España, sobre todo por su intensidad y extensión: el uso de *no más/nomás* como adverbio modal (p.e. *dele agua nomás*) y de *¡cómo no!* como marcador de evidencia; el empleo del adjetivo *puro* con el significado de 'sin más, solamente; mismo' (p.e. *han montado el garito en el puro suelo; en puritos cueros*) y de *recién* seguido de verbo (p.e. *recién llegó*); el intenso empleo del impersonalizante *uno* (p.e. *cuando uno es tan solo, le pasan muchas cosas*); el uso del adverbio *medio* con variación de género y número (p.e. *son medios locos; está media enferma; ella está media mal*); el empleo discursivo de *dizque* por 'dicen que' o 'se dice que' (p.e. *dizque se casa*); el uso de *cada que* 'cada vez que', 'siempre que' (p.e. *cada que viene, me enoja*); o el manejo de *capaz que* 'es posible', 'quizá' (p.e. *capaz que me lo coma todo; capaz que llueva; – ¿Vienes? – Capaz*).

Sin embargo, la especificidad relativa de América no puede ocultar una realidad, con un peso aplastante: que la organización sintáctica general del discurso hablado es muy similar en todo el español y que las coincidencias son casi absolutas en indicadores como el número de oraciones por cláusula, la riqueza léxica promedio por oración o la distribución y proporción de oraciones coordinadas y subordinadas dentro de las frases. Existe, pues, una homogeneidad básica o esencial en la sintaxis del español, tanto oral como escrito.

En cuanto al léxico americano, en cada territorio es habitual la presencia de **indigenismos** propios del lugar, especialmente de las lenguas con una mayor implantación. Incluso se ha llegado a hablar de la coincidencia de las principales áreas del español con las de las lenguas indígenas más difundidas: náhuatl (México), maya (Centroamérica), quechua (Andes), mapuche (Chile) y tupí-guaraní (Chaco y Río de la Plata). Sin embargo, las lenguas indígenas han tenido una escasa incidencia en el desarrollo histórico y en la situación actual de la lengua española, fuera de la presencia de indigenismos específicos y de las características propias de los hablantes bilingües o de los semilingües, capaces de entender una lengua, pero no de hablarla. Esta realidad es importante, pero su peso en el conjunto del panorama lingüístico americano es relativo. En el español de América, es innegable la influencia de otras lenguas circunvecinas, especialmente de las lenguas indígenas, pero, en general, los indigenismos comunes a toda América, también están extendidos en el español de España: *tomate, maíz, llama, butaca, chocolate*. Y lo mismo puede decirse de los africanismos extendidos por toda América, como *banana* o *conga*.

En cuanto a la peculiaridad del léxico de América, esta tiene que ver con la conservación y el desarrollo de valores léxico-semánticos propios, nacidos del mismo uso americano de la lengua española. Muchas de las peculiaridades léxicas de América han surgido en la historia del español propio de sus grandes áreas geográficas; otras tienen su origen en España, pero han adquirido en América su mayor fuerza y presencia. El léxico americano conoce derivaciones específicas (p.e. *friolento, molestoso, golpiza, gasolinería, membresía*), un amplio uso de marinerismos (p.e. *amarrar, botar*) y formas hispanas con significados que les son característicos, aunque puedan darse en algunas zonas de España: *bocina* 'altavoz', *boleta* 'multa', *cachetes* 'mejillas', *cajuela* 'maletero', *calzones* 'bragas', *cuadra* 'manzana', *curita* 'tirita', *egresar* 'graduarse'; 'licenciarse', *frijol* 'alubia', *llanta* 'neumático', *paleta* 'polo'; ('helado con palo'), *pararse* ('ponerse de pie', 'levantarse') o *plomero* ('fontanero').

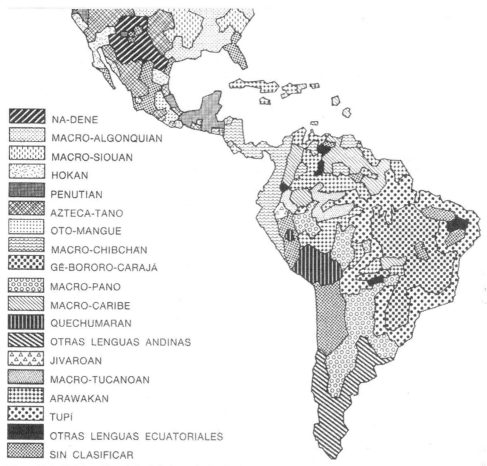

Mapa 5.1 Distribución original de las principales lenguas indígenas en la América hispana

Fuente: Pottier 1983: 197

5.4 Las grandes áreas americanas

La comunidad hispanohablante es un espacio configurado en los últimos cinco siglos por entidades geopolíticas de varios continentes. Esas entidades han mantenido contactos entre sí de distinta naturaleza e intensidad, lo que, junto a otros factores lingüísticos y extra-lingüísticos, ha propiciado el mayor distanciamiento o la mayor cercanía de sus respectivas modalidades lingüísticas.

En general, los estudiosos de la lengua española han considerado que la distancia lingüística entre las variedades de español es relativamente pequeña, por cuanto la comprensión interregional plantea escasos problemas, más allá de las lógicas discrepancias léxicas y pragmáticas.

Es evidente, sin embargo, que el mundo hispanohablante no es absolutamente homogéneo y que, por tanto, existen áreas geolectales en su interior. A lo largo del último siglo se han hecho diversas propuestas de zonificación: unas se fundamentan en criterios fonéticos, otras en rasgos léxicos y algunas usan como referencia ciertos fenómenos gramaticales. A este respecto, debe comenzarse afirmando que no existe un español latino frente a un español castellano, división ficticia. Sí podría hablarse de una división entre zonas de consonantismo más tenso y menos tenso, sobre todo en posición final de sílaba e intervocálica, que se observa tanto en España como en América. Desde este punto de vista, serían de consonantismo más tenso áreas como Castilla (sobre todo la norteña), las zonas altas de México, las zonas altas de la región andina o el interior de Colombia; serían de consonantismo menos tenso áreas como Andalucía y Canarias, las Antillas o las costas de Sudamérica, en general. Naturalmente, una aproximación más detallada a la situación geolingüística del español nos permite identificar áreas dialectales más precisas. Esas áreas revelan con claridad que la configuración espacial del español es policéntrica, aunque ello no impida el funcionamiento de una estandarización general monocéntrica.

La **zonificación del español** – es decir, la división en zonas o áreas dialectales – ha sido abordada en diversas ocasiones y desde diferentes ángulos durante el último siglo y medio. Aunque la primera propuesta de división dialectal fue hecha por Armas y Céspedes en 1882, la primera planteada y razonada desde argumentos poblacionales, culturales y geográficos fue la de Pedro Henríquez Ureña, quien, junto a esos argumentos, manejó otro que durante una época resultó de gran peso: el contacto con las lenguas indígenas. Desde una perspectiva más netamente lingüística, José Pedro Rona propuso distinguir las áreas dialectales del español americano atendiendo a cuatro factores específicos: dos fonéticos (yeísmo y rehilamiento: *raya* y *ralla*, como ['raja] o ['raʒa]) y dos gramaticales (voseo y concordancia verbal: *vos tenés/vos tienes/tú tienes*). Similar en cuanto al método fue la propuesta de Juan Zamora Munné, quien estableció las áreas del español americano a partir de tres rasgos: el voseo, el tratamiento de la /s/ y el de la velar /x/. En la línea de atención a la fonética, pero sin el deseo específico de descubrir áreas dialectales, Melvyn Resnick prefirió crear un catálogo más completo de rasgos con sus localizaciones geográficas. Por su parte, Philippe Cahuzac practicó el ejercicio de la zonificación americana a partir del léxico agrícola, prestando atención, pues, al plano de la lexicología dialectal.

Como vemos, los dialectólogos han identificado grandes áreas americanas que comparten diferentes tipos de elementos lingüísticos. Con esta intención, la propuesta de Hiroto Ueda, elaborada a partir del léxico contemporáneo, presenta, como grandes áreas léxicas de América, el Caribe, México, Centroamérica-Colombia-Venezuela, los Andes y el Cono Sur. A su vez, dentro de cada gran área léxica, se pueden identificar subáreas: por ejemplo, cada una de las Antillas, en el Caribe, o el área de influencia del guaraní, dentro del Cono Sur.

Desde la percepción general de los hablantes de español, las modalidades que suelen distinguirse con más facilidad son cinco: mexicano-centroamericana, caribeña, andina, chilena y rioplatense o austral. Ahora bien, de igual modo que hay grandes áreas léxicas en América, también existen amplios territorios que comparten otro tipo de características lingüísticas, sin que coincidan entre sí necesariamente. Por ejemplo, hay áreas en las que se manifiestan de diverso modo rasgos lingüísticos muy importantes en la configuración del español de América: el yeísmo, con sus principales resultados fonéticos, la asibilación de la vibrante múltiple /r/, la pronunciación de /x/ y el voseo (§ 8.2). Estas áreas pueden dibujarse en mapas (vid. Mapas 5.3 A, B, C, D). En el primero se aprecia que la nivelación de las palatales se resuelve mayoritariamente en una palatal media sonora [j], si bien persisten zonas de mantenimiento de la distinción de /ʎ/ y /j/; en el mapa de la asibilación se observa que es fenómeno del Cono Sur, con enclaves en México, Centroamérica, Colombia, Ecuador o la zona andina de Perú y Bolivia; la aspiración faríngea de /x/ está bien instalada en torno al mar Caribe, con prolongación en el noroeste de México y la costa pacífica de Sudamérica. Y, en cuanto al voseo, su extensión es amplísima, por más que la intensidad de su uso pueda variar de unos países a otros.

Mapa 5.2 Áreas léxicas de América

Fuente: Ueda 2003

Mapa 5.3A Grandes áreas del español de América

A: Yeísmo (Negro: distinción /ʎ/ – /j/. Rayado: nivelación en [j] semivocálica. Puntos; nivelación en [j]. Trazos horizontales: nivelación en rehilante [ʒ] o [ʃ])

Fuente: Araus 2005. A partir de Canfield 1966; Páez Urdaneta 1981

Mapa 5.3B Grandes áreas del español de América (Continuación)

B: Área de vibrante asibilada [ẓ]

Fuente: Araus 2005. A partir de Canfield 1966; Paéz Urdaneta 1981

Mapa 5.3C Grandes áreas del español de América (Continuación)

C: Áreas de pronunciación de /x/ (Negro: aspiración faríngea. Rayado: pronunciación velar)

Fuente: Araus 2005. A partir de Canfield 1966; Paéz Urdaneta 1981

Mapa 5.3D Grandes áreas del español de América (Continuación)

D: Áreas de voseo (Oscuro: uso generalizado. Gris: uso social limitado)

Fuente: Araus 2005. A partir de Canfield 1966; Paéz Urdaneta 1981

Resumen

La América hispanohablante constituye una gran área de territorios contiguos en los que es posible la comunicación en una misma lengua. Sin embargo, no es un territorio monolingüe. La diversidad lingüística de América está fuertemente condicionada por las lenguas indígenas y su estatus social. La historia de la diversidad lingüística de Hispanoamérica refleja una progresiva minoración de las lenguas indígenas, si bien durante los últimos años estas han conseguido cierta presencia política.

Por su lado, la lengua española, de acuerdo con sus entornos geográficos y con los periodos históricos de sus comunidades, ha desarrollado unas variedades diferenciadas, aunque existen rasgos lingüísticos compartidos por la mayor parte del dominio y rasgos importantes distribuidos por grandes áreas. De este modo, la diversidad idiomática se conjuga con la diversidad dialectal, haciendo de América un mosaico lingüístico y cultural de enorme interés.

La configuración geolectal del español es policéntrica y plurirregional, y así se ha ido percibiendo con el tiempo por parte de toda la comunidad. Esto se debe a la existencia de áreas hispanohablantes reconocibles como tales y con una personalidad marcada en cada caso. Existen diversas formas de interpretar la división del español en áreas dialectales, pero ninguna de ellas está libre de puntos débiles, en gran parte por el grado de cohesión del complejo dialectal hispano.

Lecturas complementarias

1   "La falsa imagen del español americano". Juan Lope Blanch. 1992. *Revista de Filología Española*, 72: 313–335.
    http://xn–revistadefilologiaespaola-uoc.revistas.csic.es/index.php/rfe/article/viewArticle/563

    Descripción: La caracterización general que suele hacerse del español americano presenta una imagen distorsionada. Convendría matizar y aun superar algunas de las ideas expuestas, ya en 1949, por Max Leopold Wagner, que filólogos posteriores han repetido al pie de la letra como verdades incuestionables.

2   "Español de América y lenguas indígenas". María Vaquero de Ramírez. 1991. *Estudios de Lingüística*. UA, 7: 9–26.
    www.cervantes.es/imagenes/file/biblioteca/situacion_espanol/espanol_filipinas.pdf

    Descripción: La relación entre el español y las lenguas indígenas puede analizarse desde orientaciones interdisciplinarias, como son las propuestas por las modernas etnolingüística, sociolingüística o lingüística aplicada.

Sugerencia para investigar y debatir

Consulte el *Atlas sociolingüístico de pueblos indígenas en América Latina*. Cochabamba: UNICEF, 2009. www.unicef.org/honduras/tomo_1_atlas.pdf

Establezca comparaciones y analice parejas de países en cuanto al número de lenguas y hablantes indígenas (p.e. Bolivia y Chile).

GLOSARIO

asibilación: pronunciación que se produce mediante el rozamiento de la lengua en el área alveolar o palatal de la boca.

lengua franca/*lingua franca*: lengua o variedad utilizada para su mutua comprensión por hablantes nativos de otras lenguas.

minoración: reducción del uso y la presencia social de una lengua, generalmente por ampliación de la presencia de otras lenguas.

rehilamiento: pronunciación de /j/ que consiste en un rozamiento intenso en el paladar ([ʒ]).

semilingüe: persona bilingüe, pero con limitaciones en ambas lenguas respecto a los hablantes nativos de cada una de ellas, generalmente con más capacidad de comprensión que de expresión.

seseo: ausencia del fonema /θ/ en el orden dental y existencia de /s/, cuando otras variedades muestran ceceo o distinguen entre /s/ y /θ/.

vibrante: sonido que se produce mediante una o más oclusiones de la lengua en el paladar, al obstruir la salida del aire (frecuentemente *r* [ɾ] o *rr* [r]).

voseo: forma de tratamiento que usa el pronombre *vos* para la cercanía o la familiaridad.

yeísmo: ausencia del fonema /ʎ/ en el orden palatal, cuando otras variedades distinguen entre /ʎ/ y /j/.

REFERENCIAS

Araús Puente, Cándido (coord.) (2005): *Manual de lingüística hispanoamericana*. 2 vols. Bogotá: Instituto Caro y Cuervo.

Canfield, Delos Lincoln (1966): *La pronunciación del Español de América*. Bogotá: Instituto Caro y Cuervo.

Chiquito, Ana Beatriz y Miguel Ángel Quesada (eds.) (2014): *Actitudes lingüísticas de los hispanohablantes hacia el idioma español y sus variantes*. BeLLS. Vol. 5. Bergen: University of Bergen. https://boap.uib.no/index.php/bells/issue/view/161

Frago, Juan Antonio y Mariano Franco Figueroa (2003): *El español de América*. Cádiz: Universidad de Cádiz.

Hummel, Martín, Bettina Kluge y María E. Vázquez (eds.) (2010): *Formas y fórmulas de tratamiento en el mundo hispánico*. México: El Colegio de México; Graz: Karl-Franzens-Universität.

Moreno de Alba, Jose G. (2001): *El español en América*. México: Fondo de Cultura Económica.

Moreno-Fernández, Francisco (1993): *La división dialectal del español de América*. Alcalá de Henares: Universidad de Alcalá.

Moreno-Fernández, Francisco (2019): *La lengua española en su geografía*, 4ª ed. Madrid: Arco/Libros.

Palacios, Azucena (ed.) (2008): *El español en América. Contactos lingüísticos en Hispanoamérica*. Barcelona: Ariel.

Tovar, Antonio y Consuelo Larrucea (1984): *Catálogo de las lenguas de América del Sur*. Madrid: Gredos.

Ueda, Hiroto (1995): "Zonificación del español del mundo. Palabras y cosas de la vida urbana". *Lingüística*, 7: 43–86.

Capítulo 6

Variedades del español en España

Introducción

Este capítulo presenta las principales variedades del español en España. Entre ellas se distinguen las que son de consonantismo más tenso (norte de la península) de las de consonantismo menos tenso (Andalucía, islas Canarias). Este capítulo muestra también algunas características sociolingüísticas de las variedades del español en España.

Los fines de este capítulo son:

a caracterizar la modalidad castellana como una más de las variedades del español peninsular;
b caracterizar las variedades andaluza y canaria;
c presentar aspectos de la variación sociolingüística en las principales variedades del español en España;
d presentar algunas variedades lingüísticas minoritarias en España.

6.1 El castellano como variedad lingüística

Una idea muy generalizada es que, en España, todos sus habitantes hablan la modalidad castellana. No es así. La modalidad castellana propiamente dicha es la más ampliamente usada en España, pero existen otras modalidades, como las andaluzas o las canarias, muy bien diferenciadas de las castellanas. Asimismo, las características del castellano a menudo se han identificado con las de un español general y se han tratado como referencia para la construcción del español estándar, utilizado en la enseñanza y en la escritura. Actualmente, sin embargo, la estandarización del español no se realiza sobrae variedad castellana, sino teniendo en cuenta los usos cultos de todas las áreas hispanohablantes.

El castellano, como variedad del español general, es una modalidad utilizada en la península ibérica, especialmente en sus dos tercios del norte, y en Baleares. Su formación inicial se produjo en la Edad Media. Esa modalidad y inicial fue incorporando elementos de las variedades romances peninsulares con las que estuvo en permanente contacto. Asimismo, el castellano fue adaptándose a las condiciones sociales de los espacios geográficos y urbanos en que se instalaba (§2.3).

La variedad castellana no es uniforme en todo su territorio, pero en ella pueden identificarse unos rasgos generales, algunos muy representativos. Entre ellos, tal vez el de personalidad más marcada es la **distinción fonológica de /s/ y /θ/**, que lleva a diferenciar la pronunciación de pares léxicos como *casa/caza* o *caso/cazo*. Otras características percibidas como relevantes, serían el uso de los pronombres *vosotros* y *os*, así como del posesivo *vuestro*, en concordancia con las formas verbales de segunda persona (p.e. *vosotros amáis*; *os quiero*;

vuestra amiga), y el laísmo o uso del pronombre *la* como complemento indirecto (p.e. *la dije que viniera*), junto a formas léxicas propias de la zona.

En el plano fónico suele llamar la atención de los hispanohablantes de otras regiones la articulación de las *eses* castellanas, pronunciadas con la corona de la lengua proyectada hacia los alveolos superiores, lo que a veces se percibe como un sonido palatal, aunque sea alveolar. En general, la fonética castellana tiende a mantener todos los elementos consonánticos en cualquier parte de la sílaba, incluida la final o coda, aunque existen excepciones, como las consonantes obstruyentes a final de sílaba (p.e. ['ta.si] 'taxi; [e.'sa.men] 'examen'; [se.'tjem.bre] 'septiembre'). Asimismo, las hablas castellanas muestran un **yeísmo** mayoritario, con pronunciaciones de /j/ más o menos tensas. Los lugares donde ser conserva una distinción /ʎ/ – /j/ son escasos; algunos de ellos se localizan en las fronteras con las hablas catalanas o portuguesas. El yeísmo supone que no existe el fonema palatal /ʎ/, sino solamente /j/.

Cuadro 6.1 Rasgos generales del español castellano

Plano fónico
Distinción de /s/ y /θ/
Pronunciación apicoalveolar de /s/: roce de la punta de la lengua en los alveolos superiores
Tendencia a la conservación de *s, r* y *l* en posición final de sílaba
Pronunciación fricativa sorda tensa de /x/: ['ka.xa]
Plano gramatical
Tuteo
Uso de *vosotros/as, vuestro/a(s), os* para segunda persona del plural
Uso intenso de leísmo y avance de leísmo de persona con falta de concordancia: *esta tarde voy a verles; le traje el libro a los muchachos*
Uso de laísmo y loísmo (centro-occidente peninsular): *dila a tu madre que venga*
Uso proporcionalmente mayor de formas en *–se* del subjuntivo, frente a *–ra: cantase, hubiese cantado* Tendencia al cambio de orden pronominal, en el habla popular: *me se ha caído; te se olvida; me pase el pan, por favor*
Plano léxico
Uso de castellanismos y españolismos: *albornoz* 'bata de baño'; *apisonadora* 'aplanadora'; *billete* 'boleto'; *calada* 'chupada de cigarro'; *calcetín* 'media', 'escarpín'; *chaval, -a* 'chico, -a'; *chavo, -a*; *comisaría* 'estación de policía'; *chándal* 'sudadera', 'buzo'; *chubasquero* 'impermeable'; *droguería* 'tienda donde se venden productos de limpieza y pintura'; *fiambrera* 'tapper', *follón* 'lío', 'conflicto'; *gilipollas* 'tonto', 'bobo'; *manillar* 'manubrio'; *molar* 'gustar', 'estar bien'; *noria* 'rueda', 'estrella'; *ordenador* 'computadora'; *parado* 'desempleado'; *pastón* 'gran cantidad de dinero'; *vale* 'interjección para expresar acuerdo; *zumo* 'jugo.

En el plano gramatical, hay que destacar que el leísmo de cosa está muy extendido (p.e. *el lapicero, dámele*), si bien no es exclusivo de Castilla ni de España. El laísmo y el loísmo (uso de *la* y *lo* como complemento indirecto: *la compré un regalo; lo di un beso al niño*), son propios del área de Castilla, aunque no del oriente peninsular. Asimismo, merece destacarse el sistema de formas de tratamiento castellano: tuteo y uso de **vosotros/as** y **os** para la segunda forma del plural.

Cuadro 6.2 Paradigma de tratamientos. Sistema con tuteo – *vosotros* del español castellano

Sujeto	Pronombre átono	Pronombre reflexivo	Término de preposición
tú	*te*	*te*	*ti, contigo*
usted	*lo/la/le*	*se*	*usted*
vosotros/as	*os*	*os*	*vosotros/as*
ustedes	*los/las/les*	*se*	*ustedes*

Asimismo, el orden de los pronombres en expresiones como *me se cayó* 'se me cayó', *se sienten* 'siéntense', *me lo repita* 'repítamelo' se puede considerar como característico del habla menos cuidada y de hablantes de bajo nivel sociocultural. Todos los rasgos comentados son usos vernáculos, aunque aparecen de forma variable según el estilo del discurso y el nivel sociocultural de los hablantes.

Este conjunto de rasgos debe completarse con aquellos que son característicos de cada una de las áreas en que se dividen las hablas castellanas: norteñas (Castilla, León, Aragón . . .) y manchegas (La Mancha, centro peninsular). Por lo general, las hablas manchegas tienen una fonética menos tensa que la norteña porque tiende a aspirar, debilitar o perder la pronunciación de las consonantes que aparecen en posición final de sílaba, especialmente /s/ (p.e. ['koh.ta] 'costa') o /r/ en los infinitivos seguidos de pronombre átono (p.e. [per.'de.se] 'perderse'; [sen.'ta.se] 'sentarse'). Además, a estas modalidades castellanas habría que sumar los rasgos de las variedades utilizadas en las áreas bilingües de España (§ 4.3). En estas áreas bilingües, el castellano adopta formas específicas como consecuencia de la coexistencia secular con el gallego, el vasco o el catalán.

6.2 Las hablas de Andalucía

Las hablas andaluzas son un conjunto de variedades que han tenido un importante protagonismo en la historia de la lengua española. Cuando los castellanos se instalaron en el sur de la península, en el siglo XIII, Sevilla se convirtió en la referencia urbana de toda esa región y, con el tiempo, en una de las capitales más dinámicas del sur de Europa. La ciudad de Sevilla creció con pobladores de diversos orígenes geográficos, que le confirieron un aire de población cosmopolita. Esa amalgama de orígenes étnicos, geográficos y lingüísticos hizo que el castellano sevillano evolucionara hacia soluciones lingüísticas novedosas. El habla de Sevilla fue llevada a otras áreas del sur peninsular, donde fue adquiriendo particularidades, hasta configurar un conjunto de hablas bien diferenciadas de las hablas del norte (§ 2.3).

Desde una perspectiva sociolingüística, es interesante comentar la sensación de distancia lingüística que los hablantes andaluces tuvieron desde muy pronto respecto de las variedades castellanas del norte peninsular. En Andalucía aparecieron o se intensificaron rasgos que aparentemente se apartaban de la norma castellana: el seseo, el yeísmo, el debilitamiento en la coda silábica o la mayor intensidad en la pérdida de la *d* intervocálica. Esa distancia lingüística, unida al prestigio político y cultural de la Castilla del norte, llevó a una contraposición de criterios sobre el modo más de adecuado de hablar el castellano en Andalucía y a un reconocimiento, explícito o tácito, del prestigio castellano por parte de los andaluces, sentimiento que ha pervivido a lo largo de la historia, a pesar de tratarse de una variedad vernácula más, con sus propios usos cultos y con su prestigio regional.

Los rasgos más significativos de las hablas andaluzas aparecen hoy en muchas áreas hispánicas, y no puede olvidarse que estas hablas tuvieron una responsabilidad muy especial en su origen y difusión, dado que acabaron convirtiéndose en la norma de nuevas comunidades, una norma que se extendió por Canarias y por las tierras americanas.

Cuadro 6.3 Rasgos del español en Andalucía

Plano fónico
Seseo – ceceo (seseo urbano; ceceo rural). Distinción de /s/ y /θ/ en Jaén, Almería y parte de Granada. Heheo
Yeísmo generalizado
Pronunciación dorsodental de *s:* [ş] (roce de la lengua en los dientes)
Tendencia a aspiración, asimilación o pérdida de -/s/ en posición final de sílaba
Tendencia a pérdida de *-d-*, sobre todo en participios: *acabao, cansao, venío*
Tendencia a pérdida de consonantes finales (*-r, -l, -d*): *comé* 'comer', *papé* 'papél', *verdá* 'verdad'
Tendencia a la abertura de vocales finales por pérdida o debilitamiento de consonante final (especialmente en la zona oriental)
Tendencia a neutralización de /l/ y /ɾ/, en el habla popular: *arbañil* 'albañil'; *cravo* 'clavo'; *branco* 'blanco'; en Oriente, *decil* 'decir'
Pronunciación fricativa de *che*: [mu.'ʃa.ʃo] por 'muchacho' (especialmente en zona occidental)
Aspiración de /x/ (excepto zonas orientales): ['ka.ha] 'caja'
Plano gramatical
Tuteo
Uso de *ustedes*, *su*, *suyo/a(s)*, *se* con valor de segunda persona del plural (Andalucía occidental)
Morfonología verbal simplificada
Ausencia de leísmo de cosa, de laísmo y de loísmo
Plano léxico
Uso de andalucismos léxicos: *búcaro* 'botijo'; *gabarra* 'molestia'; *harda* 'costal'

En el cuadro aparecen los rasgos más significativos de las hablas andaluzas en su conjunto. Ahí se observa que son más las peculiaridades fonéticas de Andalucía, que las gramaticales y las léxicas. En realidad, no se trata de rasgos cualitativamente exclusivos de la región, sino que es su frecuencia o su intensidad lo que los hace más característicos de Andalucía. En el plano gramatical y pragmático, el sistema de tratamientos ofrece elementos distintivos frente a las hablas castellanas. Algo parecido podría decirse de los andalucismos léxicos. Todos estos rasgos en su conjunto, con su frecuencia de uso y su particular geografía, confieren personalidad a las hablas andaluzas como modalidad del español.

Entre las características fónicas de las hablas andaluzas destacan por su difusión, tanto en usos cultos como populares, el seseo-ceceo la aspiración, la asimilación y la pérdida de /s/ final de sílaba (p.e. ['ka.sah] 'casas', [di.'huh.to] 'disgusto', ['ar.bo.le] 'árboles'), así como el yeísmo (p.e. ['ka.ye] 'calle') o la pérdida de /d/ intervocálica. El **seseo** supone que no existe el fonema interdental /θ/, sino solamente /s/, con pronunciación dentalizada o dorsodental [ş]. También es interesante observar cómo se produce la igualación de /ɾ/-/l/ o la relajación de la *jota*, esta principalmente en la Andalucía occidental, dando lugar a una pronunciación aspirada, como en ['ka.ha] 'caja' o [ha.'mon] 'jamón', que coincide, en el mismo territorio, con aspiraciones debidas a causas diferentes: la aspiración de /s/ en final de sílaba y la aspiración como resto fónico de la antigua F- inicial latina, por ejemplo en ['hu.mo] 'humo'. Dado que no suelen provocarse problemas de homonimia ni de comprensión, el uso de unas aspiraciones puede reforzar el de las demás. La aspiración de *jota*, allá donde se da, puede encontrarse en hablantes de cualquier nivel y condición.

En Andalucía es frecuente encontrar consonantes que presentan diversidad de soluciones, como ocurre con los sonidos dentales (/t, d, s̪/) y los palatales (/t͡ʃ, ɟ/). Así, hay zonas de seseo (['mo.s̪o] 'mozo'), de ceceo (['pe.θo] 'peso') (zonas occidentales principalmente) y de distinción de /s/ y /θ/ (['pe.s̪o]/['mo.θo]). El **ceceo**, como se ha señalado, supone que no existe /s/, sino solamente /θ/. En relación con esto, es interesante observar que, allá donde hay seseo, la palatal representada por la grafía *ch* suele realizarse como africada (más tensa) y la representada por *y*, como /ɟ/ fricativa. Sin embargo, cuando hay ceceo, la primera palatal se suele pronunciar como fricativa [ʃ], parecida a *mushasho*, y la segunda como [ʒ], más africada y tensa (p.e. ["ʒo] 'yo'). El cuadro lo ilustra muy bien a propósito de la pronunciación de las palabras *tasa=taza, tacha* y *taja*.

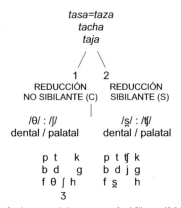

Gráfico 6.1 Subsistemas consonánticos andaluces, según Villena (2001)

Según este esquema, el sistema consonántico que tiene /θ/ para *tasa=taza* también incluye *che* fricativa (/ʃ/) (*tasha* 'tacha') y una realización tensa de *ye* ([ʒ]). Por su lado, el sistema que tiene /s/ para *tasa=taza* incluye una variante africada de *che* [t͡ʃ] y una fricativa de *ye* [j]. Esto quiere decir, que, según el lado izquierdo del esquema (reducción no sibilante), los que dicen ['θa.ko] por 'saco', suelen decir también ['mu.ʃo] 'mucho' y ['ka.ʒe] 'calle'. Y, según el lado derecho del esquema (reducción sibilante), los que dicen [re.'sar] 'rezar', suelen decir ['mu.t͡ʃo] y ['ka.je]. No obstante, lo llamativo de las hablas andaluzas es que esas dos soluciones también conviven con un sistema en el que se distingue /s/ y /θ/ e incluso con una solución, menos frecuente, llamada *heheo*, que consiste en aspirar /s/ cuando va en posición inicial de sílaba, como en ['hi 'sí', [he.'ɲo] 'señor', [no.'ho.tro] 'nosotros', [me.'he.ta] por 'meseta'.

Los estudios más recientes sobre el consonantismo andaluz muestran con claridad algunas tendencias que merecen tenerse en cuenta. Una de ellas es el conato de distinción de /s/ y /θ/, apreciable tanto en oriente como en occidente, allí donde tradicionalmente no se han distinguido, explicable como una aproximación a la variedad del español castellano, más prestigiosa en España y base de la modalidad estandarizada. La otra tendencia afecta a la s en posición final de sílaba e interior de palabra, especialmente ante /t/ y se concreta en la aparición de un sonido africado similar a [ts] (p.e. [kri.ˈtsia.no] 'cristiano'; [pa.ˈtsi.ja] 'pastilla').

Junto a estos rasgos que afectan a las consonantes, merece mencionarse también la **abertura vocálica**, especialmente en el oriente de Andalucía, donde la e y la o se pronuncian abiertas -[ɛ] y [ɔ]- cuando se pierde la consonante final de sílaba (['kor.te] 'corte'/['kor.tɛ] 'cortes'; ['ka.ro] 'carro'/['ka.rɔ] 'carros'). En estos casos, la abertura vocálica sería el rasgo que indicaría la pluralidad.

En lo que se refiere a la gramática de las hablas andaluzas, su sistema de pronombres personales átonos responde al criterio etimológico porque suele emplear *lo* como complemento directo masculino, de cosa y de persona (p.e. *míralo por dónde viene*) y *la* para complemento directo femenino; mientras *le* se reserva para el complemento indirecto, aunque también pueda usarse *le* como complemento directo de persona. Como aproximación al español castellano podría explicarse la tendencia al leísmo que se ha comenzado a detectar en las generaciones más jóvenes.

La gramática andaluza también ofrece el uso del tuteo, como en el resto de España y buena parte de América. Sin embargo, en el occidente de Andalucía se usa *ustedes* y no *vosotros*, formando un sistema que es compartido con Canarias y parte de América. El uso de *vosotros* en alternancia con *ustedes*, incluso en la forma doble *ustedes vosotros*, puede aparecer en los estilos menos cuidados, si bien en algunos casos puede interpretarse como una aproximación a los usos castellanos.

Cuadro 6.4 Paradigma de tratamientos. Sistema con tuteo – *ustedes*

Sujeto	Átono	Reflexivo	Término
tú	*te*	*te*	*ti, contigo*
usted	*lo/la/le*	*se*	*usted*
ustedes (pl. de tú y de usted)	*los/las/les*	*se*	*ustedes*

En relación con el léxico, hay muchas formas andaluzas compartidas con el español americano y que no serían andalucismos estrictamente, más que desde una perspectiva histórica. Por ejemplo, los siguientes vocablos también se usan en América: *sarazo* ('[fruto] que empieza a madurar'), *plomero* 'fontanero', *cachetear* 'dar cachetes', *cobija* 'ropa de abrigo para la cama', *molestoso* 'molesto', *halón* 'tirón', 'acción de halar', *díceres* 'habladuría', 'dicho' o *barrilete* 'cometa'. Sin embargo, es posible encontrar vocablos cuyo uso es más exclusivo de las hablas andaluzas, como *búcaro* 'botijo' o *faralá* 'volante de un vestido'.

En cuanto a la distinción entre una **Andalucía occidental** y una **Andalucía oriental**, esta tiene una justificación histórico-geográfica que se hace patente prácticamente en todos los niveles lingüísticos: en el de los sonidos, en el de la gramática y en el del léxico. Así, en el terreno de los sonidos hay algunos rasgos que se distinguen por su geografía: la abertura de las vocales finales, cuando se ha debilitado una consonante final de palabra (['trɛ] por 'tres'; [bo.ˈni.kɔ] 'bonicos') es más frecuente en la Andalucía oriental. La misma frontera se establece en el uso del pronombre personal *ustedes* con valor de cercanía (occidente), frente al uso de *vosotros*. La *jota* castellana, la más tensa, se encuentra principalmente en los territorios orientales; la pronunciación suave de *che* aparece con más intensidad en la zona occidental. En algunos de estos casos, no obstante, se trata más de diferencias cuantitativas que cualitativas.

Mapa 6.1 Probabilidad de abertura de vocales finales en Andalucía (los puntos más oscuros indican mayor probabilidad)

Por otro lado, desde un punto de vista estrictamente lingüístico, sobre todo fonético, cabe la posibilidad de incluir entre las hablas andaluzas o, al menos, "andaluzadas", las áreas adyacentes de Extremadura y de Murcia, si bien suele distinguirse entre las hablas andaluzas propiamente dichas y las hablas de transición extremeñas y murcianas. Se llaman **hablas de transición**, en el caso de Murcia, porque se extienden por una zona dialectal entre las hablas castellanas, las andaluzas propiamente dichas, las catalanas y las antiguas aragonesas; por su parte, las hablas extremeñas revelan una transición entre las hablas castellanas y las andaluzas, como en el caso anterior, pero también entre las antiguas hablas leonesas y, parcialmente, las portuguesas.

6.3 Las hablas de Canarias

La particularidad de Canarias se debe a que se trata de un territorio insular, situado a unos 2.000 km de distancia respecto de la península, con una posición estratégica en la ruta que durante siglos ha unido a España y América. Las islas Canarias son depositarias singulares de elementos lingüísticos de ida y vuelta, elementos que afectan a varios niveles, desde el léxico a la entonación. A lo largo del tiempo, ha sido notable la aportación de pobladores canarios a Santo Domingo en el siglo XVIII, a Puerto Rico durante el siglo XIX y a Cuba y Venezuela en el XX. Históricamente, las islas Canarias han sido puerto de atraque obligatorio y, por tanto, punto de partida y de llegada de numerosos usos lingüísticos.

En los orígenes hispánicos de Canarias, tuvieron mucho protagonismo los nobles andaluces que tomaron posesión de las islas, que adquirieron derechos para realizar actividades comerciales. Asimismo, la población de origen andaluz contribuyó a mantener estrechas relaciones entre las islas y Andalucía. En todo ello, naturalmente, la lengua tuvo un gran protagonismo. Los andalucismos del español se trasladaron primero a las islas Canarias, para después seguir su camino hacia el continente americano. El español canario debió estar esencialmente configurado a finales del siglo XVII, dado que pudo ser llevado a América por los canarios fundadores de numerosos enclaves en los que muchos rasgos canarios se han conservado de forma reconocible hasta la actualidad.

En el plano fónico, el español canario hace suyos muchos rasgos ya comentados para las hablas andaluzas peninsulares. Debemos hablar, pues, de la importancia del seseo – pronunciado con *ese* dorsodental – del yeísmo, de la aspiración y, en general, del debilitamiento de las consonantes en posición final de sílaba, especialmente de palabra, del debilitamiento de -*d*- intervocálica o de la realización aspirada de la velar sorda (p.e. ['ro.ho] 'rojo'). Las soluciones en la pronunciación de las /s/ finales son similares a las del sur de la península. Sin embargo, cuando la /s/ final va seguida de consonante sonora, son muy frecuentes las soluciones asimiladas, del tipo [lo fa.'lo.neh] 'los balones', [la ha.'ji.nah] 'las gallinas' o [lo 'hwar.ðan] 'los guardan'. En posición final de sílaba y ante consonante sorda es muy frecuente la solución aspirada, con aspiración larga y perceptible.

Junto a ello, hay un rasgo que también le da personalidad a Canarias: se trata del sonido palatal correspondiente a la *che*. Si, en las hablas castellanas, este sonido se realiza mediante una oclusión y una fricación inmediata, a modo de explosión, con una duración similar de cada una de esas dos partes, en la *che* canaria, en cambio, el momento del silencio es mucho más largo que la fase de la fricación. De ahí que a ese sonido se le dé el nombre **che adherente**, porque la lengua se adhiere a una mayor superficie del cielo de la boca, dando la impresión de que se pronuncia algo así como [tj] o [j]. Por eso es frecuente oír pronunciaciones como [mu.'ja.jo] "muchacho" o [mo.'ji.la] 'mochila'.

Cuadro 6.5 Rasgos del español en Canarias

Plano fónico
Seseo (*ese* dorsodental) [s̪]
Yeísmo
Aspiración, debilitamiento y pérdida de consonantes en posición final de sílaba, especialmente de /s/: ['ah.ta] 'asta'; ['me.sah] 'mesas'; [ber.'ða] 'verdad'
Aspiración de /x/: ['ka.ha]
Tendencia a la pronunciación con oclusión más prolongada y sonorizada de *che*: [mu.'tja.tjo, mo.'ji.la] 'muchacho', 'mochila'
Plano gramatical
Tuteo
Uso de *ustedes*, *su*, *suyo/a(s)*, *se* con valor de segunda persona del plural
Uso etimológico de pronombres personales átonos
Uso de comparaciones art. + *más/menos* que + verbo: *las más que viajan son ellas*
Plano léxico
Uso de voces de origen guanche: *gánigo* 'vasija de barro'.
Uso de voces de origen portugués: *andoriña* 'golondrina'; *bucio* 'caracola'
Uso de voces de origen indoamericano: *cachetes* 'mejillas'; *cucuyo* 'luciérnaga'; *guagua* 'autobús', 'colectivo'; *papa* 'patata'

La gramática del español de Canarias comparte sus formas esenciales con otras variedades hispánicas, especialmente con Andalucía y América. El sistema pronominal de tratamientos, por ejemplo, es el mismo que se utiliza en la Andalucía occidental, con el uso de *tú* para la segunda persona del singular, en el tratamiento cercano o familiar, y de *ustedes* para la segunda del plural, también para la cercanía. En los pronombres átonos de tercera persona también se sigue una pauta coincidente con Andalucía, que se prolonga a América: el uso etimológico de *le/s*, *la/s* y *lo/s*. Asimismo, se encuentra anteposición de *más* en usos como *más nunca*, *más nada*, *más nadie* o *más ninguno*, bien conocidos, por otra parte, en las hablas andaluzas y americanas.

En cuanto al léxico, merecen destacarse las voces de origen **guanche** (*baifo* 'cabrito', *jameo* 'cueva', 'hoya', *gánigo* 'vasija de barro de origen prehispánico') y el uso frecuente de **portuguesismos** (p.e. *aguaviva* 'medusa', *cardumen* 'banco de peces', *carozo* 'hueso de la fruta', *andoriña* 'golondrina'), así como de americanismos. Existen numerosas coincidencias léxicas entre Canarias y América, en general, y el Caribe, en particular: las voces canarias *aguamanos* 'palanganero', *bocoy* 'persona gruesa', *pitar* 'mugir' o *bicharango* 'cosa o persona cualquiera' se encuentran también en Venezuela; *agrioso* 'agridulce', *maguado* 'desconsolado, decepcionado', *chancletear* 'escapar', 'huir' o *machacante* 'ayudante de chófer' se usan en Cuba; *alquitrete* 'alcahuete', 'correveidile', *facistol* 'bromista' o *bizcorneado* 'bizco' se usan en el Caribe; *jumadera* 'borrachera' se usa en México; *llover a chuzos* 'llover intensamente' se usa en Chile; las formas canarias *barriento* 'lleno de barro', *chambón* 'torpe', 'chapucero' o *cachimba* se usan en toda América. De la relación de Canarias con América, merece destacarse el vínculo con Venezuela, debido al trasvase de población producido de forma intensa y continua desde el siglo XVII. Por eso Venezuela se conoce en Canarias como la octava isla.

También son muy interesantes las palabras de origen indígena americano que han pasado a Canarias y que no han llegado a generalizarse en la Península: del tronco arahuaco-caribe, *arepa* 'panecillo de maíz', *bohío* 'cabaña de madera y ramas', *guanajo* 'pavo', *maní* 'cacahuete', *tuno* 'higo de tuna'; del náhuatl mexicano, *chapapote* 'barrizal', 'chapatal', *chayote* 'fruto cucurbitáceo, con forma de pera, de corteza rugosa, con una sola semilla dentro', *papalote* 'cometa'; del quechua, *fotuto* 'caracola', *guaca* 'escondite para el dinero', *guano* 'palomina', entre otros. Además, en el español de Canarias se encuentran arabismos que no son conocidos o habituales en la Península, como *cábila* 'muchacho salvaje', *harca* 'pandilla', *arife* 'calor sofocante', *guayete* 'niño' o *majalulo* 'camello joven', así como anglicismos diversos: *guinche* 'cabestrante', *guachimán* 'vigilante', *flis* 'insecticida', *choni* 'extranjero' (< ing. *Johnny*), *fotingo* 'coche Ford', *boncho* 'fiesta', 'diversión' (<ing. *bunch*), *queque* 'bizcocho' (ing. *cake*) o *guagua* 'autobús', 'ómnibus' (posiblemente del ing. *wagon*).

6.4 Variedades marginales y minoritarias en España

Como muchas otras modalidades lingüísticas, el español de España también ha sido depositario, creador o vecino de variedades marginales nacidas de situaciones sociales específicas. Por ejemplo, a lo largo de la historia han surgido numerosas variedades, las propias de delincuentes o vagabundos, a las que se ha denominado **jergas**; esto es: códigos desarrollados con la declarada intención de no ser entendidos por los ajenos al grupo. Estas variedades se llamaron antiguamente *germanías* (hermandades) o también *jerigonzas* (más propiamente, forma de vida y lengua de los ciegos, mendigos y ladrones). Algunas expresiones utilizadas coloquialmente en la actualidad tienen su origen precisamente en esas jergas: *afanar* 'robar', *bofia* 'policía', *boliche* 'casa de juego', *butrón* 'agujero', *garito* 'casa', *pulir* 'robar'.

La variedad marginada de más larga historia en España es la lengua de los gitanos. Los **gitanos** probablemente llegaron a la península hacia 1400 y en la época fueron llamados *egipcianos* o *bohemianos*, identificados socialmente por su vida nómada y por la particularidad de sus costumbres y folclore. Los gitanos fueron expulsados de España por primera vez en 1499 y la orden se repitió nueve veces a lo largo del XVI. Este grupo, de origen foráneo, traía su propia lengua, que se emparentaba lejanamente con las lenguas de la India antigua, aunque los gitanos probablemente también usaban y conocían la lengua de otros países en los que habían vivido. A esa lengua se le suele dar el nombre de *romaní*. A partir del siglo XIX el romaní de España fue conocido como *caló*.

Con el tiempo, los gitanos de Castilla aprendieron castellano, sin olvidarse totalmente de su modalidad lingüística. La población gitana tuvo una presencia muy notable en la ciudad de Sevilla, donde vivieron casi 10.000 gitanos a finales del XVII. Desde el siglo XVIII, el caló de los gitanos prestó a las hablas andaluzas muchos de sus elementos léxicos y fraseológicos: *calcos* 'zapatos', *canguelo* 'miedo', *chorizo, choro* 'ladrón', *menda* 'yo', *piño* 'diente', *gachó* 'hombre', *chipén* 'estupendo', *pinrel* 'pie', *parné* 'dinero'. Al mismo tiempo, el caló entró en contacto estrecho con germanías y jergas de delincuencia, produciéndose un intercambio de elementos lingüísticos con ellas. Más adelante, el caló se acabó perdiendo como vehículo de comunicación, dejando como legado algunos restos léxicos utilizados por la etnia gitana y recogidos en la literatura popular. Estos elementos también pudieron pasar al español general.

Resumen

El español de España es un conjunto de variedades bien diferenciadas, entre las que ha tenido una mayor relevancia histórica el castellano. Esta variedad presenta algunos rasgos muy característicos (distinción /s/-/θ/, uso del pronombre *vosotros*, con las formas verbales correspondientes). Su fonética presenta un consonantismo que no suele debilitarse en posición final de sílaba, especialmente /s/, /l/ y /r/. La gramática castellana, por su parte, muestra algunos rasgos particulares, como un leísmo intensivo y el laísmo, si bien este tiene una geografía limitada.

El español de Andalucía y el de Canarias comparten numerosas características, por el vínculo histórico que los une: seseo, yeísmo, debilitamiento de consonantes en final de sílaba e intervocálicas. En la gramática, comparten el uso de un sistema pronominal sin laísmo ni loísmo, de un sistema de tratamientos en el que el pronombre *vosotros* tiene un empleo restringido. Andalucía, no obstante, muestra una diversidad interna que suele llevar a una división entre la Andalucía occidental y la oriental, y que hace que los rasgos comentados se manifiesten de modo diferente de acuerdo también a factores sociales y estilísticos.

En cuanto a las variedades marginales o minoritarias en España, la de más larga tradición ha sido el caló o romaní de los gitanos, aunque en la actualidad no se habla. No obstante, el castellano ha incorporado muchos componentes de origen caló, especialmente léxicos y fraseológicos.

Lecturas complementarias

1 "El andaluz es la avanzadilla del español del futuro". Pedro Carbonero. *Granada Hoy*, 28-junio-2014.
https://bit.ly/2N1j9Qx

Descripción: Entrevista periodística en la que el lingüista Pedro Carbonero reflexiona sobre el origen, la particularidad y la legitimidad de las hablas andaluzas. En la entrevista se analizan algunos de los mitos o tópicos más difundidos a propósito del español de Andalucía.

2   "Contacto de lenguas e interferencias lingüísticas: el caso del español de Canarias". Dolores Corbella. *Actas del XII Congreso de la Asociación Internacional de Hispanistas*. A.M. Ward, J, Whicker y D.W. Flitter (eds.), Universidad de Birmingham, 1998, pp. 106–116. https://cvc.cervantes.es/literatura/aih/pdf/12/aih_12_1_015.pdf

Descripción: Este artículo presenta la trayectoria histórica y los condicionamientos culturales responsables de los diversos préstamos recibidos por el español de Canarias, las circunstancias que han motivado la transferencia lingüística y las fuentes de las que proceden. Además, se señala el papel que han tenido los préstamos en la formación y en la historia del español hablado en las islas.

Sugerencias para investigar y debatir

1   A partir de *Isogloss maps for Iberian Peninsula Spanish, according to ALPI* de Jota Martin, 2007 (www.jotamartin.byethost33.com/alpi0_e.php), imprima los mapas, superponga las fronteras de cada uno de los rasgos representados y obtenga conclusiones. Se trata de una colección de mapas de la península ibérica donde se dibujan las áreas y fronteras de diversos fenómenos fonéticos: como la elisión de /d/ intervocálica, la aspiración de /s/ o la distinción /s/-/θ/.

2   A partir del *Catálogo de voces hispánicas* del Instituto Cervantes de F. Moreno-Fernández (dir.), 2010 (https://cvc.cervantes.es/lengua/voces_hispanicas/), escuche las voces procedentes de Madrid y de Barcelona e intente analizar sus principales diferencias fonéticas. Puede debatir con sus compañeros si se trata de una misma variedad de castellano o de dos variedades diferentes.

GLOSARIO

ceceo: ausencia del fonema /s/ en el orden dental y existencia de /θ/, cuando otras variedades muestran seseo o distinguen entre /s/ y /θ/.

dorsodental: sonido (especialmente [s̪]) que se pronuncia apoyando el dorso de la lengua contra los dientes.

guanche: pueblo originario de las islas Canarias; lengua bereber que hablaban los guanches.

habla de transición: variedad lingüística situada entre dos variedades de fuerte personalidad, que comparte rasgos con ellas y los combina creando un vernáculo particular.

heheo: aspiración de /s/ en posición inicial de sílaba.

laísmo: uso del pronombre personal *la* en función de objeto indirecto (p.e. *la dije que viniera*).

leísmo: uso del pronombre personal *le* en función de objeto directo (p.e. *el libro, le vi sobre la mesa*).

loísmo: uso del pronombre personal *lo* en función de objeto indirecto (p.e. *lo dio un mordisco*).

neutralización: igualación o pérdida de la distinción entre dos elementos (por ejemplo, entre /l/ y /r/).

sistema pronominal etimológico: conjunto de pronombres átonos que mantiene las funciones heredadas desde su origen latino: *la(s)* y *lo(s)* en función de complemento directo; *le(s)* en función de complemento indirecto.

REFERENCIAS

Almeida, Manuel y Carmen Díaz Alayón (1988): *El español de Canarias*. Santa Cruz de Tenerife.

Alvar, Manuel (dir.) (1996): *Manual de dialectología hispánica. El Español de España*. Barcelona: Ariel.

Frago García, Juan Antonio (1993): *Historia de las hablas andaluzas*. Madrid: Arco/Libros.

Moreno-Fernández, Francisco (2019): *La lengua española en su geografía*, 4ª ed. Madrid: Arco/Libros.

Narbona Jiménez, Antonio, Rafael Cano Aguilar y Ramón Morillo-Velarde Pérez (1998): *El español hablado en Andalucía*. Barcelona: Ariel.

Redepe, Donia (2017): "El uso de las formas pronominales átonas de 3ª persona en el corpus PRESEEA-SEVILLA". *Borealis: An International Journal of Hispanic Linguistics*, 6–1: 200–221.

Santana Marrero, Juana (2016): "Seseo, ceceo y distinción en el sociolecto alto de Sevilla: nuevos datos a partir de los materiales de PRESEEA". *Boletín de Filología*, 51–2: 255–280.

Torres Stinga, Manuel (2003): *Nuestro léxico diferencial [Canario]*. Islas Canarias: Academia Canaria de la Lengua.

Villena Ponsoda, Juan A. (2001): "Prestigio nacional y lealtad vernacular en el español hablado en Andalucía". En G. Bossong y F. Báez de Aguilar (eds.), *Identidades lingüísticas en la España autonómica*. Madrid/Frankfurt: Iberoamericana/Vervuert, pp. 107–150.

Villena Ponsoda, Juan A. (2008): "La formación del español común en Andalucía. Un caso de escisión prestigiosa". En P. Martín Butragueño y E. Herrera (eds.), *Fonología instrumental: patrones fónicos y variación*. México: El Colegio de México, pp. 211–256.

VV. AA. (1986): *Mapa lingüístico de la España actual*. Madrid: Fundación Juan March.

Capítulo 7

Variedades del español en México

Introducción

Este capítulo presenta las principales características del español en México, así como sus más relevantes variedades a lo ancho de la geografía mexicana. Previamente se ofrece un panorama lingüístico de México, en el que las lenguas indígenas tienen un protagonismo histórico.

La caracterización del español de México se hace atendiendo a los niveles fónico, gramatical, léxico y discursivo, en los cuales se aprecia una variabilidad condicionada por factores sociales.

Las variedades del español de México que aquí se presentan corresponden a cuatro áreas principales, entre las cuales el núcleo urbano de la Ciudad de México muestra una marcada personalidad por lo complejo de su sociología. Este capítulo, finalmente, ofrece una caracterización general del español hablado por los indígenas bilingües, especialmente de origen nahua.

La intención de este capítulo es:

a   presentar un panorama general de la situación lingüística de México;
b   caracterizar lingüísticamente el español de México por sus rasgos más generales;
c   presentar las principales variedades del español de México;
d   caracterizar el español hablado por los indígenas bilingües.

7.1 La coexistencia de lenguas en México

México es el mayor de los países hispanohablantes. Por demografía, es el único que supera holgadamente los 120 millones de habitantes y su capital forma el mayor núcleo urbano del espacio hispánico, con un gran dinamismo y fortaleza económica y cultural. Esa importante dimensión demográfica de México se entrecruza con su complejidad histórica, social y lingüística. En su amplio territorio, aproximadamente la mitad que los Estados Unidos, han habitado pueblos y culturas desde la prehistoria, nómadas y sedentarios, constituyendo un panorama étnico de singular diversidad. En este panorama, una de las culturas más importantes, no solo de México, sino del mundo, ha sido la azteca.

Como parte integral de este gran mosaico cultural, se despliegan por Norte y Centroamérica decenas de **lenguas originarias**. Existe constancia de la existencia de esas lenguas desde hace siglos, pero los testimonios lingüísticos se multiplicaron a partir del siglo XVI, como consecuencia cultural de la colonización y la evangelización de América. Desde entonces, muchas lenguas han ido desapareciendo, al tiempo que otras muchas han sobrevivido y crecido en coexistencia con el español. Las más importantes, tanto por historia como por su demografía contemporánea, son el náhuatl, el maya, el mixteco y el zapoteco. Las cifras de hablantes de las lenguas de mayor implantación en México a principios del siglo XXI son muy reveladoras.

Cuadro 7.1 Lenguas indígenas más habladas en México, con indicación de número de hablantes. Entre paréntesis se muestran las transcripciones aproximadas de la denominación indígena

Náhuatl (Nahuatlahtolli)	2.445.969
Maya (Maaya t'aan)	1.475.575
Zapoteco (Binizaa)	777.253
Mixteco (Tu'un savi)	726.601
Otomí (Hñähñü)	646.875
Totonaco (Tachiwin)	411.266
Tsotsil (Bats'i k'op – Este)	406.962
Tseltal (Bats'il k'op – Oeste)	384.074

Fuente: Comisión Nacional para el Desarrollo de los Pueblos Indígenas (2012)

El náhuatl y el maya son dos lenguas que han servido históricamente como instrumento de comunicación tanto entre los europeos y los indígenas, como entre los indígenas de distintas etnias. El **náhuatl** pertenece a una familia lingüística que se extiende desde el sur de los actuales Estados Unidos hasta América Central, si bien las variedades más habladas se distribuyen por el centro mexicano. El náhuatl ha sido históricamente la lengua principal de los aztecas. El maya o mayense, por su parte, es un grupo de lenguas que incluye diversas modalidades que se extienden por la península del Yucatán y por el estado de Chiapas, en México, y también por Guatemala y Belice.

El náhuatl, que ya era en tiempos precolombinos lengua franca y de gran difusión, acentuó estos caracteres a partir de la colonización española. En la época colonial, el náhuatl funcionó como lengua franca tanto hablada como escrita. Esta lengua pasó a escribirse en caracteres latinos y se enseñó, junto al latín y al español, a los indígenas, a los españoles y a sus descendientes (criollos). Este multilingüismo pudo mantenerse porque cada una de las lenguas cumplía funciones sociales diferentes, en situación de diglosia múltiple (§§ 4.3; 5.3; 5.4; 12.2). Con el tiempo, el latín fue perdiendo peso y el español ocupó todo el espacio correspondiente a la variedad alta. Así se llegó a una situación de diglosia, muy simplificada, en la que el español se usa como variedad alta y cualquiera de las lenguas indígenas como variedad baja, siempre con un reconocimiento especial hacia el náhuatl (§ 3.2).

La larga convivencia del náhuatl con el español ha dejado huella en una y otra lengua. De hecho, el propio nombre del país es un juego de influencias entre el español y el náhuatl. La *equis* del nombre *México* es una seña de identidad y un testimonio histórico: los españoles escribieron con equis el nombre del pueblo *mexica* – pronunciado [me.'ʃi.ka] – porque, en el español del siglo XVI, la *x* se utilizaba para representar un sonido palatal sordo. Actualmente, aunque la norma del español permite escribir *Méjico* con *jota*, los mexicanos prefieren escribirlo con *equis*, aunque de ningún modo pronuncian [mék.si.ko]. La pronunciación antigua palatal siguió su curso evolutivo y el sonido palatal se transformó en velar. Por eso *México* siempre se pronuncia con la velar [x], como ocurre también en los casos de *Oaxaca* o *Texas*. Las actuales pronunciaciones con [k.s] responden a una influencia del inglés que no suele ser bien recibida por los hablantes de español.

La influencia del español sobre el náhuatl se aprecia, por ejemplo, en préstamos como *xile* o *xila* (< esp. *silla*), *limones* (< esp. *limón*) o *cauallo*. Esta última alternó en náhuatl con *maçatl* 'venado', porque los venados eran lo más parecido a un caballo que se había visto en América en la época de la colonización. Por su parte, la influencia del náhuatl sobre el español se puede observar en los préstamos adoptados, algunos con una difusión ya internacional, como *aguacate, chocolate* o *tomate*. Sin embargo, a pesar de la impresión que se pueda tener de que el español de México está muy influido por las lenguas indígenas, hay que aclarar que su incidencia es pequeña y que no ha alterado prácticamente en nada el sistema fonológico y gramatical del español. En cuanto al léxico, a pesar de lo llamativo de la presencia de indigenismos, estos se hacen notar sobre todo en las hablas locales y en el dominio del léxico nomenclador, de los topónimos, de los nombres de plantas y de especies animales, pero no tanto en el léxico estructurado de uso común.

El México contemporáneo no podría entenderse al margen del mundo indígena y, muy especialmente, del mestizaje. De acuerdo, con la tipología del sociólogo Ribeiro, los indígenas de México, como los de Centroamérica, son casos de "pueblos testimonio", formados por los representantes modernos de antiguas civilizaciones independientes a las cuales se superpuso la civilización europea. En México, existen alrededor de 70 lenguas pertenecientes a una docena de grupos lingüísticos diferentes. No obstante, el número de lenguas depende de cómo se interpreten las relaciones entre las variedades de esas lenguas. La falta de un recuento único y definitivo se debe a que se desconocen infinidad de aspectos relacionados con las lenguas originarias: su clasificación genética, su vínculo con las etnias, su datación o los efectos lingüísticos de sus contactos históricos. Algunas lenguas indígenas ni siquiera cuentan con unas mínimas descripciones lingüísticas.

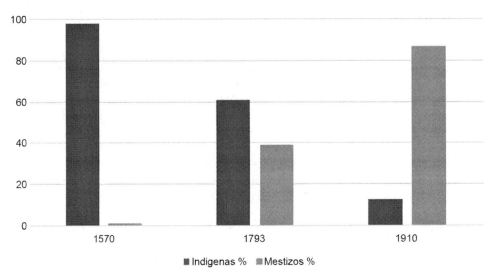

Gráfico 7.1 Desarrollo demográfico de indígenas y mestizos en México (siglos XVI–XX)

Fuente: A partir de Zimmermann (2006:19)

En lo que se refiere al mestizaje, este ha tenido en México una enorme importancia histórica y cuantitativa. En términos demográficos, el progreso de los mestizos frente a los europeos y los indígenas en la colonia de Nueva España, fue galopante, tanto en cifras absolutas como relativas. De este modo, México pasó de ser un territorio de indígenas, a principios del siglo XVI, a ser un espacio fundamentalmente de mestizos, a principios del siglo XX, como se deduce del gráfico. Al tiempo, los contactos humanos han provocado importantes efectos culturales y lingüísticos. La consecuencia lingüística más destacada del desarrollo demográfico del mestizaje fue la expansión general de la lengua española o, en todo caso, del bilingüismo lengua nativa-lengua española, en detrimento del monolingüismo en lengua indígena.

7.2 Características del español en México

Entre las características más destacadas del español mexicano, merecen mencionarse los patrones de entonación, cuyo rasgo más fácilmente identificable es su configuración **circunfleja**; esto es, un final de enunciado en subida seguida de una bajada fuerte del tono medio. Este patrón entonativo, sin embargo, no es algo totalmente generalizado, sino que depende de factores geográficos, sociales o situacionales. En la Ciudad de México se ha comprobado que las personas con menos estudios, con independencia de la edad, son las que más claramente usan un modelo circunflejo.

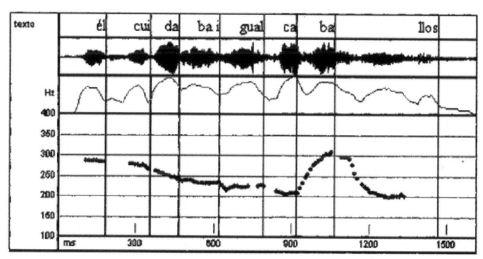

Gráfico 7.2 Ejemplo de entonación circunfleja (Mexico). Final de la expresión *Él cuidaba igual caballos*

Fuente: Martín Butragueño (2004)

Cuadro 7.2 Rasgos generales del español en México

Plano fónico
Entonación circunfleja
Articulación plena y tensa de grupos consonánticos: [ek.'sa.men] 'examen'; ['kap.su.la] 'cápsula'
Pronunciación de *tl* en la misma sílaba: ['a.tlas]
Tendencia a diptongación de *e* y *o* con vocal fuerte siguiente: *tiatro* 'teatro'; *pueta* 'poeta'
Debilitamiento y pérdida de vocales átonas: ['ants] 'antes'; [kaf.'sí.to] 'cafecito' (altiplano mexicano)

(Continúa)

Cuadro 7.2 (Continuación)

Plano gramatical
Tuteo/Voseo (sur)
Concordancia del verbo impersonal *haber*: *habían fiestas*; *hubieron muchos niños en el parque*
Uso de *hasta* con valor de inicio: *viene hasta hoy = no viene hasta hoy*
Uso de pronombre *le* enclítico con valor intensificador: *ándele, sígale, órale* 'vamos', 'venga'; *úpale* 'levanta', 'alza'
Uso frecuente de *no más* 'solamente'; *ni modo* 'de ninguna forma'; *¿mande?* '¿cómo dice?' (respuesta a pregunta y a apelación)
Plano léxico
Uso de mexicanismos léxicos: *agiotista* 'usurero'; *alberca* 'piscina'; *amacharse* 'resistirse', 'obcecarse'; *apapachar* 'abrazar con mimo'; *chueco* 'torcido'; *espiritifláutico* 'muy delgado'; *güero* 'rubio'; *padre* 'bueno'; *padrísimo* 'buenísimo'; *pinche* 'maldito', 'tratamiento de cercanía'; *mero* 'el mismo', 'importante', 'central', 'puro'; *zócalo* 'plaza principal'
Uso de nahuatlismos léxicos: *chapulín* 'langosta', 'saltamontes'; *chiche* 'fácil', 'teta', 'persona blanca rubia'; *chipote* 'chichón'; *cuate* 'mellizo'; *elote* 'maíz verde'; *escuincle* 'niño', 'débil', 'flojo'; *huipil* 'blusa adornada del vestido indígena'; *jitomate/tomate* 'tomate'; *pulque* 'vino del agave'; *popote* 'pajita para sorber bebidas'

Aparte de este significativo rasgo, hay otros muy perceptibles que se recogen en el cuadro.

En lo que afecta a la pronunciación, las variedades mexicanas, en general, tienden a hacer tensas las consonantes que aparecen tanto entre vocales (['de.do] 'dedo' ['ko.do] 'codo'), como en posición final de sílaba ([ek.'sa.men] 'examen', ['kap.su.la] 'cápsula', ['tak.si] 'taxi'), donde [k] y [p] no se pierden. Esto no impide que algunas variedades del español de México muestren una menor tensión consonántica, como ocurre en la costa atlántica, especialmente en el área de Veracruz. Así pues, la tensión consonántica es más clara en el centro y las zonas altas de México. En las costas, es más frecuente el debilitamiento, asimilación o pérdida de las consonantes, sobre todo en posición final de sílaba. En estas áreas, lo normal es que la *jota* se pronuncie con una suave aspiración faríngea [h] y no con una fricativa áspera y tensa, al estilo de la [x] castellana. Por su parte, el debilitamiento de /j/ se halla por todo México, si bien en el norte, en la frontera entre los Estados Unidos y México, y en el sureste (Yucatán, Tabasco, Chiapas), puede perderse, como en *tortía* 'tortilla' o *colmío* 'colmillo'.

En México se encuentra también un rasgo específico que podría interpretarse como una muestra de la tensión del consonantismo, pero que en realidad puede deberse a una influencia del náhuatl. Se trata de la pronunciación de *tl-* en una misma sílaba – como en *a-tlas* o *a-tlántico* – por influjo del sonido nahua *tl*, que funciona como fonema único. Ese fonema, aparte de influir sobre la pronunciación de formas españolas, se ha adaptado como *cl* en posición inicial de sílaba (*šiktli > chicle*) y como – *te* en final de palabra (*elotl > elote*).

En lo que se refiere a las vocales, *e* y *o* suelen cerrarse y formar diptongo con la vocal fuerte siguiente, como en ['tja.tro] 'teatro', ['twa.ja] 'toalla' o ['pwe.ta] 'poeta', sobre todo en el norte de México, donde su uso es amplio e intenso en hablantes de toda condición social. Pero, sin duda, una de las características más interesantes del español mexicano es el debilitamiento de las vocales átonas, especialmente ante /s/, aunque no solamente. Se trata de pronunciaciones debilitadas que afectan a las vocales *e* y *o*, como en ['djents] 'dientes', [en.'tons] 'entonces', ['mans] 'manos'. Este debilitamiento o relajación puede tener diversos grados de intensidad, desde el ligero debilitamiento, hasta la pérdida de la vocal y por eso se habla de **vocales caedizas**. La distribución geográfica de esta pronunciación afecta a toda el área central y oriental de México. En ocasiones, se presentan como pronunciaciones típicas de México muestras como estas: *l's clas's p'dient's* 'las clases pudientes'; *var's c'sech's* 'varias cosechas'. Sin embargo, estos son ejemplos extremos que reflejan más un estereotipo que unos usos reales.

La gramática del español mexicano es común a la del español general o, al menos, es compartida con las variedades de otras grandes áreas geográficas. Así, el sistema de tratamiento es compartido con el Caribe, Canarias y Andalucía; esto es, estamos ante un sistema con tuteo y con *ustedes* como única forma de segunda persona de plural (§ 6.2). En el sur de México, este sistema convive con otro que incluye el pronombre de segunda persona singular *vos*, que se explicará a propósito de América Central (§ 8.2). En el campo de la morfología, tampoco existen en México rasgos especialmente singulares y en la sintaxis no es fácil hallar características suficientemente diferenciadas de los usos más comunes en América.

Algunos rasgos gramaticales mexicanos destacan más por su intensidad y extensión que por su peculiaridad. Por ejemplo, la concordancia del verbo impersonal *haber*, del tipo *habían fiestas* o *hubieron muchos niños*, es posible encontrarla por muchas otras áreas hispanohablantes, pero en México la encontramos arraigada en todos los estratos sociales. Cabe destacarse también un valor específico de la preposición *hasta*, que se encuentra en México y América Central, aunque también en áreas de Sudamérica, como Colombia. Se trata del empleo de *hasta* con el valor de marca de inicio, de límite inicial (no de límite final), sin necesidad de usar la negación. De este modo, una expresión como *yo trabajaré hasta la noche* se interpreta como que el trabajo comienza cuando llegue la noche. Si alguien dice *Juan viene hasta hoy*, significa que ayer no estaba y, si se dice *la tienda abrirá hasta las 14h*, significa que antes de esa hora estará cerrada.

Junto a todo ello, un rasgo prototípicamente mexicano es el uso del pronombre *le* en forma enclítica con imperativos y con un valor intensificador, como el que aparece en las formas *ándele, sígale, órale* 'vamos; venga', o *úpale* 'levanta; alza'. Curiosamente, en una zona donde el **leísmo** no es intensivo, *le* ha logrado consolidarse en este tipo de expresiones exhortativas o imperativas, sin alterar el funcionamiento del sistema general de pronombres. Ello no significa que el leísmo no pueda estar progresando en México, donde se oyen expresiones de cortesía como *encantado de verle*. De manera análoga a otras regiones se encuentran casos de leísmo donde la concordancia no se respeta (*le traje el libro a los muchachos*), además de otros usos ya consolidados, como el *le* de persona en *a tu padre se le respeta*. En estos casos, el pronombre *le* se asocia a diversos valores pragmáticos y de cortesía.

En el terreno discursivo es habitual, aunque tampoco exclusivo de México, el empleo de *no más* 'solamente' (p.e. *vino Pedro no más*) o de *¿mande?* como expresión de respuesta a una pregunta o a una llamada, usos que destacan por su gran extensión. Como la que disfruta la expresión *ni modo* 'de ninguna forma', que, pronunciada con la sílaba tónica bien larga y la entonación circunfleja ya comentada, se reconoce como forma muy mexicana.

En cuanto al léxico, es posible encontrar numerosas voces asociadas claramente a México, por más que no sean exclusivas de este territorio de un modo absoluto. Solo hay que tener en cuenta que el *Diccionario de la Lengua Española* de la Asociación de Academias de la Lengua ofrece más 2.000 entradas y acepciones con la marca "México". El léxico más claramente mexicano puede ordenarse en distintos grupos. Uno de ellos es el de las voces de origen hispano que han tenido en este territorio un desarrollo específico: *alberca* 'piscina', *banqueta* 'acera', 'vereda'; *cajeta* 'dulce de leche', *camión* 'autobús', *chueco* 'torcido', *chimuelo* 'mellado', 'desdentado', *gis* 'tiza', *valenciana* 'vuelta o dobladillo del pantalón', *metiche* 'entrometido', *padre/padrísimo* 'bueno/buenísimo', *sarniento* 'sarnoso', *tinaco* 'depósito de agua'.

Como es natural, los **indigenismos** también ocupan un relevante espacio en el léxico mexicano, aunque su frecuencia de uso no sea tan alta como suele creerse. Juan Lope Blanch publicó en 1969 un estudio sobre el léxico indígena en el español de México, para el que utilizó principalmente informantes nacidos en la Ciudad de México, y observó que los indigenismos suponían cerca de un 0,5% del léxico total analizado. De esos indigenismos, solamente el 15% eran de uso común; el resto eran topónimos y nombre propios. Eso suponía una proporción de voces indígenas de uso común del 0,07% respecto del léxico total de los mexicanos de la capital.

La lengua originaria que más voces ha aportado al español a lo largo de la historia ha sido el náhuatl. De ella proceden *chapulín* 'langosta, saltamontes', *chipote* 'chichón', *escuincle* 'niño; débil, flojo' o *popote* 'pajita para sorber bebidas'. El sufijo *–ote* tiene mucha productividad, como la tiene el sufijo *–eco* (del náhuatl *–écatl*) entre los gentilicios: *yucateco, tlaxcalteca*. Del maya proceden muchas menos voces (*cenote* 'hoyo con agua'; *henequén* 'planta, especie de pita'), aunque el influjo de esta lengua sobre el español de la zona ha sido importante, sobre todo en el sur y en Yucatán.

7.3 Variedades mexicanas del español

La enorme extensión geográfica del español mexicano podría hacer pensar que su división dialectal resulta fácil, pero no lo es. De hecho, no hay acuerdo entre los especialistas sobre cuáles son y dónde se localizan exactamente las variedades de esta gran área. Por el norte, los límites del español mexicano se hallarían en la frontera con los Estados Unidos. En otros tiempos habría sido posible prolongar estas modalidades hacia el norte, pero en la actualidad el español del sur de los Estados Unidos ha adquirido un perfil diferenciado. Por el sur, el español mexicano se entremezclaría con el centroamericano en una amplia área geográfica que incluiría gran parte de Guatemala y los estados del sur de México.

Para distinguir áreas lingüísticas dentro del español mexicano, pueden seguirse diversos criterios. Uno de ellos es de naturaleza histórico-etnográfica y se basa en la distinción que propuso el sociólogo Darcy Ribeiro entre 'pueblos nuevos' y 'pueblos testimonio'. Los pueblos nuevos serían los surgidos en los últimos siglos por la fusión de culturas y por la aculturación de las matrices indígenas. Los pueblos testimonio, como ya se ha explicado, serían los herederos modernos de antiguas civilizaciones independientes a las cuales se superpuso la civilización europea. En México existen áreas en las que predominan los pueblos nuevos y áreas en las que predominan los pueblos testimonio. A estos últimos estaría vinculado el sur de México, principalmente Yucatán y Chiapas, junto a América Central. Aquí, la presencia indígena ha tenido tanta fuerza y ha sobrevivo con tal determinación que una de sus características relevantes está en la influencia que el español ha recibido de las principales lenguas originarias de la zona: las mayenses. Algo de esto ocurre también en Oaxaca, Guerrero y Puebla, en el centro-sur del país, área compleja donde la fusión de culturas refleja lo más netamente indígena. El resto de México, con una herencia indígena más debilitada, podría vincularse a los pueblos nuevos, en los que el español ha tenido un desarrollo propio, con una menor incidencia indígena.

A partir de esta distinción, podría proponerse una división del español mexicano en dos grandes ramas: la rama del español mexicano propiamente dicho y la rama del español mayense. La segunda rama, la mayense, incluiría la península del Yucatán y los estados de

Chiapas y Quintana Roo. Además, habría que reconocer la personalidad propia del español hablado por los indígenas bilingües.

Cuestiones etnográficas y raciales aparte, los criterios que permiten distinguir con más claridad las variedades del español mexicano son de carácter lingüístico. No obstante, la división sería diferente según los rasgos que se tuvieran en cuenta, sin perder de vista que no es lo mismo el modo en que se usa la lengua que el modo en que se percibe. El lingüista Juan Lope Blanch propuso 10 áreas dialectales para México. Sin embargo, todas ellas pueden ser agrupadas en cuatro grandes modalidades: las norteñas, las centrales, las costeñas y las yucatecas. Las tres primeras corresponderían a variedades del español de pueblos nuevos. A ellas les prestaremos ahora atención y dejaremos la descripción de la cuarta, la yucateca, para presentarla junto al español centroamericano (§ 8.3.1). Estas hablas yucatecas se adscribirían a pueblos testimonio.

Las hablas norteñas corresponden aproximadamente a las zonas dialectales 8, 9 y 10 de Lope Blanch (ver mapa); las hablas centrales corresponden a las zonas 5 y 6; las costeñas, a las zonas 3, 4 y 7; finalmente, las yucatecas, a las zonas 1 y 2.

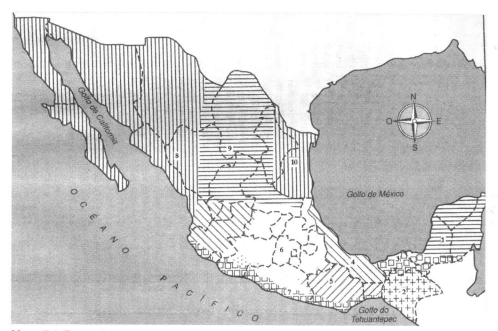

Mapa 7.1 Zonas dialectales de México

Fuente: Lope Blanch 1996

1: Yucatán; 2: Chiapas; 3: Hablas de Tabasco; 4: Hablas veracruzanas; 5: Hablas del altiplano oaxaqueño; 6: Hablas del altiplano central; 7: Hablas de la costa de Oaxaca y Guerrero; 8: Dialectos del noroeste; 9: Hablas del altiplano septentrional; 10: Hablas del noreste

7.3.1 Hablas norteñas

El proceso de implantación de la lengua española en los territorios norteños de México se diferencia del experimentado por otras áreas del país fundamentalmente por tres razones: 1) por la influencia sobre los indígenas nativos de los misioneros, franciscanos y jesuitas;

2) por el exterminio de buena parte de la población de la población nativa y la subsecuente ocupación de su espacio por parte de los aztecas y tarascos, así como de negros esclavos; 3) por el histórico abandono de la región, con excepción de las zonas mineras.

Este panorama nos sitúa ante una región de pueblos nuevos, en los que se dieron las condiciones necesarias para que el español adquiriera una dinámica autóctona. Entre las características más reconocibles de las hablas norteñas están las que se refieren a la pronunciación. El debilitamiento vocálico puede hallarse solamente en la región nordeste (Nuevo León), mientras que todo el norte es territorio propicio para la diptongación de /e/ y /o/ con vocal fuerte ([mja.'le.gro] 'me alegro'; ['rju.ma], 'reuma'; ['twa.ja] 'tolla'). En cuanto a las consonantes, en el norte es frecuente el aflojamiento articulatorio de la palatal /j/, en formas como [tor.'ti.a] 'tortilla' o ['ma.jo] 'mayo', que se oyen igualmente en el español tradicional de Texas o de Nuevo México. Y también es norteño el relajamiento de la palatal *che*, pronunciada como [ʃ] (p.e. ['mu. ʃo] 'mucho'). En lo que se refiere al léxico, en el norte se encuentran algunos vocablos que no son habituales en el sur, como *cócono* 'pavo', *huila* 'cometa, papalote', *honda* y *hulera* 'tirador' o *incaíble* y *broche* 'horquilla; pasador de pelo'. En toda esta área también pueden encontrarse fenómenos de frontera (§§ 12.1; 12.4)

7.3.2 Hablas centrales

Los rasgos del centro de México tienen una especial relevancia, principalmente porque son compartidos por una gran masa de hablantes: la que se agrupa en torno a la Ciudad de México. Si todo México tiene más de 120 millones de habitantes, por encima de una cuarta parte viven en esta área central. La Ciudad de México es una de las urbes más grandes del mundo, aunque su caracterización lingüística merecería una consideración diferenciada por la incidencia de múltiples factores sociales. Los capitalinos o *chilangos* proceden de todos los estados mexicanos y han creado una amalgama lingüística que solo la sociolingüística puede explicar con suficiente autoridad. Realmente, en la Ciudad de México pueden oírse todos los acentos del resto de los territorios mexicanos.

En esta gran zona central de México, la fonética vuelve a ser protagonista. En el centro es donde las vocales átonas se debilitan con mayor intensidad, sobre todo en contacto con /s/, y donde la conservación de /s/ final de sílaba se hace más evidente, por la tensión y duración que tiene. Estamos, pues, ante un área claramente de tensión consonántica. De igual modo, es tensa la articulación de la *jota*, velar sorda, que se pronuncia haciendo presión con la lengua justo donde acaba el paladar, sobre todo cuanto va ante las vocales *e* o *i*. Además, en el centro es posible oír una pronunciación sorda, muy marcada, de la consonante final de sílaba de los grupos cultos (p.e. *directo* [di.'rek.to], *examen* [ek.'sa.men], *apto* ['ap.to]). Junto a ello, podría mencionarse la pronunciación palatalizada (asibilada) de la vibrante /r/, en posición final ante pausa, de /r/ y también del grupo *tr* (Mapa 5.3B). Esta asibilación, en la Ciudad de México, parece predominar entre las mujeres con cierto nivel de estudios y como marca de prestigio social.

7.3.3 Hablas costeñas

Curiosamente, el español costeño incluye tanto la costa del Atlántico como la del Pacífico de México, hecho interesante, pues las costas no constituyen un continuo geográfico. Hay que tener en cuenta, sin embargo, que estas áreas costeras no engloban toda la costa mexicana de los dos océanos, sino solamente la que corresponde a los estados de Veracruz y Tabasco, en el Atlántico, y a los estados de Oaxaca y Guerrero, en el Pacífico, aproximadamente. Esto es así porque tales territorios forman parte del istmo de Tehuantepec, que es por donde más se acercan ambos mares, y que cuentan con sendos puertos de mar que históricamente han estado en comunicación continua. Estos puertos de mar han sido los de mayor importancia a lo largo de la historia de México: el puerto de Veracruz, en el Caribe, y el puerto de Acapulco, en el Pacífico.

Efectivamente, el puerto de Veracruz era el principal punto de enlace entre México y La Habana. Era, por tanto, la conexión natural con las Antillas, con el resto del Caribe y con España. Desde ahí se trasladaban las mercancías y las personas a la Ciudad de México. El puerto de Acapulco, por su lado, fue importantísimo para las relaciones del mundo hispanohablante con las islas Filipinas, puesto que ahí atracaba el galeón que unía la ciudad mexicana con Manila, llevando y trayendo muchos productos y muchas palabras. Así pues, para México, Veracruz era la puerta de Europa y Acapulco, la puerta de Asia.

Por la razones históricas y geográficas que se han señalado, las hablas costeñas de México se relacionan estrechamente con las caribeñas y son reflejo de los movimientos de población entre México y las Antillas. Por eso aparecen en esa área rasgos lingüísticos caribeños, como el debilitamiento de /s/ en posición final de sílaba y de palabra, la aspiración de /x/, con pronunciaciones como ['ba.ha] 'baja'; ['ka.ha]; 'caja', el debilitamiento de consonantes finales o la confusión de /ɾ/ y /l/.

A ello podría añadirse la frecuente velarización de /n/ final, que suena como en -ng (p.e. ['paŋ] 'pan'), o la pérdida de consonantes finales, que se manifiesta con claridad en la elisión de la /ɾ/ de los infinitivos (*cantá* 'cantar', *comé* 'comer'). Ahora bien, estos usos no están totalmente generalizados, sino que se distribuyen de acuerdo con ciertas pautas sociolingüísticas. Así, por ejemplo, la igualación de las líquidas /ɾ/ y /l/ no está prestigiada y se encuentra sobre todo en los estratos socioculturales más bajos. De igual modo, la aspiración final, una de las señas del habla veracruzana ([be.ra.'kruh] 'Veracruz'), muestra unos porcentajes de uso, sin embargo, que no son tan altos como en las Antillas o en Canarias. En la costa Atlántica, parece estar dándose un proceso de retención y de reposición de la /s/, más intenso cuanto más jóvenes son los hablantes; al mismo tiempo, cuanto más alta es la educación recibida, menos se aspira y el estatus económico alto favorece la realización plena de /s/. Esto viene a revelar que la pronunciación de /s/ plena tiene más prestigio en la costa de México y que, con el tiempo, podría ir ampliando su uso, dado que los jóvenes podrían transmitirla a las siguientes generaciones.

7.4 El español de los indígenas mexicanos

En México, como en América Central, el español de la población bilingüe alcanza una dimensión muy apreciable. Este español, por la escasa atención que recibe, podría considerarse como un conjunto de modalidades ocultas, que, sin embargo, merece atención porque tan lengua española es la que utilizan los monolingües como la que manejan los bilingües. Ahora bien, una cosa es el español utilizado en un área bilingüe por hablantes que pueden no conocer la lengua indígena y otra cosa es el español utilizado por los hablantes bilingües, en los cuales el juego de transferencias suele ser mucho más intenso, porque tienen la lengua originaria como materna y la española como segunda. El habla de los bilingües habría que abordarla teniendo en cuenta cada una de las lenguas indígenas en particular, pero esta es una tarea muy compleja por la escasez de datos existentes. Por ello haremos ahora referencia únicamente a los hablantes de náhuatl.

El español de los hablantes nativos de náhuatl, el grupo originario de mayor dimensión demográfica en México, es una variedad en la que a menudo se neutralizan los fonemas del español /o/ y /u/, lo que origina formas como *lones* 'lunes' o *butella* 'botella'. Asimismo, la indistinción entre sonidos sordos y sonoros origina formas como *amico* 'amigo' o *puticario* 'boticario'. En el plano gramatical, el náhuatl marca obligatoriamente el objeto oracional mediante una sola forma, por eso los bilingües simplifican la distinción pronominal *lo/le* del español en un *lo* invariable, dando lugar a usos loístas, del tipo *a Juan lo ofrecieron un trabajo*, o pleonásticos, como en *lo pidió otra cerveza*. Estos usos son tan intensos, que han llegado a pasar a los hablantes monolingües de español en las áreas de contacto.

Por otro lado, el empleo de los pronombres sujeto y término de preposición se simplifica en el habla bilingüe mediante el uso de uno solo de ellos: *yo me pican los moscos* 'a mí me pican los moscos'. Tampoco se distingue fácilmente entre masculino y femenino, porque no lo hace el náhuatl, lo que afecta a las concordancias: *tres personas comisionados; un mula; el violinisto; hijo de la chingada*. En cuanto al número gramatical, también puede producirse falta de concordancia, puesto que en náhuatl la forma singular puede expresar el plural: *¿ese qué son?* '¿esos qué son?'; *es sus problema* 'es su problema'. Asimismo, el náhuatl influye en la tendencia al uso de perífrasis verbales de tipo progresivo: *está queriendo mujer* 'quiere casarse'; *anda comiendo* 'come'.

Resumen

El español del México es una de las variedades más relevantes del español por su dimensión demográfica y por la posición estratégica del país respecto al resto de los países hispano-hablantes. Aquí se encuentra, asimismo, la Ciudad de México, el núcleo urbano de mayor tamaño de toda la comunidad hispanohablante.

Las características del español de México, sin ser exclusivas de este territorio, configuran, en conjunto, un habla reconocible para el resto de la comunidad hispanohablante. En general, el español de México es una variedad de **consonantismo tenso** en posición final de sílaba e intervocálica, y con un vocalismo que tiene como principales características el carácter muy débil de las vocales átonas en gran parte del territorio y la tendencia a diptongar las secuencias de dos vocales fuertes, haciendo débil la primera de ellas.

El léxico del español de México muestra muchos desarrollos americanos propios, aunque puedan compartirse con otras áreas, así como elementos indígenas, principalmente del náhuatl, lengua de las culturas aztecas. Aunque la proporción de indigenismos en el español urbano es muy pequeña, su presencia se hace notar en ámbitos como la toponimia, la flora o la fauna, entre otros.

Las áreas principales del español mexicano son cuatro: las hablas del norte, las centrales, las costeñas y las yucatecas. Las tres primeras muestran más desarrollos propios del español, mientras que las últimas dejan traslucir el influjo de las lenguas indígenas, especialmente en el sur del país, en la península del Yucatán y en la frontera con Guatemala, con la que se establece una continuidad lingüística.

El español de los bilingües, por su parte, puede considerarse como un conjunto de variedades más del español mexicano. Cada lengua indígena puede dejar sobre el español una huella específica, bien sea en el nivel fonético, bien sea en el gramatical o en el léxico. En lo que se refiere al contacto entre el náhuatl y el español, el influjo del primero se deja notar en la abertura vocálica, en el uso de los pronombres y en las concordancias.

Lecturas complementarias

1 "Conciencia y actitudes de los mexicanos en relación con el prestigio y corrección de la lengua española". José G. Moreno de Alba. 1999. *Anuario de Letras*, 37: 53–83. https://dialnet.unirioja.es/servlet/articulo?codigo=31598

   Descripción: Este artículo trata sobre la conciencia y las actitudes que los hispanohablantes mexicanos tienen sobre la lengua española, en general, y en relación con la que se habla y escribe en México, en particular. La lengua española se presenta no solo como dominante sino como reconocida, al menos en la práctica, como única lengua oficial, aun en los territorios donde sobreviven, a veces con gran vitalidad, lenguas indígenas.

2 "El contacto de las lenguas amerindias con el español de México". Klaus Zimmermann. 2001. *II Congreso Internacional de la Lengua Española*. Valladolid: Instituto Cervantes-Real Academia Española. http://congresosdelalengua.es/valladolid/ponencias/unidad_diversidad_del_espanol/4_el_espanol_en_contacto/zimmermann_k.htm

   Descripción: Se presenta una visión sociolingüística del contacto de lenguas en México. El estudio abarca, además de las condiciones histórico-políticas del contacto, su naturaleza (contacto conflictivo o no conflictivo), sus consecuencias sociolingüísticas (diglosia, desplazamiento, muerte), individuales (tipos de bilingüismo), psicosociales (identidad, conciencia lingüística) o comunicativas (incomunicación, creación de estrategias para resolver problemas de comunicación), así como las consecuencias de la política lingüística (en la legislación, la educación, la prensa o la cultura).

Sugerencias para investigar y debatir

1 A partir del *Catálogo de voces hispánicas* del Instituto Cervantes, F. Moreno-Fernández (dir.), 2010 (https://cvc.cervantes.es/lengua/voces_hispanicas/), escuche las voces procedentes de México D.F. y de Mérida (Yucatán) e intente analizar sus principales diferencias fonéticas.
2 Visite la página electrónica del Instituto Nacional de Lenguas Indígenas de México y busque las estadísticas de la población hablante de lenguas indígenas nacionales. Compare las estadísticas de 2000 y 2005 y analice cómo ha evolucionado la situación de estos hablantes. Debata con sus colegas sobre el posible futuro de las lenguas originarias en México. Tenga en cuenta que el conocimiento de una lengua indígena no impide el conocimiento o el uso del español. https://site.inali.gob.mx/Micrositios/estadistica_basica/

GLOSARIO

enclítico: que se añade en una posición final de palabra.
entonación circunfleja: entonación del final de un enunciado que consiste en una subida seguida de una bajada fuerte del tono medio.
indigenismo: forma lingüística, especialmente léxica, con origen en una lengua indígena y transferida a una lengua europea en un área geográfica determinada.

pueblos nuevos: pueblos surgidos por la fusión de culturas y por la aculturación de las matrices indígenas.

pueblos testimonio: pueblos herederos de antiguas civilizaciones independientes sobre las cuales se superpuso la civilización europea.

transferencia: rasgo lingüístico de una lengua A que pasa o afecta a una lengua B, generalmente por contacto entre ellas.

vocales caedizas: debilitamiento que afecta a las vocales átonas en distinto grado.

REFERENCIAS

Barriga, Rebeca y Pedro Martín Butragueño (dirs.) (2009–2014): *Historia sociolingüística de México*. 3 vols. México: El Colegio de México.

Lope Blanch, Juan M. (1969): *Léxico indígena en el español de México*. 2ª ed. aumentada de 1979, México: El Colegio de México.

Lope Blanch, Juan M. (1996): "México". En M. Alvar (dir.), *Manual de dialectología hispánica. El español de América*. Barcelona: Ariel. pp. 81–89.

Martín Butragueño, Pedro (2004): "Configuraciones circunflejas en la entonación del español mexicano". *Revista de Filología española*, 84: 347–373.

Martín Butragueño, Pedro (2013): *Fonología variable del español de México. Volumen I: procesos segmentales*. México: El Colegio de México.

Mendoza, Everardo (2009): "Conflicto lingüístico y expansión del español en el norte de México". En R. Barriga Villanueva y P. Martín Butragueño (eds.), *Historia sociolingüística de México*. México: El Colegio de México. Cap. 10.

Moreno de Alba, José G. (2003): *La lengua española en México*. México: Fondo de Cultura Económica.

Ribeiro, Darcy (2007): *As Américas e a civilização. Processo de formação e causas do desenvolvimento desigual dos povos americanos*. São Paulo: Companhia das Letras.

Serrano Morales, Julio (2008): "¿Cuántos dialectos del español existen en México? Un ensayo de dialectología perceptual". Accesible a través de Academia.edu.

Zimmermann, Klaus (2006): "La relación diglósica entre las lenguas indígenas y el español en el México colonial". En J. Falk, J. Gille y F. Wachtmeister Bermúdez (eds.), *Discurso, interacción e identidad. Homenaje a Lars Fant*. Stockholm: Stockholm Universitet, pp. 211–228.

Capítulo 8

Variedades del español en América Central

Introducción

Este capítulo presenta las principales características del español en América Central, así como las variedades lingüísticas del complejo territorio que ocupa el gran istmo americano y que incluye los siguientes países: Guatemala, Belice, El Salvador, Honduras, Nicaragua, Costa Rica y Panamá.

A continuación, se incluyen comentarios sociolingüísticos sobre algunas peculiaridades de las hablas centroamericanas. Asimismo, se reflexiona sobre la relación entre la lengua española y las lenguas indígenas, al tiempo que se ofrece una caracterización general del español utilizado por hablantes bilingües.

La intención de este capítulo es:

a ofrecer unas reflexiones generales sobre la existencia de un español centroamericano;
b presentar un panorama general de la coexistencia de lenguas en América Central;
c caracterizar lingüísticamente el español de América Central y sus variedades;
d caracterizar las modalidades de español de los hablantes indígenas bilingües.

8.1 ¿Existe un español centroamericano?

La región centroamericana – América Central – se extiende desde el estado mexicano de Chiapas, hasta la frontera de Panamá con Colombia, en la cabeza de América del Sur. Dejando el sur de México aparte, esto incluye los países de Guatemala, Belice, Honduras, El Salvador, Nicaragua, Costa Rica y Panamá, con una población total de alrededor de 45 millones de habitantes. Desde un punto de vista antropológico, esta zona es solar de lenguas de la familia mayense y de pueblos consumidores de maíz. Desde la geografía, se trata de las tierras de la llamada cordillera Centroamericana, la que comienza en Oaxaca y Chiapas y se prolonga por los países norteños de Centroamérica, hasta la región de los grandes lagos, en Nicaragua y Costa Rica. A esta gran área montañosa, se une la franja ístmica de Panamá, país del famoso canal, de gran importancia para la economía y el comercio internacional.

Entre 1824 y 1839 los territorios centroamericanos formaron la República Federal de Centro América. En ella no se incluían ni Belice, colonia británica, ni Panamá, unido a la gran Colombia. La principal ciudad y capital de esta República fue la Ciudad de Guatemala, lo que revelaba el peso político guatemalteco, que alcanzaba hasta el estado mexicano de Chiapas. Esta unidad política, aunque fuera temporal, podría hacer pensar en una cierta unidad lingüística. De hecho, el lingüista dominicano Pedro Henríquez Ureña consideraba toda Centroamérica como una sola zona lingüística, unida al sur de México. Y hay razones lingüísticas para aceptar esta posibilidad, a las que podrían sumarse argumentos de otro tipo: por ejemplo, las migraciones entre países de América Central son frecuentes, por lo que favorecen el intercambio de usos dialectales y una mayor homogeneización de las características de la zona en su conjunto.

Sin embargo, la diversidad geográfica y cultural del territorio centroamericano explicaría la existencia de divergencias lingüísticas internas y, por lo tanto, la imposibilidad de hablar de un español prototípico de la América Central. Al margen de la vinculación de Belice a la cultura británica, las diferencias existentes desde Guatemala a Panamá son más que evidentes: en el norte es muy intensa la presencia indígena, muy especialmente de la cultura maya; en el sur, la construcción del gran canal, hace más de un siglo, introdujo componentes diferenciadores: la población negra y la influencia estadounidense; Guatemala, por su lado, ha estado más ligada política y lingüísticamente al sur de México que a Costa Rica, por ejemplo. Incluso, las primeras referencias al español de América Central no aluden a un español común en todo ese territorio, sino principalmente a palabras características de algunas de sus partes.

Desde la perspectiva del léxico, el *Diccionario de la Lengua Española* (2014) da la impresión de que no puede hablarse con propiedad de la existencia de un español de América Central. El número de voces comunes a toda América Central son menos de un centenar y de ellas solo unas pocas son exclusivas de este territorio (p.e. *colocho* 'rizo; tirabuzón', *goma* 'resaca'). Por contra, las voces identificadas como de uso en cada país son bastante abundantes (Guatemala: 1.061; Honduras: 2.997; El Salvador: 1.942; Costa Rica: 1.326; Panamá: 636). Estos datos, sin embargo, no deben ocultar que son muchas las coincidencias entre tres o más países de América Central, por lo que, si no es posible hablar de homogeneidad, sí es posible, al menos, pensar en una coincidencia parcial de usos léxicos y gramaticales.

América Central es un territorio con una notable presencia de lenguas indígenas u originarias en convivencia con el español. De todas ellas, las de mayor peso histórico y demográfico son las vinculadas a las familias mayense y náhuatl. En Guatemala se identifica como de origen étnico indígena alrededor de un 40% de la población, aunque no todos hablen la lengua correspondiente. Los grupos étnicos mayoritarios son el quiché (*k'iche'*), el cachiquel (*kaqchikel*) y el mam. El porcentaje de indígenas en El Salvador, sin embargo, no llega al 1%, como ocurre en Honduras. En Nicaragua, la proporción de indígenas está alrededor del 5% y en Panamá, del 12%. También es importante resaltar la existencia de grupos humanos de raza negra en todos estos países, especialmente en el sur del istmo.

La relativamente escasa presencia de indígenas en América Central, con la excepción de Guatemala, favorece que sus lenguas y culturas tengan una baja consideración social y que las situaciones de diglosia (§ 5.3.; 5.5), con el español como lengua alta y de prestigio, sean las habituales. En casi todas las repúblicas centroamericanas, la única lengua que goza de oficialidad es el español, exceptuando Nicaragua, que reconoce las lenguas de las comunidades de la costa Atlántica (p.e. misquito, garífuna). En América Central, por otro lado, también existen comunidades hablantes de variedades criollas de base inglesa.

Finalmente, Belice es un caso interesante. La peculiar posición geográfica de este país, antigua colonia británica, ha hecho que el español se vaya extendiendo paulatinamente como lengua de comunicación. La proporción de beliceños que declara tener un nivel de fluidez en español 'bueno' o 'muy bueno' es superior al 60%. Esto convierte al español en una de las lenguas mejor conocidas de ese pequeño país, aunque la lengua oficial sea el inglés y el criollo beliceño (*Kriol*), la lengua vehicular más extendida.

8.2 Características del español en América Central

Más allá de la discusión sobre la existencia de un español centroamericano, lo cierto es que pueden identificarse algunas características lingüísticas que, si no distribuidas por todo el istmo, sí pueden hallarse en la mayor parte del este territorio.

En el ámbito de la pronunciación, el español centroamericano se caracteriza por la tensión articularia de las consonantes oclusivas sonoras /b, d, g/, incluso cuando estas consonantes aparecen tras /s/ ([laz ˈbe.nas] 'las venas', [laz ˈdos] 'las dos', [loz ˈga.tos], 'los gatos') aunque /d/ intervocálica puede perderse, sobre todo en las formas de participio en – *ado*. Esto último es más frecuente en Guatemala y Nicaragua. También son muy características la aspiración o debilitamiento extremo de *jota* ([ˈba.ha] 'baja'; [tra.ˈba.o] 'trabajo'), la velarización de /n/ final de sílaba y la asibilación de /r/ final y de *tr* en un sonido [ʐ], menos frecuente en El Salvador y en Nicaragua. La pronunciación debilitada de /j/ intervocálica (p.e. *pastía* 'pastilla'; *cuchío* 'cuchillo') puede observarse por toda América Central, si bien en Guatemala tiene una intensidad notable, como ocurre en las hablas del sur de México.

Por otro lado, el segmento /s/ presenta diferentes pronunciaciones. En general, la /s/ en posición inicial de sílaba se realiza como [s̠], pero también se registran casos de ceceo o pronunciación dentalizada [θ], en Guatemala, El Salvador, Honduras y la costa pacífica de Costa Rica, y de aspiración [h], sobre todo en Nicaragua, así como casos de heheo (pronunciación aspirada de /s/ inicial de sílaba) en Guatemala, El Salvador, y Costa Rica: p.e. *una hemana* 'una semana', *un hentavo* 'un centavo', *prehidente* 'presidente', *lihensiado* 'licenciado', *entonhe* 'entonces', *nehesita* 'necesita', *halud* 'salud', *dehantana* 'de Santa Ana'. La pronunciación menos tensa de *che* (fricativa) se puede encontrar con frecuencia en Panamá (p.e. [mu.ˈʃa. ʃo] 'muchacho') y, con menor intensidad, en los demás países.

Cuadro 8.1 Rasgos generales del español en América Central

Plano fónico
Pronunciación oclusiva de sonoras entre vocales: [ˈda.dos]
Pronunciación asibilada de /r/ y *tr* [ʐ]: [ˈka.ʐo] 'carro', [ˈtʐes] 'tres'
Aspiración faríngea de /x/: [ˈka.ha]
Tendencia a relajación o pérdida de /j/: *ardía* 'ardilla'; *carretía* 'carretilla'; *tortía* 'tortilla'; *colmío* 'colmillo'
Plano gramatical
Voseo
Uso de *lo* pleonástico: *se lo fue de viaje*; *lo trae un papel*
Uso de diminutivo con -*it*-: *gatito*
Uso de *hasta* con valor de inicio: *viene hasta hoy* = *no viene hasta hoy*
Empleo de posesivos antepuestos o dobles: *la mi casa*; *mi casa mía*
Plano léxico
Uso de centroamericanismos léxicos: *alaco* 'trasto, cosa inservible'; *alunarse* 'enconarse una herida'; *alzo* 'robo, hurto'; *desparpajo* 'desorden'; *goma* 'resaca'; *jalar* 'mantener relaciones amorosas'; *ladino* 'mestizo'; *tiznado* 'borracho'; *zaragate* 'persona despreciable'
Uso de nahuatlismos léxicos: *chicuace* 'persona con seis dedos'; *guacalearse* 'echarse agua'; *jiote* 'moradura'; *petateada* 'paliza'; *moto* 'huérfano'; *tamagás* 'culebra; discurso largo'; *tapizcar* 'cosechar'; *tetuntear* 'tirar piedras'; *zizimite* "espanto"
Uso de mayismos léxicos: *cenote* 'hoyo con agua'; *cumbo* 'calabaza para contener líquidos'; *henequén* 'planta, especie de pita'; *enchibolar* 'aturdir, confundir'; *zompopo* 'hormiga que vive en hormigueros con forma de volcán'

En la gramática del español de América Central, la característica más destacada es el empleo de un sistema de tratamiento con **voseo** y con *ustedes*; es decir, el uso del pronombre *vos* como forma de cercanía o familiaridad y de *usted* para la distancia y el plural. En esta zona ocurre, sin embargo, que el uso de *vos* puede alternar con el de *tú* y que el pronombre *usted* tiene unas posibilidades de uso más amplias que en otros lugares, al no limitarse a la distancia o la formalidad. Esta multiplicidad de usos explica que la distribución sociolingüística de los pronombres sea complicada y adopte en cada área unos valores especiales aplicables a determinados contextos. Por ejemplo, en Guatemala el voseo está muy generalizado, a costa de un *tú* que expresa cierto distanciamiento. En Nicaragua alternan *tú* y *vos*, si bien el primero está más arraigado entre los grupos sociales acomodados. En Honduras, *tú* y *vos* pueden alternar con unas mismas funciones, pero existe un claro **ustedeo** en los estratos socioculturales más humildes, que lleva a algo parecido a lo que ocurre en Costa Rica: el uso de *usted* dirigido a familiares o incluso a los bebés. En El Salvador, *vos*, *tú* y *usted* parecen repartirse el espacio del tratamiento de forma más equitativa: *vos*-cercanía; *tú*-intermedio; *usted*-distancia, aunque el uso más curioso de los pronombres *vos* y *usted* es el de marca de final de enunciado, como ocurre en El Salvador y en Guatemala: ¿*te dolió, vos*?; ¿*por qué, vos*? En cuanto a la concordancia, se dice, por ejemplo, *vos tienes*, pero, normalmente, las formas verbales se conjugan en – *ás*, – *és* e – *ís* (p.e. *mirás, tenés, partís*). En los hablantes con menos estudios o de áreas rurales también existen usos como *habís* 'has'.

Cuadro 8.2 Paradigma de tratamientos. Sistema con voseo – *ustedes*

Sujeto	Átono	Reflexivo	Término
vos	*te*	*te*	*vos*
usted	*lo/la/le*	*se*	*usted*
ustedes	*los/las/les*	*se*	*ustedes*

En el uso de los tratamientos, pueden distinguirse aquellos que se ajustan a un patrón de poder (vertical y asimétrico) y los que se ajustan a un patrón de solidaridad (horizontal y simétrico). En el primer caso (poder), las personas de mejor posición o rango en la escala social y de mayor edad pueden tratar de *vos* o *tú* a un interlocutor de menor edad o rango social, mientras que este debe tratar de *usted* a las primeras. En el segundo (solidaridad), el uso ofrece tres alternativas pronominales: *vos*, *tú* y *usted*. Como se ha comentado, el voseo puede encontrarse en toda la región, aunque en Panamá y en Costa Rica tiene menor presencia social, en beneficio del tuteo.

En los territorios donde se registra voseo, tuteo y ustedeo, su uso viene condicionado por factores tanto sociolingüísticos, como pragmáticos. En Guatemala, el uso de *usted* como pronombre de cercanía se da sobre todo en las mujeres y las personas de la generación de mayor edad, mientras que los hombres y los más jóvenes prefieren el uso de *vos*. En El Salvador y Honduras, el tuteo es el sistema habitualmente utilizado en los medios de difusión y por los grupos sociales mejor acomodados. En Nicaragua, por su lado, son poco frecuentes tanto el tuteo como el ustedeo, frente a Costa Rica, donde el ustedeo está muy extendido, si bien el uso de *tú* y *usted* está condicionado por factores como el contexto, el tema o el tipo de interlocutor.

Es importante señalar que, en general, el voseo en América Central no suele gozar de prestigio, al ser un sistema pronominal que se considera popular y familiar. Desde un punto de vista social, su uso se vincula a las generaciones de mayor edad y los rasgos de menor nivel educativo, de ahí su menor prestigio. Esto lo lleva a no ser objeto de tratamiento en la enseñanza, con lo cual se refuerza su desprestigio, por no presentarse como una alternativa gramatical al tuteo.

En cuanto a la sintaxis, algunas de las características del español en América Central tienen que ver con la influencia de la lengua maya, como el uso pleonástico de *lo* (p.e. *se lo fue de viaje*; *lo trae un papel*) – sobre todo en Chiapas y Honduras – y el empleo de posesivos antepuestos (p.e. *la mi casa*) o dobles (p.e. *mi casa mía*). Otros rasgos no tienen nada que ver con la lengua indígena, como el uso de *hasta* para indicar límite inicial (p.e. *¿hasta cuándo viene el dueño?*), tal cual ocurre en buena parte de México (§ 7.2), o la aplicación del orden de palabras SVO (Sujeto-Verbo-Objeto) en las interrogativas, del tipo *¿cómo tú estás?*, en Honduras o en Nicaragua, habitual en el Caribe (§ 9.2).

Finalmente, el léxico de América Central presenta formas procedentes tanto de las lenguas mayenses como de las variedades del náhuatl. Dado que se trata de un área geográfica con fuerte presencia de **lenguas mayenses**, podría pensarse que estas habrían sido el origen del mayor número de transferencias, pero el caso es que la proporción de nahuatlismos es muy alta, tanto por la vecindad con México, como por la existencia de pueblos nahuas centroamericanos, como el pipil, en Guatemala, Honduras y Nicaragua. Los ejemplos de voces nahuas son muy abundantes: *chicuace* 'persona con seis dedos'; *guacalearse* 'echarse agua'; *jiote* 'moradura'; *petateada* 'paliza'; *moto* 'huérfano'; *tamagás* 'culebra', 'discurso largo'; *tapizcar* 'cosechar'; *tetuntear* 'tirar piedras'; *zizimite* 'espanto'. Del maya proceden muchas menos voces: *cenote* 'hoyo con agua'; *cumbo* 'calabaza para contener líquidos'; *henequén* 'planta', 'especie de pita'.

Como se ha señalado más arriba, no existe un gran caudal léxico común, general y exclusivo en América Central, sino formas que coinciden con las de otras zonas vecinas de manera variable, constituyendo a veces áreas léxicas más amplias y otras, áreas más reducidas. Como casos de voces supuestamente exclusivas de cada país, pueden anotarse los siguientes. De Guatemala: *aguadar* 'debilitar'; *chis* (para indicar que hay algo sucio); *remoler* 'molestar'; *tusa* 'mujer pizpireta'; *xecudo* 'inteligente'. De Honduras: *achinaría* 'baratijas'; *adundarse* 'atontarse'; *ajustón* 'susto, espantada'; *cusul* 'habitación pequeña y con poca luz'; *ser la maceta* 'ser un haragán'; *mínimo* 'plátano guineo'; *ñácara* 'llaga'; *ñuzco* 'diablo'; *rapidito* 'microbus público'; *retropróximo* 'anterior'. De El Salvador: *achivarse* 'arreglarse'; *bereco* 'tonto'; *carbura* 'conversación coloquial'; *cholco* 'mellado'; *lengüetada* 'chismorreo'; *ñola* 'llaga'; *patín* 'mal aliento'; *seleque* 'delgado'. De Nicaragua: *amotetarse* 'agruparse'; *bajín* 'soborno', 'mordida'; *bandidencia* 'travesura'; *chischil* 'cascabel'; *cuillo* 'gruñido'; *encholpar* 'encarcelar'; *guatusero* 'hipócrita'; *güirila* 'tortilla de maíz'; *marqueta* 'pan de molde'; *ñatear* 'esnifar'; *patango* 'regordete'. En Nicaragua también se utiliza mucho *mi lindo* como expresión vocativa o apelativa. Estos casos particulares, sin embargo, pueden ser compartidos, en mayor o menor medida, por los territorios vecinos de cada país.

8.3 Variedades centroamericanas del español

Como se ha podido comprobar, los rasgos presentados como generales del español de América Central a menudo han de matizarse señalando su uso más o menos frecuente en unas zonas o en otras. Esta realidad lingüística tiene que ver con la diversidad etnográfica, cultural y lingüística de América Central, que es la que nos permite pensar en la existencia de variedades internas de la región. Es innegable que existen rasgos compartidos por

parejas de países en combinaciones diversas y que el conjunto de las tierras centroamericanas comparte también características lingüísticas significativas, como la influencia histórica
del náhuatl. Miguel Ángel Quesada Pacheco ha señalado que en ninguno de los niveles de
lengua es posible trazar líneas dialectales estables y consistentes. Dentro de cada nación, es
posible hablar de subdivisiones, pero estas tienen que ver muchas veces más con lo social
que con lo geográfico, pues establecen una oposición entre los núcleos urbanos más importantes y las áreas rurales. Las mismas actitudes lingüísticas de los centroamericanos revelan
que prefieren el español hablado en las capitales de sus respectivos países frente al habla de
las zonas alejadas de las capitales. Con todo, en América Central hay elementos suficientes
para distinguir un área norte de un área sur. En la zona norte se incluiría Guatemala (ligada
al sur de México) y los territorios con mayor presencia de las lenguas mayenses; en la zona
sur se incluirían Costa Rica y Panamá, aunque Costa Rica sería un territorio "bisagra".

En relación con estas variedades, cabe señalar que, en general, los centroamericanos no
atribuyen localmente mucho prestigio a sus hablas, por lo que muestran mayor preferencia
hacia las hablas de España, de México, de Argentina o de Colombia. Esta falta de autoestima
tiene que ver con la débil posición económica que la región ocupa respecto de otras zonas,
aunque los mismos centroamericanos prefieren sus respectivas formas de hablar en la comunicación regional.

8.3.1 Español centroamericano del norte y español yucateco

Como se ha comentado (§ 7.3), la región mexicana del Yucatán es un área de fuerte personalidad lingüística, en gran medida porque la proporción de hablantes de lenguas mayenses,
bilingües o monolingües, es superior al 50%. Estas condiciones se extienden por todo el
Yucatán y por Guatemala, territorios todos ellos vinculados históricamente. En conjunto, se
trata de un área de pueblos testimonio, como lo es Nicaragua.

Guatemala y Nicaragua son dos países en los que la proporción de indígenas es significativa.
En Guatemala, un 12% de la población es monolingüe en una lengua indígena y la proporción
de bilingües es muy alta. En Nicaragua, alrededor de un 2% de la población no habla español,
porcentaje que no es muy alto, pero que permite comprender que hay una larga historia de
convivencia de lenguas en ese territorio. De hecho, buena parte de los habitantes de la costa
caribeña de Guatemala no tiene el español como primera lengua. Esto quiere decir que las
variedades lingüísticas de Guatemala y Nicaragua están más condicionadas por factores étnicos y sociolingüísticos, que por factores geolingüísticos propiamente dichos.

Las características lingüísticas del español de esta área tienen mucho que ver con la influencia
de las lenguas mayenses. Así, en la fonética del español se considera de innegable ascendencia
maya la presencia de cortes glóticos, representados como [ʔ]: [noʔ ˈko.me] 'no come'; [tuʔ ˈi.xa]
'tu hija'. Su origen está en un fonema maya que se pronuncia cerrando la glotis y dejando salir
el aire a modo de explosión, como si fuera un golpe de tos. Esos cortes glóticos podrían explicar
que la /s/ final no se vea alterada ni afectada por el resilabeo en formas como [lasʔ erˈma.nas] o
[losʔ ˈdos]. También tiene origen maya el uso de los sonidos [ʃ] y [ts], y la presencia en posición
final de las consonantes [p, t, k, t͡ʃ, ʃ, ts], en palabras mayas como *tup* 'benjamín'; [ˈʃet] 'leporino';
[ˈsik] 'axila'; [ˈmu.liʃ] 'rizado'; [ˈnuts] 'cascorvo, patizambo' o incluso en palabras hispanas, como
coch 'coz'. Asimismo, parecen deberse al maya la articulación bilabial [m] de la nasal final /n/ o
la pronunciación oclusiva o africada de /f/, en un sonido cercano a pf, en palabras como *pfiesta*
'fiesta' o *puente* 'fuente'. Todos estos casos de influencia de las lenguas mayenses deben interpretarse como consecuencia de una larga convivencia de lenguas.

Por otro lado, hay formas que puedan explicarse plenamente desde dentro del español y que se dan en áreas no bilingües, como la aspiración de /x/, la realización tensa y muy palatal de [tʃ], la conservación de una /s/ tensa, no debilitada, o la existencia de una /ɾ/ o una /r/ retrofleja, pronunciada con la punta de la lengua doblada hacia atrás. Plantean dudas los casos de despalatalización de /ɲ/, como en *anio* 'año' o *albanil* 'albañil', ya que no existe el fonema nasal palatal en maya, si bien esas despalatalizaciones son conocidas en otras muchas áreas hispánicas, de Europa y de América.

En el nivel gramatical también se aprecia la influencia maya en el empleo de determinantes posesivos redundantes (p.e. *me duele mi cabeza*) o de posesivos con indefinidos (p.e. *le da a uno su pena contarlo*); el empleo de una forma *lo* como objeto, en muchos casos pleonástica (p.e. *¿no te lo da pena?*; *no te lo invito a quedarte porque estoy saliendo*; *lo compramos el pan*; *comida lo vamos a dar*).

Cuadro 8.3 Rasgos de influencia mayense en español

Plano fónico
Uso de sonidos finales de origen maya: [p, t, k, t͡ʃ, ʃ, ts]
Tendencia a pronunciación de /f/ como [p]: *pfiesta*; *puente* ('fuente')
Uso de cortes glóticos: [tuʔ ʼi.xa] 'tu hija'
Plano gramatical
Uso de posesivos pleonásticos y redundantes antepuestos: *me duele mi cabeza*; *tenía un su hambre*; *una su pareja de pájaros*
Uso pleonástico de *lo*: *lo trae un papel*; *se lo fue de viaje*; *te lo fuistes de mí*

Aparte de estos usos tan característicos, de cuño indígena en su mayoría, el español del norte de la América Central comparte claramente muchos usos con el español mexicano. Como ejemplo de ello, puede servir, en el plano fonético, la fortaleza de las consonantes oclusivas (algo menor hacia la costa del Caribe) o la debilidad de /j/ entre vocales. En el plano gramatical, encontramos también el uso de la preposición *hasta* con indicación de límite inicial, además de un voseo más intenso, como ya se ha explicado. Asimismo, en Guatemala han llamado la atención la diversidad y particularidad de algunos sufijos derivativos, como ocurre en el caso del adjetivo *feo*: *feyura, fealdad, fierura, feyeza, feúra* y *feez*.

8.3.2 Español centroamericano del sur

El caso de Costa Rica y Panamá es diferente del resto de la América Central. Costa Rica, según la tipología histórico-cultural de Darcy Ribeiro, es un *pueblo nuevo*, formado por la fusión de grupos indígenas con la población europea, y con una población hispanohablante monolingüe estable. Como es de suponer, el territorio costarricense prolonga algunos de los rasgos lingüísticos más típicos de América Central, que en la costa oriental se debilitan parcialmente y se entrecruzan con las influencias de un criollo del inglés llamado *criollo limonense*. Entre los rasgos típicamente centroamericanos incluimos el debilitamiento de las vocales átonas (p.e. *frijolit's* 'frijolitos', *coch's* 'coches'), la pronunciación asibilada de las vibrantes *r-/-rr* y *tr*, más intensa en el Valle Central: allí se oye decir algo parecido a *casro* 'carro' y *ocho* 'otro'. También hay que mencionar el debilitamiento de /j/ intervocálica, sobre todo en contacto con vocal palatal (p.e. *sía* 'silla'; *colmío* 'colmillo'), la velarización de /n/ en posición final, con un resultado que suena a *ng* ([ŋ]), y la pérdida de /d/ intervocálica, muy frecuente en los participios en –*ado* (p.e. *terminao*). En el plano léxico, la influencia del náhuatl no se hace tan evidente como en Guatemala, Honduras o Nicaragua, pero también presenta algunos vocablos particulares: *atollar* 'golpear'; *bolado* 'asunto, negocio', 'comisión'; *chingo* 'desnudo'; *güila* 'niño pequeño'; *tanate* 'montón'; *zaguate* 'perro callejero', 'chucho'.

Entre los rasgos que le confieren personalidad a Costa Rica, podrían mencionarse, en la fonética, la conservación de /s/ en posición final de sílaba y de palabra, sobre todo en el Valle Central. En la gramática, la preferencia por el uso del sufijo – *ico* cuando la consonante anterior es /d/ o /t/ (p.e. *peladico, momentico, cartica*) o en casos de diminutivos dobles (*hermanitico*) – los costarricenses son conocidos como los *ticos* – y el uso de un sistema de tratamientos con voseo generalizado y con un empleo de *usted* muy amplio (*ustedeo costarricense*). Además, cada región tiene su personalidad, como es esperable: en la costa caribeña, la influencia del inglés puede favorecer que la /ɾ/ se pronuncie con la corona de la lengua apuntando hacia atrás – pronunciación retrofleja – o que la /d/ intervocálica suene como [ɾ]; y en la frontera con Panamá se dan rasgos de menor tensión: se debilita /s/ final, se neutralizan las líquidas /l/ y /ɾ/ y se debilita /d/ intervocálica.

Panamá, por su lado, ha estado históricamente en la órbita de Colombia e incluso ha compartido con este país sustrato indígena. Panamá puede describirse como el puente lingüístico entre las Antillas y la costa del imperio incaico, entre el español del Caribe y el español andino. Sin embargo, sus señas de identidad vienen dadas, principalmente, por la población de origen africano, en la que pueden distinguirse dos grupos: por un lado, los *afropanameños* descendientes de la población esclava, concentrados en el área caribeña y hablantes de español; por otro lado, los *afroantillanos*, descendientes de trabajadores reclutados en las Indias Occidentales, muchos de ellos obreros del canal de Panamá y hablantes de un inglés criollo, aunque sus descendientes son hablantes de español.

En Panamá, la presencia de anglohablantes en la construcción y mantenimiento del canal debió favorecer la entrada de anglicismos, pero no puede decirse que se conserven muchos más que en otros lugares del Caribe. Los vocablos *guachimán* 'vigilante' (<ing. *watchman*) o *boay/guay* 'tipo', 'hombre' (<ing. *boy*) no son exclusivos de Panamá. Sí se ha podido constatar repetidamente la menor tensión articulatoria del español de Panamá, con debilitamiento de consonantes finales, debilitamiento de intervocálicas, aspiración de /x/, velarización de /n/ final de palabra o neutralización de líquidas, a lo que se añade la tendencia a pronunciar de manera suave la *che*, con una solución fricativa similar a la que se da en algunas hablas andaluzas, pero aquí como fenómeno urbano, de clase media y más frecuente entre jóvenes. En el plano gramatical, además de la ausencia de voseo, se aprecia la vinculación de Panamá con el Caribe en la anteposición del sujeto de las interrogativas (p.e. *¿cómo tú te llamas?*) o en el uso de pronombre sujeto ante infinitivo (p.e. *antes de tú decir nada*). Y, en el léxico, hay formas compartidas con el Caribe colombiano y venezolano: *chiva* 'autobús pequeño', *pelado/peladito* 'niño', *corotos* 'trastos', 'objetos personales'.

8.4 El español de los indígenas centroamericanos

Como ocurre en México y otros países hispanohablantes, el español de la población bilingüe alcanza una dimensión nada despreciable en la América Central. Este español es tan variado como los grupos étnicos que se localizan en el istmo centroamericano, pero también podría considerarse como un conjunto de variedades ocultas, con una particularidad: muchos rasgos de las lenguas mayenses y del náhuatl, para el léxico, han pasado al español general de la zona, por lo que pueden hallarse también en hablantes y áreas monolingües.

En relación con los hablantes bilingües guatemaltecos, hablantes de lenguas mayenses, podemos señalar como características de uso frecuente la pronunciación oclusiva de las sordas que van en posición final de sílaba (p.e. ['kap.su.la; kap.'tar]), la sustitución de [f] por la oclusiva [p] (p.e. [em.'per.mo] 'enfermo') o el debilitamiento, hasta casi la pérdida, de las vocales finales: ['kas] 'casa', ['park] 'parque'. Las lenguas mayas contribuyen a que los bilingües simplifiquen el sistema pronominal de objeto directo, lo que provoca, por un lado, el uso de un pronombre átono único *lo* (p.e. *yo no lo quería soltar a mi mamá*) y, por otro, la omisión del pronombre con referentes determinados antepuestos (p.e. *vine sufriendo con mis hijos, alimentandoØ, cuidandoØ*). Otros casos de transferencia son la omisión del artículo determinado (p.e. *tomar Ø camioneta; termino a Ø siete y media*) o la de la preposición *a* ante objeto directo y con valor direccional (p.e. *voy Ø la costa, invito Ø mis amigos*). En el plano léxico los mayismos aparecen con más frecuencia en los bilingües que en los monolingües: por ejemplo, *chup* 'ombligo' o *ixim* 'maíz'.

En el caso de las lenguas indígenas de Costa Rica y Panamá, los hablantes bilingües de origen boruca muestran la elisión de vocales protónicas (p.e. *clorado* 'colorado'; *espritu* 'espíritu') y los bilingües ngöbe realizan la adición de una – *e* paragógica (p.e. *comere* 'comer'; *cantare* 'cantar') o de una *ese* 'móvil' o no fija (p.e. *porques* 'porque'; *eso está hechos*). En la gramática, se pueden encontrar indistinciones de género (p.e. *buenos tardes; ese palabra*) y de número (p.e. *se han hecho estudio*). Pero son muy reveladoras las transferencias que hacen que una lengua suene como la otra sin necesidad de cambiar de idioma: el tempo pausado en la conversación, la entonación, los grandes alargamientos vocálicos o, finalmente, la repetición de estructuras, muy propia de las lenguas de tradición oral: *había un señor que se llamaba Carai, así lo llamaban a ese señor; se llamaba Carai*.

Resumen

El español es una lengua en convivencia con muchas otras dentro de América Central. La mayor presencia indígena, étnica y lingüística, se localiza en Guatemala, donde la proporción de hablantes nativos del español no sobrepasa el 80%. Exceptuando Nicaragua, con un 5% de población originaria, los porcentajes de los demás países son muy bajos. Esto contrasta con la diversidad étnica de Panamá, por ejemplo, cuyo desarrollo económico hizo posible la llegada de población negra, hablante de inglés y de otras lenguas, que también han dejado su huella en el español.

El español de América Central, si bien no puede considerarse como una unidad, sí comparte un número significativo de características. Muchas de ellas no aparecen en todo el territorio y de un modo exclusivo, pero sí pueden encontrarse en varios países y compartidas por espacios vecinos. Algunas de las características del español centroamericano son compartidas con el español de México, especialmente, con el del sur de ese país.

La característica lingüística que más personalidad le da al español de América Central es el sistema de tratamiento. Este es un sistema muy complejo, condicionado por factores geográficos, sociolingüísticos y pragmáticos, que hace que, dentro de un mismo país, se usen patrones de tratamientos diferentes. Una de las formas más significativas de tratamiento es el voseo (uso de *vos* como pronombre de segunda persona en singular en el tratamiento de cercanía o confianza). Junto al voseo, en América Central también se encuentra el uso del tuteo, a veces en alternancia con el primero, y del ustedeo, que consiste en usar de manera extensiva *usted* como forma de cercanía y familiaridad.

En lo que se refiere a la diversidad interna de América Central, se establece una diferencia suficiente entre los países del norte (Guatemala, El Salvador, Honduras, Nicaragua) y los países del sur (Costa Rica y Panamá). Guatemala es el país cuyo español, incluido el de los monolingües, refleja con más nitidez la incidencia de las lenguas mayenses, tanto en la fonética como en la gramática. En el léxico de toda el área norte, es destacable la influencia del náhuatl. Las hablas de Costa Rica y Panamá ofrecen muchos rasgos que las vinculan a las hablas del Caribe.

Lecturas complementarias

1   "El español de América Central, ayer hoy y mañana". Miguel Ángel Quesada. 2008. *Boletín de Filología. Universidad de Chile*, 43: 145–174.
https://boletinfilologia.uchile.cl/index.php/BDF/article/view/18048/18829

Descripción: Este estudio explica el camino recorrido para llegar al conocimiento que hoy tenemos del español centroamericano.

2   "El español que se habla en El Salvador y su importancia para la dialectología hispanoamericana". John Lipski. 2000. Universidad Don Bosco. *Revista Científica*, 2: 65–88.
www.personal.psu.edu/jml34/sal2.pdf

Descripción: Este artículo explica algunas de las características más notables del español hablado en El Salvador. El estudio anima a realizar estudios empíricos sobre las variedades del español de El Salvador y los países vecinos, para así enriquecer el conocimiento del castellano centroamericano.

Sugerencias para investigar y debatir

1   Consulte los mapas contenidos en el *Atlas lingüístico pluridimensional de Honduras (ALPH) Nivel fonético*, Ramón A. Hernández Torres. 2012. Bergen: University of Bergen. Bergen Language and Linguistics Studies.
(https://bells.uib.no/index.php/bells/article/view/278/343). Imprima los mapas 37 y 52 y analice cómo es la distribución geográfica de la aspiración de la *jota* (['pa.ha/'pa.xa]) y del debilitamiento de *ye* ([a.ma.'ri.o/a.ma.'ri.jo] 'amarillo'. Puede debatir sobre si estos rasgos están más ligados a las hablas caribeñas o a las mexicanas.
2   A partir del *Catálogo de voces hispánicas* del Instituto Cervantes, F. Moreno-Fernández (dir.), 2010 (https://cvc.cervantes.es/lengua/voces_hispanicas/), escuche las voces procedentes de Antigua (Guatemala) y de San José (Costa Rica) e intente analizar sus principales diferencias fonéticas.

GLOSARIO

criollo: variedad adquirida como lengua materna cuyo origen estuvo en la mezcla de una lengua originaria local con una europea.

fricativo: que se pronuncia dejando pasar el aire entre los órganos articulatorios, en los que se produce en ligero rozamiento.

mayense: que tiene relación con las culturas o las lenguas mayas; perteneciente al grupo de lenguas mayas.

oclusivo: que se pronuncia cortando brevemente el paso del aire entre los órganos articulatorios, donde se produce el cierre u oclusión.

pleonástico: que es redundante por no aportar nada nuevo o diferente.

retroflejo: que se pronuncia doblando la punta de la lengua hacia atrás y rozando los alveolos.

ustedeo: uso de *usted* como pronombre de segunda persona en singular en el tratamiento de cercanía o familiaridad.

REFERENCIAS

Chiquito, Ana Beatriz y Miguel Ángel Quesada (eds.) (2014): *Actitudes lingüísticas de los hispanohablantes hacia el idioma español y sus variantes*. BeLLS. Vol. 5. Bergen: University of Bergen. https://boap.uib.no/index.php/bells/issue/view/161

Giraldo Gallego, Diana A., Lidun Hareide y Miguel Ángel Quesada (eds.) (2012): *Atlas lingüístico de América Central. Nivel fonético*. BeLLS. Vol. 2. Bergen: University of Bergen. https://bells.uib.no/index.php/bells/issue/view/48/showToc

Hummel, Martín, Bettina Kluge y María E. Vázquez (eds.) (2010): *Formas y fórmulas de tratamiento en el mundo hispánico*. México: El Colegio de México; Graz: Karl-Franzens-Universität.

Lipski, John (1994): *El español de América*. Madrid: Cátedra.

Moreno-Fernández, Francisco (2019): *La lengua española en su geografía*, 4ª ed. Madrid: Arco/Libros.

Quesada, Miguel Ángel (2009): *Historia de la lengua española en Costa Rica*. San José: Editorial de la Universidad de Costa Rica.

Quesada, Miguel Ángel (2010): *El español hablado en América Central. Nivel fonético*. Frankfurt: Vervuert.

Quesada, Miguel Ángel (2013a): *El español hablado en América Central. Nivel morfosintáctico*. Frankfurt: Vervuert.

Quesada, Miguel Ángel (2013b): "Situación del español en América Central". En *El español en el mundo. Anuario del Instituto Cervantes*. Madrid: Instituto Cervantes. https://cvc.cervantes.es/lengua/anuario/anuario_13/quesada/p07.htm

Quintanilla, José Roberto (2009): "Actitudes de los hablantes de San Salvador hacia el tuteo y el voseo". *Hispania*, 92–2: 361–373.

Capítulo 9

Variedades del español en el Caribe

Introducción

Este capítulo presenta las principales características del español en la región del Caribe, así como las variedades lingüísticas de esta área geográfica, que ocupan tanto las Antillas mayores (Cuba, La Española y Puerto Rico), como las regiones costeras de Colombia y Venezuela, principalmente.

Los contactos lingüísticos que se han producido en esta área han tenido como referencia, además del español, en distintas modalidades, las lenguas indígenas nativas, otras lenguas europeas, como el inglés, el francés o el holandés, y las lenguas africanas habladas por la población sometida a esclavitud.

La intención de este capítulo es:

a   reflexionar sobre la existencia de un español caribeño;
b   caracterizar lingüísticamente el español del Caribe;
c   presentar las principales variedades del español en el Caribe insular y continental;
d   caracterizar las variedades pidgin y criollas derivadas del contacto de lenguas en el Caribe.

9.1 Panorama lingüístico del Caribe

La relación entre el español europeo y americano, en sus distintas modalidades, tiene en el Caribe uno de sus espacios más significativos. El Caribe ha sido y es un gran laboratorio lingüístico donde pueden encontrarse procesos y fenómenos del máximo interés: es un área de convivencia de diferentes familias lingüísticas indígenas u originarias (arahuaco, caribe, maya), de las lenguas europeas de mayor potencia colonizadora (inglés, francés, neerlandés, portugués, español) y de lenguas trasplantadas desde el continente africano (bantú, yoruba). Todas ellas, de un modo u otro, entraron en contacto entre sí y dieron lugar a una compleja malla de mezclas y transferencias, con resultados muy diversos: nacimiento de lenguas pidgin, formación de lenguas criollas, préstamos léxicos, calcos sintácticos y semánticos. Tales resultados lingüísticos han adquirido con el tiempo valores sociales y estilísticos específicos, que han permitido la convivencia de diferentes variedades lingüísticas en unos mismos espacios geográficos.

Como ejemplos del dinamismo y la complejidad lingüística del Caribe pueden servir los siguientes casos. En la isla llamada "La Española", se habló el taíno, una lengua prehispánica de la familia del arahuaco; sobre esa base se instaló la lengua española y, más tarde, la francesa; ambas lenguas entraron en contacto con usos africanos llevados por los esclavos. Actualmente, La Española se reparte entre dos países: Haití y la República Dominicana. En Haití, la lengua oficial es el francés, pero la mayoría de la gente habla criollo haitiano (*créole*), en forma de tres variedades principales. En la República Dominicana, la lengua oficial es el español, aunque los más viejos hablan también inglés en el cabo de Samaná, por haber sido asentamiento de una comunidad de negros libertos estadounidenses. Todo eso en un territorio de 650 km de largo y 240 de anchura máxima. Asimismo, en las Islas Vírgenes, con tan solo 25.000 habitantes actualmente y en 153 km², se habló un criollo holandés llamado *negerhollands*; ahora se habla inglés y un criollo inglés; pero también se usa el español, en Santa Cruz; el francés se usa en la capital y en Santo Tomás se habla un criollo francés.

Esta complejidad lingüística justifica la duda sobre la existencia de un español caribeño uniforme, así como su concreta delimitación geográfica. Hay que tener en cuenta que el Caribe no está formado solamente por las Antillas mayores (esto es, el archipiélago en el que se encuentran las tres islas de mayor tamaño: Cuba, La Española y Puerto Rico), sino que incluye también las tierras costeñas continentales. Por ese motivo resulta conveniente la denominación de *español caribeño*, mejor que *español antillano*, dado que sus principales características pueden reconocerse tanto en las islas como en las costas del Caribe.

En la actualidad, todavía puede discutirse si existe un español caribeño como entidad autónoma y homogénea o si debe entenderse como un "complejo dialectal". Se han hecho estudios cualitativos y cuantitativos que ponen de relieve la diversidad lingüística de toda esa región y que muestran que ni siquiera es posible hablar de un *español antillano*, del archipiélago, dado que las diferencias entre Cuba, la República Dominicana y Puerto Rico son apreciables en todos los niveles de la lengua. En cualquier caso, el hecho de que las hablas caribeñas compartan ciertas cualidades lingüísticas no significa que esas cualidades sean exclusivas del Caribe; muchas se localizan también en otros lugares, como México, América Central, Canarias o Andalucía.

9.2 Características del español en el Caribe

El español del Caribe muestra tendencias generales compartidas, que se concretan de manera distinta en cada isla o territorio, pero que obedecen a unas mismas causas. Además, el español caribeño incluye características compartidas también con el conjunto de la América hispánica, como el seseo, en su pronunciación dorsodental principalmente, y el yeísmo, con una pronunciación palatal media, la más difundida entre los hispanohablantes. Junto a estos rasgos de gran difusión, existen otros mayoritarios en todo el Caribe, como la aspiración faríngea de *jota* (p.e. ['ka.ha] 'caja'), la tendencia a pronunciar como velares las nasales finales y a nasalizar las vocales en contacto con consonante nasal (p.e. ['pãŋ] 'pan') o el debilitamiento de /d/ entre vocales (p.e. *níu* 'nido'; *deo* 'dedo'; *lo* 'lodo'; *maúro* 'maduro').

Una de las características comunes más claramente percibidas en las hablas caribeñas es el debilitamiento de las consonantes en posición final de sílaba, tanto en interior como en final de palabra. Es aquí donde se alcanzan resultados fónicos más avanzados que en la mayoría de las demás variedades del español. Este debilitamiento afecta a todas las consonantes, con resultados de cambio de articulación, asimilación y pérdida. Por eso hallamos, de forma generalizada, aspiraciones de /s/ (p.e. ['kah.ko] 'casco') o pérdidas consonánticas absolutas (p.e. [to.'ta.le] 'totales'), predominantes, estas últimas, en la República Dominicana, con frecuencias que oscilan entre el 75% y el 80%, o en el Caribe continental, con frecuencias que van entre el 50% y el 60%. En Cuba, por su parte, suele caer la /d/ final (p.e. [pa.'re] 'pared'; [ver.'da] 'verdad') y en numerosos lugares desaparece también la /n/ final, después de haber nasalizado a la vocal vecina, como en ['pã] 'pan'.

La neutralización o igualación de /ɾ/ y /l/ suele resolverse mediante el intercambio de sus rasgos distintivos o con resultados fónicos diferentes. En el primer caso, encontramos usos de [l] por [ɾ] (rotacismo: *pier* 'piel') o de [ɾ] por [l] (lambdacismo o lateralización: *palte* 'parte';

hablal 'hablar'). En el segundo caso, podemos encontrar asimilaciones o geminaciones (p.e. [kob.'ba.ta] 'corbata'), vocalizaciones de /ɾ/ en [i] (p.e. *veide* 'verde'; *pueita* 'puerto'; *cueipo* 'cuerpo') o incluso la flexión de la corona de la lengua hacia atrás en la boca (retroflexión), que produce un sonido parecido a una [d], pero articulado en los alveolos superiores ['kaᵈ.ne] 'carne').

Estas soluciones fonéticas no son generales, sino que suelen aparecer distribuidas en la geografía. Así, la vocalización de /ɾ/ en [j] (*veide* 'verde') es característica del español dominicano, especialmente de El Cibao, en el norte del país; la lateralización de /ɾ/ en [l] (p.e. *labol* 'labor') es especialmente intensa en Puerto Rico, con una frecuencia de aparición superior al 30% en San Juan y con una mayor probabilidad de aparición en el nivel sociocultural más bajo, en los hombres, en las edades más avanzadas y en los hablantes de procedencia rural. En Cuba, por su lado, es frecuente la retroflexión. La aspiración y la asimilación pueden encontrarse por todo el Caribe, el insular y el costeño.

Cuadro 9.1 Rasgos generales del español en el Caribe

Plano fónico
Tendencia a la nasalización de vocales en contacto con nasal final; también con pérdida de la nasal: [sãŋ 'hwãn] 'San Juan'; ['pã]; 'pan'
Aspiración faríngea de /x/: ['ka.ha]
Tendencia a aspiración, debilitamiento y pérdida de consonantes en posición final de sílaba, especialmente de /s/: ['ah.ta] 'asta'; ['me.sah] 'mesas'; [ber.'ða] 'verdad'; [ko.'me] 'comer'
Pronunciación [l] de *-r*: [bel.'da] 'verdad' (Puerto Rico)
Debilitamiento y asimilación de *– r* y *-l*: [kob.'ba.ta] 'corbata'; [eb.'ba.ɲo] 'el baño' (especialmente en Cuba)
Tendencia a velarización de nasal final de sílaba: ['pãŋ] 'pan'
Plano gramatical
Tuteo
Tendencia a anteposición del sujeto en interrogativas y ante infinitivos: *¿qué tú quieres?*; *¿dónde tú vives?*; *sonreí al tú decirme eso*; *él lo hizo todo para yo poder descansar*
Tendencia al uso expreso de pronombre personal sujeto: *¿tú te quedas o tú te vas?*
Queísmo (ausencia de preposición): *me di cuenta que no tenía amigos*
Plano léxico
Uso de indigenismos caribeños: *ají* 'guindilla'; *bejuco* 'planta trepadora'; *catibía* 'harina de yuca'
Uso de africanismos caribeños: *bemba* 'labios gruesos'; *cheche* 'jefe', 'fanfarrón'; *champola* 'refresco de guanábana'; *cumbancha* 'fiesta, jolgorio'; *ñame* 'planta tuberculosa; persona tonta'; *quimbambas* 'lugar lejano'

La gramática también presenta sus peculiaridades en el Caribe. Una de ellas es la tendencia a anteponer el sujeto al verbo en oraciones interrogativas, cuando lo más general es posponerlo, de modo que se crean estructuras del tipo: *¿qué tú dices?*; *¿cómo tú llegaste?*, *¿a quién tú viste?* También se tiende a anteponer el sujeto en oraciones de infinitivo, incluso cuando el sujeto del infinitivo no coincide con el del verbo principal: *yo lo entendí al tú decirme eso*; *él trabajó para yo poder descansar*. En todos estos casos, además, se observa el uso expreso del pronombre sujeto, cuando otras modalidades del español podrían haberlo suprimido: *¿cómo tú llegaste?*, *¿a quién tú viste?* Y es que en el Caribe se dan unas proporciones relativamente altas de uso expreso del pronombre personal sujeto, especialmente de *yo*, *tú* y *usted*.

Otro rasgo frecuente en el español del Caribe, aunque en absoluto exclusivo, es el *queísmo*, que consiste en no utilizar la preposición exigida por la norma en la construcción de oraciones de relativo con *que*: *me di cuenta que no tenía amigos* (*me di cuenta de que . . .*). También se aprecia una tendencia a elidir la preposición *a* delante de complemento directo de persona (p.e. *mira el niño*; *voy a buscar Juan*), que en Puerto Rico alcanza una proporción creciente entre los jóvenes. Finalmente, la gramática del español del Caribe se caracteriza por la generalización del tuteo y del sistema de tratamiento con *ustedes* para la segunda persona del plural; es decir, un sistema compartido con el español andaluz y canario (§ 6.1).

En lo que se refiere al léxico, aparte de algunas expresiones típicas de la región (p.e. *¡qué chévere!*) hay que tener en cuenta las voces, por un lado, de procedencia indígena caribeña y, por otro, de procedencia africana. En cuanto a las primeras, las lenguas del Caribe que han aportado léxico al español son fundamentalmente el arahuaco y el taíno, así como el caribe y el cumanagoto, estas últimas entroncadas entre sí. Algunas de las palabras de estos orígenes, por su temprana transferencia al español, se han difundido por todo el espacio hispanohablante (p.e. *canoa*, *butaca*, *loro*). Otras, sin embargo, son indigenismos con difusión exclusivamente regional. Del arahuaco proceden las voces *guanajo* 'pavo', *comején* 'termita', *nigua* 'pulga' y *cayo* 'isla rasa'; del taíno vienen *ají* 'guindilla', *bohío* 'choza' y *maguey* 'agave'; del caribe, *curare* 'veneno de planta'"; y del cumanagoto, *mapire* 'canasto', *guayuco* 'taparrabo' y *catire* 'rubio'.

En cuanto al léxico de origen africano, el Caribe fue la principal área americana receptora de estas voces, por ser una de las zonas de arribo de la población esclavizada. Desde aquí se difundieron voces como *bemba* 'labios gruesos', *malambo* 'clase de machete', *chango* 'especie de mono', *chiringa* 'cometa ligera', *gongolí* 'gusano' y *guineo* 'plátano', 'banana'. Las culturas africanas llevadas al Caribe también dejaron sus testimonios léxico-etnográficos: *babalao* 'adivino', *orisha* 'deidad afrocubana', *fufú* 'comida hecha de plátano'.

9.3 Variedades caribeñas del español

Las áreas en que se divide el territorio caribeño se identifican principalmente sobre su base meramente geográfica. La primera división elemental puede hacerse entre el área continental y las islas. El español hablado en la primera puede denominarse *caribeño continental*; el español de las grandes islas del Caribe puede llamarse *caribeño antillano*. Dentro de este español antillano, se distingue entre el español cubano, el dominicano y el puertorriqueño, dado que cada isla ha vivido un particular desarrollo histórico, social y lingüístico que justifica sus diferencias. Dentro del español caribeño continental, resulta más complicado identificar variedades particulares. Esto es así porque las costas caribeñas del continente presentan una heterogeneidad sociolingüística, junto a una discontinuidad geográfica.

Desde una perspectiva sociolingüística, resulta interesante valorar la opinión que los propios caribeños tienen de sus formas de hablar y el sentimiento de inseguridad lingüística que existe popularmente. En relación con las opiniones, los estudios de actitudes subjetivas muestran cómo los caribeños identifican clara y diferenciadamente las hablas cubanas, puertorriqueñas y dominicanas. En cuanto a la inseguridad lingüística, esta se traduce en un sentimiento de "no hablar bien" que se deduce de las diferencias existentes entre los estilos utilizados en discursos públicos (p.e. en los medios de comunicación) y los rasgos lingüísticos de los estilos más conversacionales de las hablas populares.

9.3.1 Costa caribeña continental

Las costas del Caribe continental incluyen las correspondientes a México, Honduras, Costa Rica, Panamá, Colombia y Venezuela. La costa occidental de Guatemala y Nicaragua es algo particular puesto que no es muy extensa y además está habitada por pueblos que no tienen el español como primera lengua. Aun así, todos estos territorios muestran en su español rasgos fónicos característicos del Caribe, especialmente en lo que se refiere al debilitamiento, aspiración y pérdida de consonantes en posición final de sílaba.

La situación dialectal de Venezuela está vinculada al Caribe en todos los niveles lingüísticos: fónico, gramatical y léxico. Ello no impide que se encuentren diferencias entre los llanos del interior y la costa norteña, o entre las hablas orientales y las occidentales. Con todo, se trata del territorio continental de mayores dimensiones y con mayor implantación de los usos caribeños generales. La única zona de Venezuela que se vincula a una variedad distinta de las caribeñas es la correspondiente a las provincias interiores de Táchira, Mérida, Trujillo y Lara, más cercanas al español de los Andes.

Además de la fonética típicamente caribeña (debilitamiento de consonantes y pérdida de consonantes finales, nasalizaciones vocálicas, velarización de nasales finales), en la Venezuela y en la Colombia costeñas se hallan otros rasgos lingüísticos de interés, como la difusión de las construcciones llamadas de "*ser* focalizador" – del tipo *yo vivo es en Caracas*; *se dedicaron fue a trabajar* – o el avance de las construcciones dequeístas (p.e. *yo pienso de que bajarán los precios*), con uso de la preposición *de* con verbos como *creer*, *pensar*, *asombrar* o *gustar*. Asimismo, en el léxico encontramos venezolanismos como *ñongo* 'inseguro', 'incierto', *afincar* 'apoyar', *de caletre* 'de carrerilla', *faculto* 'experto; capaz', *filistrín* 'presumido', *pava* 'mala suerte' o *pichirre* 'tacaño'. En este plano, las coincidencias léxicas con todas o con cada una de las Antillas mayores son también numerosas. Además, si se cuantifican las coincidencias y discrepancias léxicas en el interior de Venezuela, se llega a la conclusión de que Caracas es la comunidad menos diferenciada léxicamente del resto, dado que a la gran urbe ha llegado gente de todos los territorios del país aportando su caudal léxico.

9.3.2 El complejo dialectal antillano

Las Antillas mayores (Cuba, La Española y Puerto Rico) muestran unas particularidades que permiten considerarlas como áreas dialectales diferenciadas, a pesar de que la percepción de autonomía que tienen los hablantes de cada isla se contrarresta con la percepción de conjunto que se tiene desde otras áreas hispanohablantes. Ambas percepciones tienen su fundamento lingüístico. En el caso de la percepción del conjunto, los rasgos compartidos por todos los territorios son una realidad, aunque también se encuentran rasgos comunes solamente a Cuba y Puerto Rico, a Cuba y la República Dominicana, a Puerto Rico y la República Dominicana, o a Cuba y Venezuela, estableciéndose conexiones y diferencias que conforman una compleja red de relaciones.

Cuba

De acuerdo con la percepción de los hablantes cubanos, la marca fónica más característica de Cuba, aunque no sea exclusiva, es la fuerte tendencia a asimilar las consonantes finales de sílaba con las siguientes, muy especialmente /r/ (p.e. [kob.'ba.ta] 'corbata' o [mjem.'ma.no] 'mi hermano') y /l/ (p.e. [eb.ˈbak.ko] 'el barco'). Esto se da sobre todo en la mitad occidental de la isla y particularmente en La Habana, el principal núcleo urbano. En el plano gramatical, es significativo el predominio de los diminutivos en – *ito/a* (p.e. *poquito, arbolito*), excepto cuando la raíz termina en dental, especialmente *-t*, donde el diminutivo se hace en *–ico/a* (p.e. *gatico, ratico, zapatico*). Asimismo, existen en la isla voces propiamente cubanas, entre las que podemos citar las siguientes: *afinar* 'congeniar', *abofado* 'combado, ahuecado', *ajiaco* 'confusión, enredo', *jaba* 'bolsa, cesta', *jarcia* 'cuerda gruesa de henequén', *maruga* 'sonajero' y *revejido* 'enclenque'.

Por otro lado, la variedad cubana del español muestra algunas diferencias internas, apreciables en los niveles fónico y léxico, como las que se dan entre el oriente y el occidente. Las áreas de Camagüey y del entorno de Santiago de Cuba (al oriente) presentan soluciones fónicas de mayor tensión articulatoria, como el mantenimiento de las líquidas [ɾ] y [l]. Mientras, en el occidente, se encuentran las asimilaciones y retroflexiones más intensas. En el léxico, mientras el oriente dice *papaya, sapito, caguayo* o *perico*, el occidente prefiere *fruta bomba, renacuajo, camaleón* o *cotorra*. El área central a menudo coincide con el oriente, si bien La Habana merece una mención especial porque desde allí se irradia la norma lingüística, aunque Camagüey es la región que tiene fama de hablar un mejor español. En el habla de La Habana, es frecuente, aunque variable, la pronunciación fricativa de *ch-*: [ˈmu.ʃo] 'mucho'. La zonificación dialectal de Cuba distingue hasta cinco áreas: las tres grandes (occidental, central y oriental), más dos pequeñas zonas en los territorios de Santiago y Guantánamo. En estas últimas son característicos vocablos como *anón* 'chirimoya', *naranja grifo* 'toronja', *verraquito* 'cochinilla', *lechosa* 'papaya' o *friegatraste* 'estropajo'.

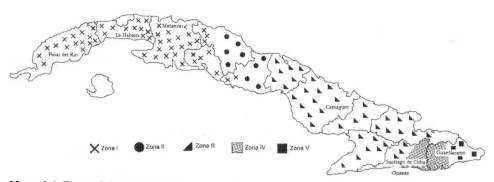

Mapa 9.1 Zonas dialectales del habla rural de Cuba

Fuente: Valdés, Montero, Morón, Santana, Menéndez 2007

En relación con la evolución del español de Cuba en los últimos 50 años, existe una gran necesidad de estudios geolingüísticos y sociolingüísticos, dado que habría que comprobar cómo la Revolución castrista ha podido influir en la difusión de usos lingüísticos populares o dialectales en toda la sociedad cubana. Del mismo modo, sería interesante comprobar empíricamente cómo el español de los cubanos de Miami, en los Estados Unidos, ha podido influir sobre el español de la isla, y viceversa, durante el mismo periodo de tiempo.

República Dominicana

La República Dominicana, que ocupa la mayor parte de la isla de La Española, presenta también particularidades, como la vocalización de /ɾ/ en [j], en pronunciaciones del tipo *pueita* 'puerta', *taide* 'tarde', más frecuente en la región norteña de El Cibao. En el plano gramatical, se consideran típicamente dominicanos los llamados plurales en *–se* (p.e. sing. *mujer* / pl. *mujérese*; sing. *casa* / pl. *cásase*). Este tipo de plural podría explicarse como extensión de un plural en *–ses*, que en muchas variedades hispánicas populares se emplea con formas terminadas en vocal tónica (p.e. *cafeses* 'cafés', *sofases* 'sofás', *pieses* 'pies') y que en la República Dominicana se aplica también a singulares terminados en vocal átona o en consonante. Probablemente, este fenómeno, que no pertenece a la norma culta dominicana, esté relacionado con la alta frecuencia de pérdida de /s/ final, que tendría como efecto colateral en la morfología este plural en *–se*. Asimismo, la pérdida de /s/ puede tener consecuencias en la sintaxis: la presencia casi obligatoria del pronombre personal sujeto se explica por la ausencia de /s/ final en las segundas personas. Así, en los ejemplos *si tú quiere- (tú) puede- mirarlo* o *tú no estudia- porque (tú) no quiere*, podría dejarse de repetir el segundo *tú* (entre paréntesis), pero nunca podría faltar el primero porque el enunciado podría no entenderse.

Junto a estos rasgos bastante extendidos, existen en el español de la República Dominicana otros que resultan más peculiares, como el uso obligatorio de *él/ella* pronombre personal sujeto, dando lugar a construcciones como esta: *cómprela que ella son bonita (las piñas)*. También debe mencionarse el uso del pronombre *ello* en oraciones impersonales y atributivas: *ello hay poca naranja*; *ello hay maíz*; *ello llueve*; *ello es fácil llegar*. La extensión geográfica de este rasgo es notable por el norte del territorio dominicano, aunque parece que debe adscribirse al habla campesina y a los hablantes de niveles socioculturales más bajos. Y asimismo encontramos la particularidad de la doble negación, que se encuentra en otras lenguas, como el portugués de Brasil: *yo no sé decirle, no*; *por aquí casi nunca lo usan así no*; *nosotros no queremos no*. Otros rasgos, como el uso focalizador o ponderativo del verbo *ser* (p.e. *era aquí que Juan estaba*; *es lluvia que hace falta*; *es caminando que vamos* o *era sudando que estaba*) también pueden hallarse en diferentes territorios caribeños.

En cuanto al léxico, se consideran voces propias de la República Dominicana *aguají* 'salsa picante con ají'; *aburar* 'picar, escocer'; *asicar* 'hostigar, fastidiar'; *en cuenca* 'en quiebra'; *dar changüí* 'dar envidia'; *enchivarse* 'atascarse'; *pajón* 'pelo revuelto'; *pariguayo* 'persona ridícula'. Las palabras *bachata* y *merengue* también son dominicanas, pero ya se han convertido en internacionales gracias al éxito de la música latina.

Puerto Rico

El español puertorriqueño ofrece usos característicos, aunque muchos son relevantes más bien por su frecuencia, dado que también podrían encontrarse en otras zonas. Uno de ellos es la intensa lateralización de /ɾ/ y la velarización de la /r/, pronunciada casi como *jota*. El primer caso se ejemplifica con formas como *puelta* 'puerta', *talde* 'tarde' o *piol* 'peor'; el segundo da lugar a pronunciaciones cercanas a [ˈka.xo] 'carro' o [a.ɣa.ˈxál] 'agarrar'. Curiosamente ambos rasgos pueden coincidir en la pronunciación del nombre del país: [ˈpwel.to ˈxi.ko] 'Puerto Rico'. Estas pronunciaciones suelen entenderse como de bajo prestigio social, pero, mientras la lateralización está mucho más extendida, la velarización de /r/ se

asocia claramente al habla de hombres rústicos, de edad avanzada y de niveles socioculturales bajos.

En el nivel gramatical, las peculiaridades puertorriqueñas que más llaman la atención
son las que pueden tener su origen en la influencia de la lengua inglesa. Aunque la vinculación de Puerto Rico al ámbito político de los Estados Unidos no ha mermado la
hispanidad de la isla, en la que el uso del español es absolutamente mayoritario (más del
98% de la población habla español), esta situación ha provocado una especial cercanía
al inglés, principalmente por las migraciones de ida y vuelta entre Puerto Rico y los
Estados Unidos durante el último siglo. Esa cercanía y contacto entre lenguas puede
haber favorecido en español la aparición de usos sintácticos calcados desde el inglés (p.e.
caminando es bueno; desapareció la cartera conteniendo dinero). También podría deberse a
influencia del inglés la gran frecuencia de las construcciones de finalidad con *para* en las
que se antepone el sujeto a un infinitivo (p.e. *él hizo todo el trabajo para yo poder descansar*). Estas construcciones ya las hemos visto en otras áreas dialectales del español y
podrían explicarse desde dentro de la misma lengua, pero ello no impide que su difusión
haya podido beneficiarse de su paralelismo con el inglés. La influencia del inglés se
aprecia igualmente en usos como los siguientes: *cuando **era tiempo** para matricularme en
la escuela, no me dejaron; el chico se quedó prendado **con** ella*; o ***estoy curioso** por saber cómo
te ha ido*.

En el nivel léxico, puede hablarse de puertorriqueñismos en el caso de voces como *ajorar*
'urgir, apremiar'; *albur* 'mentira'; *agallarse* 'molestarse'; *chichota* 'persona floja/débil'; *china*
'naranja dulce'; *estufón* 'estudioso, empollón'; *mahones* 'pantalones vaqueros, jeans'; *sínsoras*
'lugar lejano'; *zafacón* 'cubo de basura, papelera'.

9.4 Consecuencias del contacto de lenguas en el Caribe

Toda la región del Caribe ha sido históricamente área de contacto entre lenguas de
diferentes familias. Ese contacto ha provocado la aparición de todo tipo de fenómenos
lingüísticos.

En lo que se refiere a las consecuencias del contacto del inglés, además de los rasgos sintácticos ya mencionados para Puerto Rico, debe destacarse la existencia de los **anglicismos**
(§ 12.3). Su amplia difusión no significa que la proporción de anglicismos sea mucho menor
en otras áreas hispánicas, a las que llegan voces del mundo de la tecnología, la moda y de
otros ámbitos. De hecho, la proporción de anglicismos encontrados en Puerto Rico no
alcanza el 7% del total del léxico culto de la isla. Ahora bien, en el Caribe, particularmente
en Puerto Rico, se encuentran anglicismos que es más difícil descubrir en otras variedades
del español, como *dealer* 'concesionario', (*spring*) *mattress* 'colchón', *zip code* 'código postal'
y *zipper* 'cremallera'. Son muy usuales palabras como *asignaciones, brown* 'castaño'; *panty*
'pantaleta, bragas'; *pie* ['pai] 'pastel, torta'; *beauty parlor* 'salón de belleza'; *full cover* 'seguro de
accidente a todo riesgo' y *truck* 'camión'. Algunos anglicismos no tienen alternativas en el
español de Puerto Rico: *auto-parts* 'tienda de repuestos', *folders* 'carpetas', *overol* 'mono de
trabajo'. Otros muestran alternativas en español, aunque no sean las de uso preferido:
brown/castaño, *liquor store*/licorería, *laundry*/lavandería, *bitumul*/asfalto, *stools*/banquetas,
seat belts/cinturones de seguridad, *counter*/mostrador. Muchos de los anglicismos han llegado
a ser tan comunes que se han adaptado fonética y morfológicamente al español, como los
que se utilizan en el mundo del béisbol.

Cuadro 9.2 Anglicismos del béisbol en el español dominicano

Anglicismos adaptados fonéticamente
back stop: baquestói/baquetó
bleacher: blícher/bliche
catcher: quencher/queche
coach: coach/coch/co
dead ball: debol/deboi
field: fil/fi
fly: flai
hit: jit/ji
home run: jonrón
inning: inin
manager: máneyer/mániye
pitcher: pícher/piche
playoff: pleió/pleyó
safe: seif/sei
strike: estraik/estrai/etrai
team: tim/tin
wind up: wainop/wainó
Adaptaciones morfológicas
bate: batear, bateador
catcher: quechear, quechecito
field: fildear, fildeador
fly: flaicito, aflaizado
hit: jiteador, jitear
home run: jonronero, jonronear
pitcher: picher, pichecito
sprint: esprintada

En relación con los **indigenismos** caribeños, su presencia se extiende por todas las islas con una vitalidad similar. Se han contado alrededor de un centenar de indigenismos vivos en cada una de las Antillas, prescindiendo de la onomástica. Muchos de esos indigenismos son comunes a las tres Antillas: *aguacate, ají, barbacoa, batey, bejuco, bohío, cacao, caimito, canoa, caoba, carey, cazabe, cocuyo, comején, enagua, guano, guayaba, guayo, güira, hamaca, huracán, iguana, jaiba, jicotea, macana, maíz, maraca, sabana*. En las coincidencias léxicas de unas islas con otras se aprecian bien las apretadas relaciones que existen entre los territorios antillanos. Por orígenes, casi la mitad del centenar de indigenismos del español de Cuba son arahuacos (*ají, batey, bohío, cacique, caoba, carey, guacamayo, hamaca, iguana, maíz, maní, yuca*) y un 15% son nahuatlismos llevados desde el continente, la mayoría de uso general en español (*aguacate, cacao, chocolate, papalote, tamal, tomate*). El aporte de las demás lenguas indígenas apenas sobrepasa el 10%.

Finalmente, las **voces de origen africano** identificadas en la norma culta del español caribeño no son demasiadas, dejando fuera las voces de origen africano relacionadas con la santería y otros elementos culturales. De los africanismos de uso común, solamente seis son generales en las Antillas (*bachata, bemba, bongó, guineo, mambo, ñame*). Cuba y la República Dominicana tienen el doble de voces africanas que Puerto Rico, lo que se explica por ser esta última la isla con menor proporción de población negra.

Lenguas criollas

El efecto más significativo del contacto de lenguas en el Caribe es la formación de lenguas criollas, que alternan su uso con el inglés o el francés, principalmente, en los territorios donde se utilizan. Los criollos nacidos del contacto con la lengua española son el *palenquero* y el *papiamento*, a los que podrían sumarse algunos restos de hablas que ya no sirven para la comunicación cotidiana.

El **palenquero** es una variedad desarrollada desde finales del siglo XVIII en Palenque de San Basilio, cerca de Cartagena de Indias, en Colombia. Los palenques fueron lugares aparta-dos donde se reunieron comunidades de negros cimarrones fugados para mantener su inde-pendencia y su cultura. En este ambiente se fueron fraguando unas variedades que incluían numerosos elementos de origen africano. Las características lingüísticas más destacadas del palenquero son los cambios en el vocalismo átono (p.e. *kumé* 'comer', *vistido* 'vestido'), la presencia de un elemento nasal al inicio de la palabra, tal vez de origen africano (p.e. *ndejá* 'dejar', *nganá* 'ganar'), la ausencia de variación de género y de número o el uso de muchas voces de origen africano (p.e. *agüé* 'hoy'; *bololó* 'chisme', 'cuento'; *caddume* 'mozo'). Estos son algunos ejemplos de construcciones del palenquero:

Verbos invariables: *i tan ablá bo* 'yo te voy a decir'; *bo aseba bai Katahena* 'tú ibas a Cartagena'
Ausencia de concordancia de género: *muhé bieho* 'mujer vieja'; *kusa ta bueno* 'la cosa está buena'

El palenquero es actualmente una lengua criolla que está perdiendo hablantes y que está siendo desplazada por el español, sobre todo por la migración de los jóvenes a otras regiones colombianas.

Por su lado, el **papiamento** es un criollo formado a lo largo del siglo XVII en la isla de Curazao y que hoy se utiliza tanto en esa isla como en las de Aruba y de Bonaire, que forman parte de las Antillas Holandesas. Se trata de una variedad derivada de la mezcla de distintas lenguas: el español, el portugués, el neerlandés y lenguas africanas. La lengua oficial de las Antillas Holan-desas es el neerlandés, aunque casi el 80% de una población de unos 250.000 habitantes habla el papiamento. Entre las características lingüísticas de este criollo destacan las siguientes: la función distintiva del acento tonal (p.e. *sinta* 'sentarse' / *sintá* 'sentado'; *kura* 'curar' / *kurá* 'corral', 'jardín'), un sistema vocálico formado por diez fonemas, algunos procedentes del neerlandés, y el uso de formas léxicas de diferentes orígenes para designar unas mismas realidades en unas islas y en otras: para 'cerilla' se usa *lusafè* (< hol. *lucifer*) en Curazao y *fofo* (< esp. *fósforo*) en Bonaire; para 'tijeras' se usa *tiera* (< esp. *tijeras*) en Aruba y *skèr* (< hol. *schaar*) en Curazao. El porcentaje de palabras ibéricas o hispanoamericanas en el papiamento es aproximadamente del 66% y el de palabras neerlandesas, del 28%. Estos son algunos ejemplos de frases en papiamiento:

El a pasa su manu ariba ariba di e palu 'pasó la mano por lo más alto del árbol'
Kon bai. Mi ta bon: 'Cómo estás. Yo estoy bien'

Aparte de estos criollos, se registran en el Caribe algunos restos de hablas mezcladas, como el *bozal caribeño*. Esta fue una variedad de mezcla (español y lenguas africanas) con origen en los usos lingüísticos de los esclavos llevados al Caribe. Se le da el nombre de *bozal* a la persona que habla una lengua nueva que no ha podido adquirir en un entorno de vida social estable y que la utiliza esencialmente para satisfacer sus necesidades básicas. Existen discusiones sobre si existió un bozal general en el Caribe previo a la formación de los criollos y sobre su posible supervivencia en algunos elementos culturales, sobre todo de naturaleza religiosa.

Resumen

El Caribe es una región americana que incluye varias islas y diferentes territorios continentales. En ella han concurrido diferentes pueblos en diferentes épocas, produciéndose un interesante juego de influencias y transferencias.

El español del Caribe comparte algunos rasgos y tendencias, especialmente en el nivel fonético, si bien cada isla y territorio caribeño muestra claramente una personalidad propia. Además, pueden encontrarse otras características muy difundidas por toda la zona, como el tuteo, el uso expreso del pronombre personal sujeto o la anteposición del sujeto al verbo en las interrogativas.

Las variedades del español del Caribe se localizan, por un lado, en la costa continental y, por otro lado, entre las propias islas. Cada una de ellas exhibe rasgos que le confieren personalidad frente a las demás, como es el caso de la asimilación de /ɾ/ y /l/ en Cuba, la vocalización de /ɾ/ en la República Dominicana o la neutralización de /ɾ/ y /l/ en Puerto Rico.

Como consecuencias del contacto de lenguas en toda la región del Caribe, destacan la presencia de indigenismos y africanismos en español, la incidencia del anglicismo, especialmente en Puerto Rico, y la formación de lenguas criollas de base española, como el palenquero y el papiamento.

Lecturas complementarias

1   "El español del Caribe: unidad frente a diversidad dialectal". Orlando Alba. 1992. *Revista de Filología Española*, 72: 525–539.
https://bit.ly/32D2s4J

Descripción: Los intentos de zonificación dialectal realizados sobre el español en América sitúan las tres islas antillanas dentro de una misma zona. Sin embargo, los análisis cuantitativos disponibles permiten observar que el Caribe hispánico insular no presenta una homogeneidad lingüística suficiente para ser considerada como una entidad dialectal única.

2   "Contacto de criollos en el Caribe hispánico: contribuciones al español bozal". John Lipski. 1996. *América Negra*, 11: 31–60.
www.personal.psu.edu/jml34/c-tacto.pdf

Descripción: El propósito de este artículo es presentar una serie de rasgos criollos nacidos en las lenguas afroeuropeas que convivían en el archipiélago caribeño a lo largo del siglo XIX. Es posible que los idiomas criollos tuvieran un origen común, pero no se encuentran evidencias que favorezcan esa hipótesis. Sí puede sostenerse que al español bozal caribeño llegaron estructuras sintácticas vinculadas a los criollos de diversas áreas.

Sugerencias para investigar y debatir

1 Consulte los mapas contenidos en el *Atlas lingüístico de Puerto Rico*, elaborado por Tomás Navarro Tomás, 1948, San Juan: Universidad de Puerto Rico. (www.flickr.com/photos/ atlaslingpr/with/3583318770/). Busque los mapas en los que se reflejan más claramente las diferencias dialectales internas de la isla, especialmente en el plano léxico.

2 A partir del *Catálogo de voces hispánicas* del Instituto Cervantes, F. Moreno-Fernández (dir.), 2010 (https://cvc.cervantes.es/lengua/voces_hispanicas/), escuche las voces procedentes de La Habana (Cuba), de San Juan (Puerto Rico) y Santo Domingo (República Dominicana) e intente descubrir y debatir sobre sus principales diferencias fonéticas.

GLOSARIO

asimilación: fenómeno fónico que consiste en hacer que una consonante adquiera algún rasgo del sonido siguiente (asimilación progresiva) o del sonido anterior (asimilación regresiva).

bozal: variedad de mezcla surgida generalmente en contextos de esclavismo, en la que se manejan expresiones o palabras de una lengua europea y que revela una adquisición parcial o deficiente de esa lengua.

complejo dialectal: conjunto de hablas, no necesariamente uniformes, que se localizan en un espacio geográfico determinado.

lambdacismo: fenómeno fónico que consiste en pronunciar un sonido como la lateral [l].

lateralización: fenómeno fónico que consiste en pronunciar un sonido como la lateral [l].

palenquero: lengua criolla originada y hablada en el Palenque de San Basilio (Colombia).

papiamento: lengua criolla originada y hablada en las islas de Aruba, Bonaire y Curazao, en la que se aprecia la mezcla de diversas lenguas, especialmente el neerlandés y lenguas africanas con el español.

pidgin: variedad de mezcla surgida por necesidades comunicativas, frecuentemente en contextos comerciales, en la que una lengua indígena incorpora elementos léxicos de una lengua foránea, generalmente europea.

retroflexión: acción de doblar la punta de la lengua hacia atrás rozando los alveolos.

rotacismo: fenómeno fónico que consiste en pronunciar un sonido como vibrante [ɾ] o [r].

velarización: fenómeno fónico que consiste en pronunciar un sonido en la zona velar de la boca.

vibrante: sonido que se produce mediante una o más oclusiones de la lengua en el paladar, al obstruir la salida del aire (frecuentemente *r* o *rr*).

vocalización: fenómeno fónico que consiste en convertir un sonido consonántico en vocálico (p.e. *verde* → *veide*).

REFERENCIAS

Alba, Orlando (2016): *Una mirada panorámica el español antillano*. Santo Domingo: Editora Nacional.

Eckkrammer, Eva (2007): "Papiamento, cultural resistance, and socio-cultural challenges: The ABC Islands in a nutshell". *Journal of Caribbean Literatures*, 5: 73–93.

Lipski, John (2004): "Las lenguas criollas de base hispánica". *Lexis*, 28: 461–508.

López Morales, Humberto (1971) [2018]: *Estudios sobre el español de Cuba*. Madrid: Verbum.

López Morales, Humberto (1992): *El español del Caribe*. Madrid: Mapfre.

Morales, Amparo (2000): "Español e inglés en Puerto Rico: descripción y estudios". *Revista de Estudios Hispánicos*, 27–1: 71–106.

Ortiz López, Luis A. (2015): "Dialectos del español de América. Caribe Antillano (morfosintaxis y pragmática)". En J. Gutiérrez-Rexach (ed.), *Enciclopedia de Lingüística Hispánica*. Vol. 2, pp. 316–329. London: Routledge.

Valdés, Sergio (2007): "Las bases lingüísticas del español de Cuba". En M.A. Domínguez (ed.), *La lengua en Cuba: estudios*. Santiago de Compostela: Universidad de Santiago, pp. 27–56.

Valdés, Sergio, Lourdes Montero, Marci Morón, Lidia Santana y América Menéndez (2007): *Visión geolectal de Cuba*. Frankfurt: Peter Lang.

Vaquero de Ramírez, María (1991a): "El español de Puerto Rico en su contexto antillano". En *III Congreso Internacional del Español de América*. Valladolid: Universidad de Valladolid, pp. 117–140.

Vaquero de Ramírez, María (1991b): "Español de América y lenguas indígenas". *Estudios de Lingüística*, 7: 9–26.

Capítulo 10

Variedades del español en la región de los Andes

Introducción

Este capítulo presenta las principales características del español hablado en una amplia región geográfica que tiene la cordillera de los Andes como referencia, por lo que recibe el nombre de *región andina*. La amplitud y diversidad de su geografía requiere precisar sus límites y analizar su configuración interna porque todo ello se refleja sobre la lengua y sus variedades. Al mismo tiempo, la historia y la etnografía también han ido dejando su huella sobre la lengua española, sobre todo el componente quechua y aimara, originario de grandes extensiones de esta región.

El español de la región andina, en líneas generales, refleja dos significativas características: por un lado, la tendencia a la tensión consonántica en la pronunciación y, por otro lado, la influencia de las lenguas indígenas, especialmente en la gramática y el léxico. Esas características se concretan de forma distinta dependiendo de las dinámicas sociales de cada uno de los territorios andinos. Además, la existencia de numerosos hablantes de lenguas originarias obliga a prestar atención a la variedad del español utilizada por los bilingües.

La intención de este capítulo es:

a presentar un panorama general de la geografía y la historia de la región andina, en cuanto a los factores con mayor repercusión sobre la lengua;
b caracterizar lingüísticamente el español de la región andina;
c presentar las principales variedades del español de la región andina;
d caracterizar el español de los hablantes indígenas bilingües.

10.1 Geografía e historia del área andina

La región andina tiene como eje vertebrador la gran cordillera de los Andes, en América del Sur. Sin embargo, desde un punto de vista sociocultural y lingüístico, no solo incluye la cordillera en sí, sino todos los territorios adyacentes, en la vertiente oriental, hacia la gran cuenca del Amazonas, y en la vertiente occidental, hacia el océano Pacífico. Esta variada geografía incluye, naturalmente, el territorio chileno, sobre todo en su zona norte, aunque, por razones lingüísticas principalmente, Chile se tratará en capítulo aparte (§ 11.3).

Desde un punto de vista lingüístico, el español de la región andina o español de los Andes incluye, con la excepción de su región caribeña, parte del oeste de Venezuela, Colombia, Ecuador, Perú y Bolivia. En el caso de Venezuela, las provincias incluidas en el área andina son Táchira, Mérida, Trujillo y Lara. Colombia, Ecuador, Perú y Bolivia formarían parte plenamente de la región. En conjunto, se trata de una gran extensión geográfica que reúne una población de unos 100 millones de habitantes, distribuidos de forma desigual: Colombia es la zona más poblada, mientras que Bolivia y la Venezuela andina son las áreas de menos población.

El peso de la región andina dentro de la geografía del español no obedece solamente de su extensión, sino también a su historia. Concretamente, esta región fue el escenario de dos grandes procesos históricos: la colonización del Perú por parte de los españoles y la utopía de

Simón Bolívar de crear una gran nación que integrara toda Sudamérica y que recibiera el nombre de *Colombia*. Esto significa que el norte de Sudamérica (actuales Colombia, Ecuador, Venezuela) tuvo durante mucho tiempo una dinámica sociopolítica y económica común, relativamente autónoma y diferenciada respecto de la región del Perú y del Alto Perú (actual Bolivia). El antiguo virreinato de Nueva Granada, con el territorio de la actual Colombia en su centro, ocupó un lugar estratégico dentro de América, por tener costa en los dos grandes océanos. Esta posición le permitía mantener contactos estrechos con toda el área caribeña, a través de Panamá y desde el puerto de Cartagena de Indias, y también con las tierras andinas del sur, especialmente de Ecuador.

Por otro lado, el peso y la capacidad de influencia de los pueblos indígenas, especialmente de los incas, fueron enormes. Desde el ámbito de las lenguas, las influencias más intensas se dieron desde el **quechua**. Es preciso advertir, no obstante, que el quechua, también llamado *quichua* en Ecuador y en el sur de Colombia, es una agrupación de lenguas que incluye variedades que presentan dificultades para su mutua comprensión. Además, el quechua ha funcionado en Perú desde el siglo XVI como lengua general y franca entre etnias diferentes, dado el prestigio de la cultura inca y la multiplicidad de lenguas habladas en el extenso territorio andino: en Colombia se hablan 64 lenguas amerindias agrupadas en 13 familias lingüísticas; en Ecuador se hablan 12 lenguas indígenas por algo más del 1% de la población; en Perú, donde se hablan más de 40 lenguas de 16 familias, el quechua y el aimara son oficiales en su dominio lingüístico, con una proporción de hablantes de quechua del 16% y de **aimara**, del 3%; en Bolivia, al inicio del siglo XXI, la proporción de hablantes de quechua era del 25% (más de 2 millones), de aimara, del 18% (alrededor de 1,5 millones); y de guaraní, del 0,7% (unos 60 mil).

Las notables proporciones de hablantes de lenguas originarias o indígenas en la región andina explican elocuentemente su influencia, en mayor o menor medida, sobre el español. En general, la proporción de hablantes de español, monolingües o bilingües, en los países que conforman la región andina es siempre superior al 85%. Pero este español acusa con claridad los dos elementos externos más determinantes de la región: por un lado, la extensión y complejidad de su geografía y de su historia; por otro lado, la convivencia con y entre comunidades indígenas.

Teniendo en consideración estas dos importantes circunstancias, hay razones suficientes para preguntarse sobre la existencia de un "español andino" propiamente dicho. Efectivamente, si otras áreas, como España (§ 6.1), América Central (§ 8.1) o el Caribe (§ 9.1), revelan una obvia dificultad para hablar de variedades homogéneas, esa dificultad también existe para hablar de un "español andino". Objetivamente, parece natural que existan divergencias entre hablas que pueden estar localizadas a miles de kilómetros de distancia, como ocurre entre puntos de Colombia y de Bolivia. Esta realidad ha llevado a pensar más en la existencia de un complejo dialectal, que en una variedad homogeneizada, difícil de observar en la lengua hablada popularmente. Asimismo, el "español andino" se ha interpretado más como una realidad percibida, que como una realidad manifiesta, aunque la percepción de esa realidad lingüística común tampoco muestra unos rasgos que faciliten su fácil identificación desde fuera de la región, como puede ocurrir con la entonación mexicana, con el voseo centroamericano o rioplatense y con el debilitamiento extremo de consonantes finales en el Caribe.

Por otro lado, en el área andina también existen jergas marginales y juveniles, como el **parlache** de la ciudad de Medellín, en Antioquia, cuya originalidad es principalmente de naturaleza léxica: *chirrete* 'drogadicto'; *lleca* 'calle'; *patrasiar* 'retroceder'; *plomonía* 'muerte'; *parcharse* 'situarse'; *ponchar* 'mirar; observar'. En Bolivia se utiliza la jerga llamada **coba**, de uso corriente entre delincuentes: *aéreo* 'drogadicto', *agachaditos* 'puesto callejero de venta de comida', *lequentear* 'asaltar a un taxista'. Los procedimientos de creación léxica de estas jergas no son muy diferentes de los de otras jergas del español (inversión de silabas, préstamos, metáforas . . .), aunque en este caso las lenguas indígenas también son fuente de creación léxica.

10.2 Características del español en la región de los Andes

El español de los Andes puede reconocerse por una serie de rasgos comunes a la mayor parte de sus hablantes, aunque no todos son exclusivos de la región ni igualmente frecuentes en todo el territorio. Sí podría decirse que se trata de rasgos percibidos como característicos de la región de los Andes. Esta percepción ha favorecido la difusión del concepto de "**español andino**", si bien tal etiqueta se suele aplicar más al español hablado a lo largo de la cordillera de los Andes, especialmente en Ecuador y Perú, donde la presencia indígena es más intensa, que al español de todo el territorio delimitado previamente como región andina. En cualquier caso, reconociendo su diversidad interna, es posible identificar una serie de rasgos generales en el español de la región de los Andes en su conjunto.

Esta realidad lingüística nos permite introducir una doble dimensión que resulta de utilidad para caracterizar al español de la región andina. Por un lado, está la dimensión que opone lo urbano a lo campesino o lo rústico; por otro lado, está la dimensión que opone los hablantes monolingües a los bilingües. Si estas dos dimensiones las proyectamos en un sistema de ejes de coordenadas, podríamos ordenar las principales realidades sociolingüísticas del territorio. Por un lado, tendríamos un español urbano, utilizado mayoritariamente por monolingües en español, aunque también haya bilingües en las ciudades; en el otro extremo, tendríamos un español campesino, utilizado por los indígenas bilingües, aunque también haya monolingües de español en las áreas campesinas. Dentro del gráfico, el espacio de A incluiría un español con rasgos característicos de los hablantes instruidos urbanos monolingües en español, que coinciden en buena medida con el perfil de otras áreas hispánicas. En este espacio, también podríamos hallar rasgos que, siendo de origen indígena, estarían estabilizados en el español urbano. En el espacio B, se incluirían rasgos del español más propios de los monolingües no instruidos en español y de áreas campesinas, algunos de los cuales podrían ser de origen indígena. Los rasgos de los espacios C y D del gráfico, los correspondientes a los hablantes bilingües, serán tratados en un apartado especial (§ 10.4).

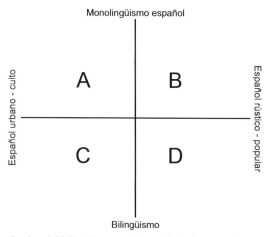

Gráfico 10.1 Sistema de ejes del bilingüismo y del español urbano culto

Los rasgos más característicos del español de la región andina (principalmente los espacios A y B) presentan unas tendencias generales, aunque algunas de ellas ni se manifiestan en todos los hablantes, ni en todo el territorio, ni son exclusivas de él. En general, el español de la región de los Andes muestra en su consonantismo rasgos como los siguientes:

a   conservación de las consonantes finales de sílaba, especialmente de la /s/;
b   neutralización de consonantes obstruyentes en final de sílaba (p.e. *arigmética* 'aritmética', *segtiembre* 'septiembre', *ogsequiar* 'obsequiar', *agdomen* 'abdomen');
c   pronunciación asibilada de /r/ y de *tr* (p.e. 'ka.ʐo] 'carro' o ['tʐes] 'tres');
d   conservación de la **oposición de /ʎ/-/j/**, aunque con pronunciaciones diversas.

Las razones que justifican este tipo de consonantismo no son fáciles de determinar. Podría deberse a la distancia respecto de los principales focos de innovación fonética (Sevilla, La Habana), al aislamiento relativo que supone la vida en la cordillera y probablemente a algún tipo de influencia de las lenguas originarias.

Cuadro 10.1 Rasgos generales del español en la región de los Andes

Plano fónico
Tendencia a conservación de /s/ en posición final de sílaba
Uso intercambiado de consonantes obstruyentes en posición final de sílaba: *arigmética* 'aritmética'; *segtiembre* 'septiembre'
Yeísmo, con grupos y zonas de distinción /ʎ/-/j/
Tendencia a pronunciación bilabial de /f/
Tendencia a pronunciación asibilada [ʐ] de /r/ y de *tr:* ['ka.ʐo] 'carro'; ['tʐes] 'tres' (Sierra)
Plano gramatical
Uso de tratamientos de cercanía *vos* y *tú*
Usos invariables de *lo*: *la papa lo pelamos*; *a ellas lo recibí bien*
Posposición de posesivos: *el hijo mío, la casa de nosotros*
Uso de *muy* + superlativo: *muy riquísimo*
Plano léxico
Uso de sudamericanismos léxicos: *andinismo* 'escalada, alpinismo'; *apunarse* 'padecer mal de montaña'; *cabildante* 'regidor, concejal'; *empamparse* 'extraviarse; perderse en la Pampa'; *hostigoso* 'molesto, fastidioso'; *ron* 'trago o copa de bebida alcohólica'; *saber* 'soler'
Uso de andinismos léxicos: *aconcharse* 'enturbiarse'; *brevete* 'permiso de conducir'; *calato* 'desnudo'; *camal* 'matadero'; *candelejón* 'cándido, sin malicia'; *chompa* 'jersey'; *chongo* 'escándalo, alboroto'; *combazo* 'puñetazo'; *estar hecho un anís* 'estar pulcro y aseado'; *huachafo* 'cursi'; *maltraído* 'desaliñado'; *pisco* 'aguardiente'; *poto* 'trasero, nalgas'
Uso de quechuismos léxicos: *cancha* 'terreno; espacio amplio y despejado'; *carpa* 'tienda de campaña; tienda para puesto de venta'; *chaquiñán* 'sendero'; *china* 'india; mestiza'; *choclo* o *chócolo* 'mazorca tierna'; *chuncho* o *chunche* 'rústico; huraño'; *chacra* 'granja, alquería'; *guacho/a* 'huérfano/a', 'hijo/a ilegítimo/a'; *guagua* 'niño de pecho'; *minga* 'azofra, trabajo colectivo no remunerado'; *ñapa* o *yapa* 'añadidura'; *ojota* 'sandalia, chancla'; *palta* 'aguacate'; *poroto* 'alubia'; *soroche* 'mal de montaña'; *suco* 'rubio'; *zapallo* 'calabaza'
Uso de aimarismos léxicos: *camanchaca* 'niebla espesa'; *chuto* 'tosco, inculto'; *lampa* 'azada'

La gramática del español de la región andina es particularmente interesante. Existen, por ejemplo, casos de leísmo y casos de *lo* invariable que pueden encontrarse desde Colombia a Bolivia, en formas diversas, por causas distintas y de intensidad diferente: p.e. *la papa lo pelamos* 'las papas las pelamos'. Están muy extendidas, asimismo, la posposición de posesivos (p.e. *el hijo mío; me voy a su casa de ella*) y la intensificación duplicada (p.e. *muy riquísimo*). En cuanto a las formas de tratamiento, alternan, para la cercanía o familiaridad, el tuteo y el voseo, con un sistema similar al centroamericano, pero con unas condiciones sociolingüísticas que varían de una comunidad a otra. Como usos minoritarios, podrían mencionarse el del pronombre *sumerced* [su.mer.'se] para la segunda persona (Cundinamarca y Boyacá, en Colombia) y las formas de distancia respetuosa como *su persona*, también para el tratamiento de segunda persona.

El nivel léxico incluye numerosas voces del español particulares de esta región: *andinismo* 'escalada, alpinismo'; *cabildante* 'regidor, concejal'; *hostigoso* 'molesto, fastidioso'; *saber* 'soler'. Por otro lado, muchas voces específicas de la región andina tienen su origen en la lengua quechua y están generalizadas por toda la América del Sur, como es el caso de *choclo* 'mazorca tierna', *palta* 'aguacate' o *zapallo* 'calabaza'. Algunas de ellas incluso, han pasado al español general (*papa, coca*). Por su parte, el aimara también ha contribuido al español de la región con algunas aportaciones léxicas, como *camanchaca* 'niebla espesa' o *chuto* 'tosco, inculto'.

10.3 Variedades andinas del español

Como ya se ha comentado, la diversificación del español en la región de los Andes se debe a factores geográficos, históricos, etnográficos y sociales. La geografía distingue con claridad la zona de la costa, la zona de la sierra o cordillera y la zona amazónica. A estas zonas podría añadirse la zona de los llanos bolivianos, aunque esta tenga una extensión mucho menor. Desde una perspectiva histórica es posible separar la región norte (área colombiana), de la región sur (área peruano-boliviana); entre ambas, Ecuador sirve como puente. Junto a la geografía y a la historia, también podría llamarse la atención sobre la importancia del factor social para comprender la diversidad del territorio, ya que durante el último siglo se ha producido un importante proceso de urbanización, que provoca que las hablas de mayor prestigio y reconocimiento sean, precisamente, las modalidades cultas de las ciudades.

En la geografía andina, la costa une por el Pacífico los puertos de Colombia, Ecuador y Perú; la sierra supone una vida social particular, con una economía autóctona y cerrada, organizada por la población nativa, hablante de quechua o aimara, principalmente; el Amazonas supone un alejamiento de las otras áreas por la peculiaridad de su naturaleza y de la economía interior. Estas tres áreas son contiguas y conforman tres macroáreas supranacionales, en disposición alienada. Los llanos de Bolivia ocupan el territorio oriental del país, adosado ya al español del Paraguay, donde es importante la presencia de las variedades del guaraní, una de las lenguas originarias más importantes de América. Todas estas zonas geográficas se prolongan hacia los territorios del sur, pertenecientes ya a Chile, Argentina y Paraguay (§ 11.1). En ellos, las superestructuras políticas nacionales han servido de freno para la difusión de las características lingüística de los Andes, que se han ido asimilando a las modalidades de prestigio de sus respectivos países.

Por otro lado, el español de cada una de las grandes zonas andinas no se presenta como totalmente homogéneo. En la costa, cada país marca su personalidad frente a los demás, aunque su español comparta algunas características importantes. En la sierra, las altas montañas explican las dificultades de comunicación internas, así como las afinidades entre los territorios de la zona norte (Colombia-Ecuador), frente a los de la zona sur (Perú-Bolivia); además el habla de los bilingües aporta una riqueza adicional. En el Amazonas, se encuentran algunos rasgos muy extendidos, a la vez que existe una diversidad interna debida al modo en que se han ido estableciendo las poblaciones y a la peculiaridad de las comunicaciones fluviales.

10.3.1 El español costeño

El español costeño comparte muchos rasgos con otras regiones hispanohablantes del Pacífico. Ello se debe a que se trata de un territorio hispanizado, con una menor presencia indígena y con frecuentes contactos entre todos los puertos de la costa del Pacífico, desde Panamá a Arica, en Perú; y más al sur, hasta Valparaíso y Concepción, ya en Chile.

Algunas de las características mejor percibidas en el español costeño son el debilitamiento de /s/ final de sílaba, la aspiración de la velar, la velarización de /n/ en final de sílaba o la vocalización de la -/ɾ/ implosiva, que se produce en algunos puntos de la costa de Ecuador (p.e. *lagaito* por *lagarto*). Todos estos rasgos pueden encontrarse también en las hablas del sur de España o del Caribe, por ejemplo. No obstante, en la costa también es posible encontrar algunas peculiaridades. Así, en Colombia, la pronunciación de /j/ suele ser más tensa y sólida que en el resto de la costa. En Colombia y en Ecuador (Esmeraldas) encontramos rasgos de posible origen afrohispano, como la pronunciación [ɾ] de la /d/ (p.e. [ˈso.ɾa] 'soda') cuando va entre vocales o como el uso de la doble negación (p.e. *no quiero no*). En la costa del sur de Perú, sin embargo, se aprecia una mayor tensión fonética, con una palatal media sin debilitar y restos de la distinción /ʎ/-/j/.

En cuanto a las formas de tratamiento, el **voseo** es frecuente en distintos lugares de Ecuador. Este voseo pudo ser más general en la sierra; sin embargo, ha ido debilitando su presencia social. En la costa, el tuteo convive con un voseo que concuerda con formas verbales del tipo *-ás, -és* (*vos cantás, vos temés*); en la sierra coexisten las formas *vos cantáis, vos temís*, consideradas rústicas, con *vos amas, vos sabes, vos vives*, consideradas más cultas. En la frontera entre Ecuador y Perú, sin embargo, predomina el tuteo.

El habla de Lima, el principal núcleo metropolitano de la costa andina (unos 9 millones de habitantes), ofrece las características generales del español costeño, pero enriquecidas por la complejidad etnográfica y sociolingüística de toda gran ciudad. La configuración social de Lima presenta una notable diversidad de grupos, desde la época en que fue capital del virreinato del Perú, hasta la era moderna, en la que se han integrado pobladores procedentes de China y de Japón, e indígenas procedentes de la cordillera. En Lima se observa una tendencia mayoritaria a la conservación de /s/ en posición final de sílaba, combinada con casos de aspiración y de elisión: las clases populares pierden la /s/ con más frecuencia que la aspiran, al contrario que las clases cultas. Por su parte, la velarización de /n/ final (p.e. [ˈpaŋ] 'pan' o [tam.ˈbjeŋ] 'también') es habitual en todas las clases sociales.

10.3.2 El español serrano

El español serrano también tiene similitudes con el español mexicano-central, especialmente en su consonantismo. Entre sus rasgos más relevantes está el mantenimiento de las palatales /ʎ/-/j/ – como en algunas áreas del norte peninsular (§ 6.1) – la pronunciación asibilada de las vibrantes – como en México – la pronunciación alveolar de /s/ – como en

Castilla – o el debilitamiento y la pérdida de las vocales átonas (*vacasions* 'vacaciones') – como en México. Entre las distintas áreas de la sierra, no obstante, se encuentran diferencias de pronunciación. Por ejemplo, en cuanto a la oposición /ʎ/-/j/, la zona norte de la sierra pronuncia [ʒ] para el fonema /ʎ/, llamada **elle quiteña**, mientras que el resto lo pronuncia como palatal lateral. De este modo, existen dos pares fonéticos: [ʒ] – [j], al norte, y [ʎ] y [j], más al sur, si bien en la lengua campesina es posible oír incluso una variante ensordecida, que suena como ['ʃa.ße] 'llave', ['ka.ʃe] 'calle'.

Muchas de las peculiaridades gramaticales, léxicas y pragmáticas serranas son de origen claramente hispánico. Así, el uso del tuteo y del voseo, con su variada y compleja distribución sociolingüística y pragmática, el uso de *usted* para las relaciones de cercanía y familiaridad (*usteadeo*), tal y como se conoce en Colombia, o el empleo de los sufijos *–ico* (en Colombia) e *–ito* (en el resto del área andina) son características hispanas. Algunos rasgos gramaticales pueden explicarse exclusivamente desde el español, pero su coincidencia con fenómenos paralelos de las lenguas originarias podría justificar el notable aumento de su frecuencia. Así se aprecia en los diminutivos (*momentico, ratico, cartica*) que, por influencia indígena, ha ampliado sus posibilidades de uso en los Andes, alcanzando formas y valores infrecuentes en otros lugares: *allacito, bájemelito*.

En cuanto a las particularidades de origen indígena, la lista es muy larga e incluye fenómenos muy variados: el uso del sufijo *–cho, –cha* como diminutivo (*zapatacho, cachacha* 'casita'; *vochacha* 'vocecita'); el empleo del verbo *decir* como validador referencial (p.e. *le amenazó, dice; está lloviendo harto, diciendo han dicho*) o de *todavía* para indicar una acción previa (p.e. *yo todavía comeré* 'yo comeré antes de hacer otras cosas'). No obstante, los fenómenos más llamativos tienen que ver con el sistema pronominal átono y con el uso del gerundio. En el primer grupo, aparece la neutralización de los pronombres personales átonos, generalmente en *lo* (p.e. *la guitarra lo tiene guardada; a los niños lo envuelven con una tela*), el uso de *lo* con valor terminativo (p.e. *lo llegó* 'ya llegó'), el uso duplicado de pronombre (p.e. *le estoy viéndole*) o la ausencia de pronombre objeto directo en casos como *a Juan (lo) conoció* o *al maestro (lo) saluda*; esta última puede aparecer en otras áreas, incluso monolingües, pero no con tanta intensidad. En cuanto al gerundio, encontramos un valor de anterioridad (p.e. *vine comiendo* 'comí antes de venir'), la perífrasis *dar* + gerundio como imperativo (p.e. *por favor, deme pasando la sal*) o el uso interrogativo de *qué diciendo* o *qué haciendo* (p.e. *¿qué haciendo lo has roto la puerta?; ¿qué diciendo llegas a esta hora?*).

10.3.3 El español amazónico

El español amazónico es una modalidad utilizada en la gran cuenca del río Amazonas. Se trata, pues, de la lengua de un territorio alejado de las mayores urbes, de acceso muy difícil y poblado con colonos procedentes de otras áreas llegados en épocas más o menos recientes, generalmente para trabajar en puertos fluviales o en la explotación de recursos naturales, como el caucho, el petróleo, la madera o la pesca.

En el español amazónico encontramos casos de yeísmo, con una pronunciación tensa, parcialmente rehilada, para los sonidos que corresponden a la lateral /ʎ/ (p.e. ['ʃa.no] 'llano'); se da también asibilación de /r/, sobre todo en contacto con vocal palatal; se aspira /x/; se mantienen las oclusivas intervocálicas, incluida /d/; y se usa a menudo léxico de origen portugués, sobre todo para los nombres de peces y de utensilios de pesca. Hay que tener en cuenta que en el Amazonas tienen frontera los espacios hispanohablante y lusohablante. Esa vecindad con el portugués explica la aparición de expresiones como *él mira nosotros* 'él nos mira' donde se prescinde del pronombre átono en beneficio de la forma tónica. Muchos de los rasgos de la Amazonia colombiana coinciden con los del Perú amazónico, donde dicen que hablan un español *charapa*.

Entre las características del español amazónico también llama la atención la aspiración de /f/ inicial. De todos modos, no es infrecuente que en el español amazónico alternen soluciones diversas: diversas soluciones yeístas, alternancia de la articulación alveolar de /r/ con la articulación asibilada, pronunciaciones de /t͡ʃ/ con distinto grado de fricación o la articulación alveolar de /n/ alternando con una articulación velar. En cuanto al léxico, también ofrece elementos de variado origen, con palabras del quechua, del portugués o del español de todos los países de la región.

En lo que se refiere al **español llanero**, en Bolivia, también llamado *camba*, este tiene como núcleo urbano de referencia la ciudad de Santa Cruz, donde se aspira y pierde la /s/ final de sílaba, dando lugar a formas como *pue* 'pues'. Su fonética se aproxima a la del español argentino y, en su gramática, está muy extendido el voseo y el empleo de los sufijos *–ingo*, como diminutivo, y *–ango*, como aumentativo: *chiquitingo* y *grandango*.

10.4 El español de los bilingües andinos

El español de los monolingües de la cordillera andina presenta, como hemos visto, muchos rasgos cuyo origen o frecuencia se identifica en las lenguas originarias. Cabría presuponer la existencia de diferencias entre ese conjunto de rasgos y el español de los bilingües; sin embargo, comprobamos que esas diferencias no son en absoluto claras. Generalmente, estos hablantes bilingües suelen ser personas de origen indígena, hablantes de español y de una lengua originaria, con un perfil sociológico perteneciente o cercano a los grupos campesinos de la región. En estos casos, lo campesino y lo indígena son variables que se traslapan. En cuanto a las lenguas originarias de la región, aunque numerosas y diversas, son las variedades quechuas o aimaras las mayoritarias como maternas en Ecuador, Perú y Bolivia.

El español de los indígenas puede localizarse en los espacios C y D del gráfico de coordenadas antes explicado, según el carácter más campesino o más urbano de sus hablantes. Muchos de los rasgos de esta modalidad de español no están totalmente estabilizados, ni en las ciudades ni en las áreas rurales, si bien es en este último entorno donde encuentran un hábitat más propicio. Entre los rasgos que encontramos en los indígenas campesinos (espacio D del gráfico) destacan el uso de los pronombres átonos, con formas invariables o elisión, la ausencia de artículo (p.e. *quiere ver Ø casa*), la faltas de concordancia de género y número (p.e. *la plaza bonito*), la tendencia al orden OV (Objeto-Verbo) (p.e. *cebollas voy a vender*), la anteposición del poseedor a lo poseído (p.e. *de Juan la casa está en venta*), el valor evidencial de pretérito pluscuamperfecto (p.e. *se mudaron, había sido*; *había sido que el pelado fue castigado*) y, en la fonética, el cambio de timbre de las vocales (p.e. *sigoro* 'seguro'), entre otros fenómenos. Cuando estos rasgos aparecen con gran intensidad en una comunidad, puede llegar a hablarse de la existencia de una variedad mixta español-quechua, que en algunas comunidades de Ecuador reciben el nombre de *media lengua*.

En lo que se refiere a la neutralización de los pronombres personales, su origen está en el quechua, que no tiene marcadores gramaticales de género, número o caso, lo que provoca la desaparición de tales marcas en el español de las zonas de contacto lingüístico. En la región andina, el uso etimológico de los pronombres (*lo-la* para objeto directo; *le* para indirecto) convive con soluciones invariables que están contribuyendo a reestructurar el sistema pronominal átono. Azucena Palacios habla de la existencia de hasta tres sistemas pronominales ordenados a lo largo de un *continuum*. En un extremo, estaría el etimológico, predominante en las hablas hispanoamericanas que no están en contacto con lenguas originarias; en el otro extremo, se dispondría un sistema leísta, con neutralización de género y caso; entre uno y otro, habría un sistema con uso de *lo*, con neutralización de género, aunque no de caso.

En el español de los indígenas, además de la peculiaridad de los pronombres, se encuentran otros rasgos muy interesantes, como el uso de un sufijo diminutivo –*y* junto al diminutivo tradicional (p.e. *corazoncitoy, hermanitay*), de un infijo –*ri*- con valor de cortesía (p.e. *espérarime*), de una partícula *y* con valor de énfasis o de marca de interrogación (p.e. *¿estás yendo y?*; *¿le ves y?*) o de palabras formadas con componentes quechuas o aimaras (p.e. *cacaloro* 'tartamudo'; *chicat-chicat* 'a medias; en dos mitades'). También merece mencionarse el empleo del sufijo –*enque* en palabras españolas (p.e. *allenque* 'más allá', *flaquenque* 'flaquísimo') o el uso de un gerundio con valor de conformidad (p.e. *diciendo me ha dicho* 'me ha dicho así'; *viajaré mañana diciendo* 'viajaré mañana, decía').

Dicho todo esto, la principal dificultad que el español de los bilingües presenta es deslindar sus características de las del español serrano de los no bilingües. De hecho, resulta muy complicado determinar si estamos ante manifestaciones de un interlecto (español-lengua originaria), con transferencias inestables entre ambas lenguas, o si estamos ante una modalidad del español, ya que todos los rasgos presentados como característicos de los bilingües pueden darse, en mayor o menor grado, en el español de los descendientes de quechuahablantes que no hablan quechua. Del mismo modo, resulta complicado determinar hasta dónde llega la influencia de la lengua indígena sobre el español, dado que algunos de esos rasgos podrían explicarse desde dentro del español, como la indistinción de algunas vocales átonas, la distinción de las palatales /ʎ/-/j/ o la anteposición del poseedor en los posesivos. En caso de que esto obedeciera a un desarrollo interno del español, sin duda se vería reforzado o intensificado por las lenguas originarias.

Resumen

El español de la región andina sirve de vehículo de comunicación en un extenso territorio, con una geografía muy variada y una historia rica y compleja. La gran amplitud del territorio y de su comunidad hispanohablante permitiría poner en duda la existencia un español andino propiamente dicho. Sin embargo, esa realidad lingüística es percibida como unitaria por muchos hablantes, de la región y de fuera de ella. Sea como realidad manifiesta, sea como realidad percibida, el español de la región andina muestra unos caracteres que lo distinguen suficientemente del español de otras grandes áreas hispanohablantes.

La geografía de la región andina puede dividirse en tres grandes áreas que tienen correspondencia con rasgos lingüísticos que las caracterizan. Esas tres áreas son la costa, la sierra y el Amazonas. El área costeña muestra un perfil lingüístico con soluciones similares a las áreas hispánicas con debilitamiento de consonantes en posición final de sílaba. En contraste, el área de la sierra muestra una tendencia al mantenimiento y refuerzo del consonantismo. A ello deben sumarse, especialmente en el nivel gramatical, los rasgos de origen indígena, que afectan a diversos aspectos, pero muy singularmente al sistema de pronombres átonos. En cuanto al área amazónica, se trata del español de perfiles menos claros, por lo reciente de algunos asentamientos y por las dificultades de sus comunicaciones internas.

En el español de la región andina, adquiere una especial significación el español de los bilingües, muy especialmente en las áreas montañosas. Este español revela una influencia de las lenguas indígenas que se hace más llamativa por su intensidad, ya que muchos de sus rasgos aparecen también en hablantes monolingües.

Lecturas complementarias

1 "Tras los orígenes del español andino. Problemas y realidades". Carlos Garatea. 2013. *TINKUY*, 20: 126–137.
https://dialnet.unirioja.es/descarga/articulo/4736630.pdf

Descripción: Este artículo explica que el español andino es una variedad del español de larga tradición. El autor plantea la necesidad de preservar un horizonte que no restrinja el español andino al contacto con una o dos lenguas andinas, el quechua y el aimara, sino que incluya también el contacto con otras lenguas andinas.

2 "Las variedades del español de Perú: un estudio desde la dialectología". Johnny Fallas Monge y María de los Ángeles Sancho Ugalde. 2013. *Revista Nuevo Humanismo*, 1–1: 49–71.
www.revistas.una.ac.cr/index.php/nuevohumanismo/article/view/5848/6016

Descripción: Este artículo describe la variación en todos los niveles del español de Perú. Para ello, se basa principalmente en elementos de la dialectología, junto a datos históricos, sociales y del contacto de las lenguas quechua y aimara con el español.

Sugerencias para investigar y debatir

1 A partir del *Catálogo de voces hispánicas* del Instituto Cervantes, F. Moreno-Fernández (dir.), 2010 (https://cvc.cervantes.es/lengua/voces_hispanicas/), escuche las voces procedentes de Cuzco y de Lima (Perú) e intente analizar sus principales diferencias.
2 Consulte el *Atlas sociolingüístico de los pueblos indígenas de la América Latina*, 2009 (Cochabamba: UNICEF-FUNPROEIB Andes-AECID). Consulte los apartados dedicados a los *pueblos aislados* y a los *pueblos en aislamiento voluntario*. Proponga y discuta hipótesis sobre el futuro de estos pueblos, a partir de la información que ofrece el atlas.
www.unicef.org/honduras/tomo_1_atlas.pdf

GLOSARIO

asibilación: pronunciación que se produce mediante el rozamiento de la lengua en el área alveolar o alveopalatal de la boca.
coba: jerga de Bolivia, de uso corriente entre delincuentes.
elle quiteña: sonido [ʒ] para el fonema /ʎ/, que se opone a [j].
español camba: español hablado en la región boliviana de los Llanos.
español charapa: español hablado en el área amazónica.
media lengua: variedad de mezcla bilingüe, con componentes del español y del quechua, utilizada en algunas áreas de Ecuador.
parlache: jerga de Medellín (Colombia) de naturaleza marginal y juvenil.
pronombre átono: pronombre que cumple función de complemento: *le(s)*; *la(s)*; *lo(s)*; *me*, *te*, *se*.

REFERENCIAS

Caravedo, Rocío (1990): *Sociolingüística del español de Lima*. Lima: Pontificia Universidad Católica del Perú.

Caravedo, Rocío (1992): "Espacio geográfico y modalidades lingüísticas en el español del Perú". En C. Hernández Alonso (ed.), *Historia y presente del español de América*. Valladolid: Junta de Castilla y León, pp. 719–741.

Caravedo, Rocío y José Luis Rivarola (2011): "Español andino ¿variedad real o mental?". En Willem Adelaar, Pilar Valenzuela y Roberto Zariquiey (eds.), *Estudios sobre lenguas andinas y amazónicas. Homenaje a Rodolfo Cerrón Palomino*. Lima: Pontificia Universidad Católica del Perú, pp. 369–390.

Cerrón Palomino, Rodolfo (2003): *Castellano Andino. Aspectos sociolingüísticos, pedagógicos y gramaticales*. Lima: Fondo Editorial Pontificia Universidad Católica del Perú, Cooperación Técnica Alemana GTZ.

Escobar, Alberto (1978): *Variaciones sociolingüísticas del castellano en el Perú*. Lima: Instituto de Estudios Peruanos.

Klee, Carol y Andrew Lynch (2009): *El español en contacto con otras lenguas*. Washington: Georgetown University Press.

Palacios, Azucena (2008): *El español en América. Contactos lingüísticos en Hispanoamérica*. Barcelona: Ariel.

Rivarola, José Luis (1986): "Bilingüismo histórico y español andino". *Actas de IX Congreso de la Asociación Internacional de Hispanistas*, pp. 153–163. https://cvc.cervantes.es/literatura/aih/pdf/09/aih_09_1_014.pdf

Capítulo 11

Variedades del español en el Cono Sur

Introducción

Este capítulo presenta las principales características del español hablado en la región americana conocida como Cono Sur, la más austral del continente americano. Los países incluidos
en este territorio son Argentina, Chile, Paraguay y Uruguay. Entre ellos existen importantes
diferencias geolingüísticas, hasta el punto de que el español chileno suele considerarse un
área dialectal diferenciada, frente al español austral o rioplatense hablado en Argentina y
Uruguay. Por su parte, Paraguay también ofrece diferencias significativas respecto de sus
países vecinos.

La intención de este capítulo es:

a   presentar un panorama general de la geografía y la historia del Cono Sur;
b   caracterizar lingüísticamente el español austral y chileno;
c   presentar las principales variedades del español en el Cono Sur;
d   describir la situación de las lenguas indígenas del Cono Sur.

11.1 Geografía e historia del español en el Cono Sur

El Cono Sur es una amplia región del subcontinente de América del Sur. Geográfica-
mente, es un territorio que abarca a Argentina, Chile y Uruguay, al que se suma Paraguay
por razones históricas y políticas. Lingüísticamente, el español de este gran espacio presenta dos grandes modalidades: la austral o rioplatense y la chilena. Una y otra incluyen
diversas modalidades, especialmente la primera. Históricamente, esta zona es heredera
del antiguo virreinato del Río de la Plata, que incluía a las actuales Argentina, Uruguay
y Paraguay.

La historia de este territorio nos dice que fueron tres las rutas por las que los españoles
se adentraron en el actual territorio de la Argentina, el Paraguay y el Uruguay. Una de las
rutas procedía del noroeste – Alto Perú – y prolongaba el español andino hasta tierras de la
actual Argentina (§ 10.3); la segunda ruta unía el oeste argentino con Chile y la tercera
constituía una vía directa desde España, ya que por el Atlántico llegaba población española
que se iba asentando desde la boca del río de la Plata hasta Asunción, la capital del Paraguay.
Durante el siglo XVII, estas rutas tuvieron dos importantes áreas de referencia: Tucumán y
Córdoba, en la Argentina, vinculadas a Chile y al Alto Perú (Bolivia) hasta el siglo XVIII;
por otro lado, Asunción, en el Paraguay, comunicada con Buenos Aires, puerto estratégico
para el comercio. Esas vías de comunicación estuvieron abiertas de hecho entre los siglos
XVI y XIX.

Las diferencias que pueden apreciarse dentro de este territorio austral se deben a múltiples
causas. Entre ellas, se encuentran las relaciones comerciales con las áreas andinas, además
del contacto con las lenguas originarias, sobre todo el quechua, al oeste, y el guaraní, al este.

También fue decisiva la **emigración europea** desde mediados del siglo XIX, que supuso la llegada de cientos de miles de italianos a Buenos Aires y Montevideo. A su vez, la decadencia de las minas de plata bolivianas supuso un declive de los contactos con el área andina y provocó la marginalidad del territorio paraguayo, que lo llevó a una convivencia más estrecha con las comunidades guaraníes. Mientras, la gran extensión de la Patagonia quedaba al margen de los circuitos de la hispanización, que no se completó hasta después de la independencia. En lo que se refiere a Uruguay, buena parte de su singularidad se debe a la vecindad con la lengua portuguesa y con Brasil, país que durante mucho tiempo intentó adueñarse de las tierras de la llamada Banda Oriental del Uruguay. De hecho, fueron brasileños quienes fundaron la ciudad de Colonia de Sacramento, en la misma orilla del Río de la Plata, y los contactos entre los gauchos brasileños y los uruguayos fueron tan cotidianos que la frontera no era más que un lugar de paso para el ganado.

La vida ganadera de los gauchos argentinos y uruguayos y la masiva recepción de inmigrantes en la región de Buenos Aires tuvieron muy diversas consecuencias lingüísticas. Los **gauchos**, símbolo de la Argentina y del Uruguay, representan lo más castizo y romántico de esos territorios. La literatura gauchesca puso voz a todo un modo de vida, que incluía cantos y relatos en los que se encontraban fácilmente rasgos como el seseo, el voseo, el yeísmo y un amplio repertorio de usos arcaizantes y populares (p.e. *ricién* 'recién', *peliar* 'pelear', *güeno* 'bueno', *pa* 'para', *juera* 'fuera', *creíba* 'creía', *truje* 'traje', *naides* 'nadie').

Por su parte, la vida urbana bonaerense dio lugar a un habla popular, llevada a los tangos, donde se encuentran caídas de /d/ intervocálica en los participios, aspiraciones o pérdidas de consonantes finales. Todo ello junto a un léxico marginal, del lumpen, denominado **lunfardo**. El lunfardo es una jerga marginal de la zona portuaria del Río de la Plata. Asimismo, los italianos inmigrantes, además de dejar una huella muy profunda en el español argentino, contribuyeron a crear una variedad mixta llamada **cocoliche**, utilizada como recurso cómico en el teatro y la literatura del siglo XIX.

La geografía y la historia de Chile también ofrecen una notable singularidad. Chile es un país largo (4.300 km) y estrecho (entre 90 km y 445 km); además está rodeado por un desierto al norte, un océano al oeste, una cordillera al este y los hielos del sur. La cordillera de los Andes, por su parte, divide buena parte del país longitudinalmente, distinguiendo con claridad la zona montañosa de la costera. Entre ambas, donde el terreno lo permite, aparecen los valles, donde habita la mayor parte de la población: en la zona del Valle Central se encuentra la ciudad de Santiago de Chile y de todo su entorno, que reúne a casi la mitad del total de la población del país. El centro de país, asimismo, siempre ha ofrecido una vía de comunicación con Argentina, a través de los Andes, por la que se produjo la entrada del general San Martín para hacer efectiva la independencia de Chile.

El acceso de los colonizadores españoles a Chile se produjo principalmente desde el norte, bien por la costa, bien a través del desierto de Atacama, en el norte chileno. En lo que se refiere al sur de Chile, la beligerancia de la población indígena y, en menor medida, la llegada de colonos alemanes limitó la continuidad y el crecimiento de la población hispanohablante. La hispanización del sur solo se consiguió en el siglo XIX, tras la independencia.

El español es el principal vehículo de comunicación en el Cono Sur y une a tres tipos de pueblos, según la distinción propuesta por el sociólogo Darcy Ribeiro. Por un lado, Chile se considera un "pueblo nuevo", puesto que ha surgido en los últimos siglos como subproducto de la expansión europea, por la fusión de culturas y la aculturación de las matrices indígenas. Por otro lado, Argentina y Uruguay serían "pueblos transplantados", naciones creadas mediante el trasvase de poblaciones europeas que han conservado su perfil étnico, cultural

y lingüístico original, pero que han desarrollado su propia personalidad lingüística. Finalmente, Paraguay podría considerarse un "pueblo testimonio" puesto que ha convivido
durante siglos con comunidades indígenas que se mantienen en la actualidad junto a sus
respectivas lenguas.

11.2 Características del español en el Cono Sur

Dentro del español hablado en el Cono Sur, puede establecerse una distinción básica
entre dos grandes modalidades: la rioplatense o austral y la chilena. El nombre de "rioplatense" se utiliza por la vinculación del territorio con el antiguo virreinato del Río de la
Plata, aunque estrictamente se refiera al estuario formado por la unión de los ríos Paraná
y Uruguay.

El español rioplatense o austral puede considerarse una variedad diferenciada, con muchos
de sus rasgos compartidos con otras variedades. En general, este español muestra una tendencia al debilitamiento de las consonantes en posición final de sílaba, protagonizado, una vez
más, por la /s/ implosiva. Esta tendencia es especialmente intensa en el litoral, aunque la gran
influencia que ejerce Buenos Aires está llevando las pautas "porteñas" (las propias de la
desembocadura del Río de la Plata) a otros muchos territorios.

Entre los rasgos percibidos como más característicos de esta área, se encuentra el yeísmo
pronunciado con una particular tensión palatal que recibe el nombre de **rehilamiento**,
porque se produce un rozamiento intenso en el paladar, que puede tener un resultado sordo,
representado como [š] o como [ʃ], o sonoro, representado como [ž] o como [ʒ]: *caballo* [ka.'ba.
ʒo]; *silla* ['si.ʒa]; *yo* ['ʒo]. Esta pronunciación, tan marcada y llamativa para los hispanohablantes de otros países, no se da en toda la zona austral, sino que es más característica del
Litoral y sobre todo de Buenos Aires y Montevideo, pero se interpreta como característica
de todo el territorio. Su origen podría estar, bien en la expansión del sonido palatal de algunas formas francesas introducidas en el siglo XIX (causa externa), bien en el ensordecimiento
provocado por una pronunciación palatal tensa (causa fonética interna), bien en una com-
binación de ambos procesos. Otra de las características más apreciables en las hablas australes
es la entonación, que revela una influencia de las hablas italianas, sobre todo napolitanas.
Al mismo tiempo, se aprecia una tendencia al alargamiento de las sílabas tónicas y a los
cambios tonales a partir de la sílaba acentuada, lo que produce una sensación de mayor
duración.

En la gramática del español austral, merece especial mención el **voseo**, por su extensión
social y geográfica, tanto en la Argentina, como en el Paraguay y el Uruguay. El voseo de la
Argentina es, sin duda, el que goza de mejor estatus social entre todos los voseos de América
y el que ha conseguido una más arraigada implantación social. El sistema voseante argentino
tiene *vos* prácticamente como único pronombre de segunda persona del singular en la lengua
hablada, en posición de sujeto y de término de preposición. El sistema también ofrece un
empleo general de *ustedes* como pronombre de segunda persona para la expresión de la
cercanía.

Las formas verbales más frecuentes para el voseo son del tipo *vos cantás, vos temés, vos
partís*. Esa clase de concordancia es la que se da en el territorio argentino, en Uruguay, en
Paraguay y en el este de Bolivia, así como en el sur de México y en Centroamérica. Hay territorios, sin embargo, donde el pronombre *vos* alterna con *tú* (p.e. *tú cantás*, en Uruguay, *vos
quieres*, en Tucumán) o donde uno de ellos puede cruzarse con diferentes pautas verbales y
adquirir valores sociopragmáticos distintos.

Cuadro 11.1 Rasgos generales del español en el Cono Sur

Plano fónico
Tendencia al alargamiento de las vocales tónicas
Yeísmo con pronunciación tensa
Tendencia a aspiración, asimilación y pérdida de /s/ en posición final de sílaba: [lah.ˈme.sah] 'las mesas', [ˈbah.ko] 'vasco', [ˈmih.mo] 'mismo', [di.ˈxuh.to] 'disgusto', [ra.ˈxar] 'rasgar'
Tendencia a la pérdida de – *d* y de – *r*: [ber.ˈða] 'verdad': [ko.ˈme] 'comer'
Tendencia a la pérdida de – *d*-, especialmente en -*ado*: [com.ˈpra.o] 'comprado', [te.ˈni.o] 'tener'
Aspiración faríngea de /x/: [ˈka.ha]
Pronunciación tónica de pronombres átonos enclíticos: *representándolá*
Plano gramatical
Uso del voseo muy extendido socialmente
Uso de desinencias verbales correspondientes al voseo (p.e. *tomo, tomás, tomá, tomamos, toman*)
Uso del prefijo *re*- con valor superlativo: *ellas eran reamigas*
Plano léxico
Usos léxicos característicos de la región: *al pedo* 'inútil; en balde'; *atorrante* 'vago'; *bancarse* 'soportar'; *boludo* 'tonto'; *bombacha* 'braga'; *colectivo* 'autobús', 'bus'; *bronca* 'enojo, enfado'; *frazada* 'manta, cobija'; *lolas* 'pechos', 'tetas'; *macana* 'mentira; desatino'; *macanudo* 'simpático, bueno'; *morocho* 'de pelo negro y tez blanca'; *pavada* 'tontería'; *petiso* 'bajito', 'chaparro'; *pileta* 'piscina'; *piola* 'ingenioso, simpático', *pollera* 'falda', *prolijo* 'cuidado, limpio', 'esmerado'; *quilombo* 'lío', 'confusión'; *vereda* 'acera'; *vidriera* 'escaparate'; *zapallo* 'calabaza; tonto'
Uso de italianismos léxicos: *bagayo* 'bulto', 'paquete'; *boleta* 'multa'; *crepar* 'reventar'; *feta* 'loncha de fiambre o queso'; *grapa* 'aguardiente'; *laburo* 'trabajo'; *linyera* 'hato del vagabundo; vagabundo'; *nono/nonino* 'abuelo'; *piloto* 'gabardina', 'impermeable'; *valija* 'maleta'
Uso de guaranismos léxicos: *caracú* 'tuétano de los animales'; *caraí* 'señor'; *matete* 'confusión, desorden'; *mitaí* 'niño'; *payé* 'hechizo; talismán'; *pororó* 'palomita, roseta de maíz'
Uso de voces del lunfardo: *bacán* 'tipo, persona'; *cana* 'policía'; *falopa* 'droga'; *farabute* 'loco'; *fiaca* 'pereza'; *mina* 'mujer'; *morfar* 'comer

Cuadro 11.2 Paradigma de tratamientos. Sistema voseante del español rioplatense

Sujeto	Átono	Reflexivo	Término
vos	*te*	*te*	*ti, vos*
usted	*lo/la/le*	*se*	*usted*
ustedes	*los/las/les*	*se*	*ustedes*

En el léxico argentino y uruguayo es frecuente el empleo generalizado de voces de origen italiano, procedentes de los inmigrantes: *laburo* 'trabajo', *feta* 'loncha', *nono* 'abuelo'. En el léxico paraguayo y del nordeste argentino, sin embargo, encontramos la presencia de guaranismos, si bien la mayoría de ellos son nombres de árboles, de especies de animales y de plantas autóctonas. Además, hay vocablos de origen hispánico que han tenido su propio desarrollo (p.e. *atorrante* 'vago', *boludo* 'tonto', *vereda* 'acera') y vocablos que, siendo de uso general, tuvieron su origen en el habla jergal del *lunfardo*, de donde vienen *bacán* 'tipo', 'persona', *mina* 'mujer' o *falopa* 'droga'.

Por su lado, las hablas chilenas conservaron la distinción de palatales (/ʎ/ – /j/) hasta hace unas décadas, si bien actualmente es un territorio yeísta, con alternancia de variantes fonéticas y con pequeños y aislados enclaves distinguidores. Asimismo, en el español chileno se aprecia con claridad el debilitamiento consonántico, intervocálico e implosivo (p.e. *universiá* 'universidad') y muy especialmente la aspiración y pérdida de /s/ en posición final de sílaba.

Dejando a un lado la entonación característica chilena, de un tono algo más elevado que la media hispánica, el rasgo más claro de chilenismo fonético es la palatalización de las velares, que consiste en pronunciar los sonidos consonánticos velares elevando la parte anterior de la lengua hacia el paladar. El resultado fonético es como si, tras la consonante velar, se pronunciara una palatal débil: *queso* sonaría ['kje.so], *se queda* sonaría como [se ˈkje.ða], *general* como [hje.ne.ˈral], *mujer* como [mu.ˈhjer] e *higuera* como [i.ˈɣje.ra]. Este rasgo también se halla en territorios aledaños de Perú y Argentina, pero es en Chile donde adquiere una mayor solidez geográfica y social. Además, en Chile también se encuentra asibilación de /r/ y de *tr-*.

Cuadro 11.3 Rasgos generales del español en Chile

Plano fónico
Tendencia a aspiración y asimilación de /s/ en posición final de sílaba y a la pérdida en posición final de palabra: [lah.ˈme.sah] 'las mesas'; [ˈbah.ko] 'vasco'; [míhmo] 'mismo'; [di.ˈhuh.to] 'disgusto'; [ra.ˈxar] 'rasgar'; [loh ˈto.ro] 'los toros'
Tendencia a pronunciación poco tensa de la velar /x/: [a.ˈhjen.da] ' agenda'; in.te.li.ˈhjen.te] ' inteligente'
Tendencia a pronunciación poco tensa de *che*: [ˈmu.tso]/[ˈmu.ʃo] "mucho"
Pronunciación palatalizada de [k], [x] y [ɣ]: [ˈkje.so] 'queso', [se ˈkje.ða] 'se queda', [hje.ne.ˈral] 'general', [mu.ˈhjer] 'mujer', [i.ˈɣje.ra] 'higuera'
Tendencia a pronunciación asibilada [ʐ] de /r/, /r/ y *tr*: [ˈka.ʐo] 'carro', [ˈtʐes] 'tres', [iʐ] 'ir'
Plano gramatical
Alternancia de tuteo y voseo en pronombres y paradigma verbal
Uso urbano de *(se) me le*: *se me le quiso como arrepentir*; *casi se me le sale un garabato*
Plano léxico
Uso de andinismos léxicos: *aconcharse* 'enturbiarse'; *combazo* 'puñetazo'; *guatón* 'barrigón'; *pisco* 'aguardiente'; *polla* 'lotería'; *poto* 'trasero, nalgas'
Uso de chilenismos léxicos: *al tiro* 'de inmediato, enseguida'; *bacán* 'prepotente, sobrado'; *cahuín* 'problema, lío'; *catete* 'cargante, pesado'; *copucha* 'mentira'; *cototudo* 'difícil, complicado'; *condoro* 'torpeza grave'; *coño* 'persona de España'; *enguatar* 'hinchar, engordar'; *fome* 'tonto, sin gracia'; *huevada* 'cosa, asunto; "situación'; *huevón/a* 'estúpido; persona; fulano/a'; *paco* 'agente de policía'; *pituto* 'recomendación, trabajo ocasional'; *roto/a* 'maleducado/a'; *ya* 'sí, efectivamente, claro'
Uso de mapuchismos léxicos: *colocolo* 'gato montés'; *contri/contre* 'molleja'; *chalcha* 'papada de los animales'; *cancos* 'caderas anchas en la mujer'; *echona* 'hoz'; guachi 'lazo para cazar'; *guata* 'barriga'; *laque* 'porra'; *pana* 'hígado de animal'; *pololear* 'tener novio, salir con alguien'; *pololo/a* 'novio/a'; *rulo* 'tierra de labor sin riego'; *trutro/tuto/tutro/truto* 'muslo'
Uso de quechuismos léxicos: *chacrear* 'malograr'; *chascón* 'de cabellera abundante y greñuda'; *china* 'india o mestiza dedicada al servicio doméstico'; *huaso* o guaso 'campesino, rústico'; *pupo* 'ombligo' (usado en el norte); *quiscudo* 'de cabellos gruesos y tiesos'

El español de los chilenos es muy sensible a las diferencias sociolingüísticas. Suelen considerarse rasgos propios de los grupos rurales y de las clases más bajas el debilitamiento consonántico intenso, la pérdida de oclusivas sonoras (p.e. *auhcar* 'a buscar'; *jubilaoh* 'jubilados'), la vocalización de consonantes implosivas (['kaw.su.la] 'cápsula', [dow.'tor] 'doctor') y de [b, d, g] ante líquida ([aw.'rí.ɣo] 'abrigo', ['maj.re] 'madre', [bi.'naj.re] 'vinagre') o la pérdida total de /s/ (['ba.mo] 'vamos'). Estos usos son muy frecuentes en el español de niveles menos cultos (urbano y rural) y en los registros más familiares.

En el plano gramatical, las formas chilenas de tratamiento ofrecen una interesante convivencia de varios sistemas. El sistema de tratamiento predominante es de carácter asimétrico, con formas de respeto dirigidas hacia los superiores y formas de cercanía dirigidas hacia los inferiores, pero es habitual la diversidad de criterios. En Chile existe un voseo que presenta varias formas: un voseo verbal con tuteo pronominal (*tú cantái*) y un voseo pronominal y verbal, llamado *voseo auténtico* (*vos tomái*). En ambos casos, las desinencias verbales son prácticamente la mismas, entre las que destacan, por su peculiaridad, las formas de la primera conjugación: *cantái* 'cantas', *cantabai* 'cantabas', *cantaríai* 'cantarías', *cantarai* 'cantaras', con una desinencia que tiene su origen en las formas de segunda persona del plural (*vos cantáis* > *vos/tú cantái*). En lo que se refiere a su uso social, el voseo parece ir avanzando en Chile en su forma mixta (tuteo pronominal con voseo verbal). Ese voseo mixto está extendido entre la gente urbana, incluida la más joven: *¿cachái?* '¿lo entiendes?, ¿lo captas?'.

En el léxico también encontramos **chilenismos**, como *cahuín* 'problema; lío', *catete* 'cargante, pesado', *copucha* 'mentira', *cototudo* 'difícil, complicado', *condoro* 'torpeza grave', *coño* 'persona española', *guatón* 'barrigón', *paco* 'agente de policía' o *roto* 'maleducado'. También se usa léxico procedente de lenguas originarias, como *pololo/a* 'novio/a', de donde ha derivado *pololear* 'tener novio; salir con alguien'. Algunas voces no son exclusivas de Chile, pero tienen allá una frecuencia que las convierte en características: *harto* 'muy' (p.e. *eso fue harto complicado*); *por cierto* 'ciertamente; con seguridad'; *obvio* 'así; efectivamente'. Sin embargo, los usos que pasan por chilenismos más propios son la expresión *al tiro* 'de inmediato, enseguida' y el adverbio *ya* como afirmación (*ya* 'sí; efectivamente; claro').

Finalmente, en Chile existe también una jerga carcelaria y de delincuencia llamada *coa*, que parece haber tomado muchas expresiones del lunfardo argentino. Esta jerga se ha difundido entre los jóvenes, de modo que muchas de sus expresiones son hoy bastante comunes en el habla popular y en los registros menos formales: *abrir el tarro* 'delatar', 'hablar mucho'; *a todo mórrison* 'a todo ritmo'; *brígido* 'peligroso'; *luca* 'billete de mil pesos'; *mitimota* 'a medias'; *papaya* 'fácil'; *tallarín* 'cicatriz en la cara'; *vacuna* 'estafa'; *volón* 'juerga', 'viaje'.

11.3 Variedades australes del español

Las áreas dialectales del Cono Sur, en su vertiente atlántica, están bien identificadas desde hace tiempo, aunque el influjo de la ciudad de Buenos Aires va expandiéndose a todas las variedades. La distribución dialectal clásica de la Argentina fue hecha por Berta Elena Vidal de Battini en los años sesenta y distingue cinco regiones: el litoral, la región guaranítica, la región noroeste, la de Cuyo y la región central. Ahora bien, si tuviéramos también en cuenta a Paraguay y Uruguay, podría proponerse una división más sencilla: un español guaranítico y un español atlántico. En el espanol guaranítico se incluirían las modalidades del español paraguayo y del español nordestino. En el español atlántico, podrían distinguirse las modalidades del litoral y del mediterráneo (zona central y de Cuyo). En la zona del litoral irrumpe con personalidad el español de la desembocadura del río de la Plata, el **español porteño**, que incluye a Buenos Aires y Montevideo, si bien entre el español de ambas ciudades también existen diferencias.

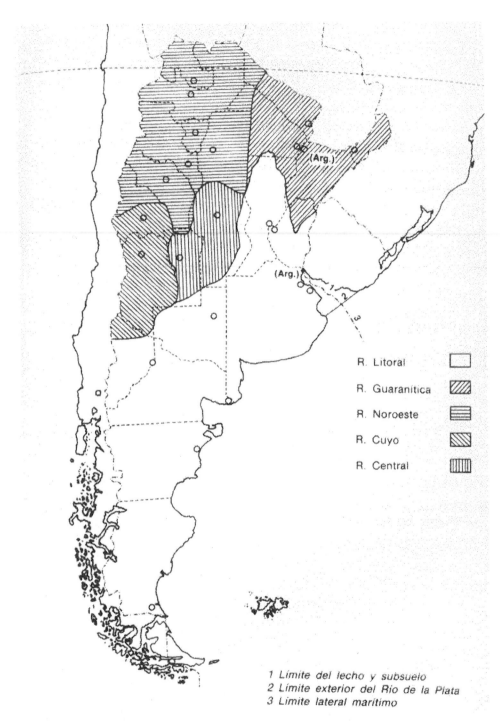

R. Litoral

R. Guaranítica

R. Noroeste

R. Cuyo

R. Central

1 Límite del lecho y subsuelo
2 Límite exterior del Río de la Plata
3 Límite lateral marítimo

Mapa 11.1 Regiones dialectales de la Argentina

Fuente: Vidal de Battini 1964

Las características de estos diferentes tipos de español no son muy fáciles de identificar para los no especialistas. Así, en el español guaranítico pueden destacarse rasgos que responden a una influencia del guaraní o que se ven reforzados por ella, como la creación de hiatos de vocales homólogas (p.e. [al.ko.'ol] 'alcohol', [mi 'i.xo] 'mi hijo') o las oclusiones glotales entre consonante y vocal. Además, encontramos vocablos procedentes del guaraní, tanto en el plano léxico como en el semántico: *agatí* 'libélula'; *angá* 'pobrecito; qué pena'; *ko/nikó* 'ciertamente'; *katé* 'elegante'; *manté* 'solamente'; *pororó* 'palomitas; maíz asado'. Asimismo, la cercanía del portugués de Brasil resulta apreciable en algunos portuguesismos, como *cacho* 'racimo', *petiso* 'persona bajita' o *lungo* 'alto'.

Dentro el español atlántico, hay varios rasgos que permiten diferenciar el interior del litoral. En el interior es mayor la presencia de vibrantes asibiladas, la tendencia a la pronunciación sonora, pero no estridente, de la palatal /j/, tanto si hay yeísmo como si no, y la diversidad de formas de tratamiento. Frente a esto, el litoral mostraría unas vibrantes alveolares no asibiladas, un yeísmo con rehilamiento muy generalizado y un voseo basado en un paradigma verbal estable desde una perspectiva sociolingüística, además de una entonación más italianizante.

En el caso de Uruguay, sus hablas se incluyen dentro de las rioplatenses y comparten con las bonaerenses la mayor parte de sus rasgos, como la pérdida de /d/ intervocálica o la tendencia a la pronunciación aspirada de /x/. Como particularidad, podría mencionarse la mayor presencia del tratamiento *tú*, aun estando muy extendido el voseo, un tratamiento de *tú* que puede conjugarse con formas verbales voseantes, formando un paradigma típico de la zona montevideana: *tú cantás, tú comés, tú vivís; cantá tú, comé tú, viví tú*. No obstante, las generaciones jóvenes son más proclives al uso de *vos*. En el norte del país, encontramos una modalidad mixta de portugués y español que recibe el nombre de **fronterizo** o *fronteiriço* y que muestras algunos rasgos típicos del portugués brasileño, como la palatalización, aunque no general, de las dentales seguidas de *e* o de *i*, de modo que *tío* suena como ['t͡ʃi.o] y *gente* como ['jen.t͡ʃi]. En esta zona, los lusismos léxicos son abundantes: *cacunda* 'espalda; joroba', *canivete* 'objeto cortante', *caprichar* 'esmerarse al hacer algo', *fechar* 'cerrar', *janela* 'ventana', *tombo* 'vida llena de tropiezos'.

Por su parte, más al sur, el español de la Patagonia comparte algunos rasgos lingüísticos con Chile, como la vocalización de algunas consonantes (p.e. *comaire* 'comadre') o la pronunciación palatalizada de la *jota* (p.e. *mujier* 'mujer'), pero adquiere personalidad a partir de la influencia del mapuche. Hay rasgos que son propios de un español mapuchizado, como el uso de *efe* por *be*: *flanco* 'blanco', *fucar* 'buscar', *foliche* 'boliche'; o de *be* por *efe*: *bideo* 'fideo'; o como la falta de concordancia de número y género: p.e. *le rompió lo dibujo; lo agarró la figura*. También se encuentran muestras de léxico propiamente mapuche: *mahuida* 'sierra', *menuco* 'pantano reducido'.

En lo que se refiere al español de Chile, Rodolfo Lenz distinguió cuatro zonas: norte, centro, sur y sur-austral. Sin embargo, las marcas características de esas zonas son pocas y se han ido diluyendo con el tiempo. Actualmente, más allá de los usos urbanos de Santiago de Chile, el habla que parece percibirse con mayor claridad es la de Chiloé, llamada **chilote**. En Chiloé encontramos aspiración de /x/ o pérdida de /b/, /g/ y /j/ en posición inicial de sílaba y en inicial de palabra: *ufanda* 'bufanda', *ufío* 'bufido', *erra* 'guerra', *ota* 'bota', *aer* 'ayer' y *maor* 'mayor'. Además, se encuentran otros usos característicos, como los siguientes: uso del sufijo *–icho*: *perricho, gaticha*; *qué* final en interrogativas: *¿Ya llegaron qué?*; uso de *na* 'nada' como doble negación: p.e. *ella no era na su hija*. En el léxico chilote encontramos también palabras del veliche, dialecto del mapundungun: *chehua* 'perro', *hacer meño* 'comportarse de modo extraño', 'lo que presagia la muerte', *huele* 'zurdo', *pachanca* 'pingüino'.

11.4 La presencia indígena en el Cono Sur

Las lenguas originarias que más destacan en el Cono Sur, por historia, por demografía y por capacidad de influencia sobre el español, son el guaraní, el quechua y el mapudungun. El mapudungun o mapuche se habla en Chile y en los valles andinos del sur de la Argentina; el quechua, en la zona argentina de Santiago del Estero; y el guaraní, muy principalmente en el Paraguay, aunque algunas de sus variedades se utilizan en el norte de la Argentina. Dado que ya hemos prestado atención al quechua o quichua, pondremos ahora más interés en las otras dos lenguas.

El **guaraní**, con diferentes modalidades, es la lengua originaria más importante del Paraguay. De hecho, Paraguay es tal vez el país hispanoamericano con un estatus de bilingüismo más consolidado y con una mayor presencia social de la lengua nativa. Tradicionalmente ha existido una situación de diglosia (§ 5.3; 5.4), con un uso del guaraní para la comunicación hablada familiar y del español para los usos sociales públicos y de prestigio, pero esta diglosia ha comenzado a romperse en las últimas décadas al concedérsele al guaraní una mayor relevancia política.

La proporción de hablantes de español en el Paraguay ronda el 70% de la población, aunque el grupo lingüístico más numeroso es el de los bilingües. Con todo, es importante distinguir entre los conocedores de un guaraní nativo, el más cercano al hablado por los pueblos originarios de esa zona americana, y los usuarios de una variedad guaraní mezclada con español, a la que se le da el nombre de *jopará* o **yopará**, y que incluye préstamos de una lengua a otra, calcos, transferencias de diverso tipo y alternancia de lenguas. Esta es la modalidad más extendida, ya que la población hablante de un guaraní nativo, propiamente dicho, no llega al 2% del total.

Los grupos indígenas en la Argentina se mantienen en áreas delimitadas, siempre con alguna mestización y completamente aculturados. Los indígenas que mantienen su lengua originaria son de hecho bilingües. Dentro de la Argentina, se encuentra el guaraní al noreste, en la provincia de Corrientes (*guaraní correntino o goyano*) y también en las provincias de Misiones, Chaco, Formosa, Santa Fe y Entre Ríos. El **quechua** se conserva en el noroeste, en el área de Santiago del Estero (*quichua santiagueño*), aunque su influencia cultural se extiende por todo el noroeste. El mapuche tiene presencia en las provincias del sur.

A estas lenguas se pueden añadir otras de menor peso: en el sur de la Argentina, el tehuelche; en el norte, el mbyá y el chiriguano – de la familia tupí-guaraní – o el wichí, el guaycurú, el pilagá, el toba, el nivaclé y el chorote, lenguas originarias de la región conocida como el Chaco. Muchos hablantes de estas lenguas originarias se han trasladado en los últimos tiempos a Buenos Aires y su entorno, creando nuevos enclaves idiomáticos en espacios sociolingüísticos más complejos. En cualquier caso, las únicas lenguas originarias que ejercen una influencia bien palpable sobre el uso de lengua española en la Argentina son el guaraní y el quechua, hasta el punto de ser los componentes que confieren personalidad a las variedades del español de sus respectivas áreas. La incidencia del mapuche en el español de Argentina es menor. Uruguay, por su parte, no conserva ninguna lengua originaria.

La situación de Chile comparte algunos rasgos con los demás territorios de esta zona, pero ofrece también sus peculiaridades. Las leyes chilenas reconocen ocho pueblos originarios: alacalufes, atacameños, aimaras, collas, mapuches, quechuas, rapanuis y yámanas. La proporción de población chilena que dice pertenecer a uno de estos ocho pueblos no llega al 5%. Las etnias con mayor número de miembros en Chile son la quechua y la aimara, en el norte, y la mapuche, en la mitad sur del país, antiguamente conocida como araucana. Estos últimos constituyen el grupo originario más importante, con alrededor de 600.000 integrantes, lo que supone casi el 90% de toda la población indígena de Chile. Una parte de los aimaras y de los mapuches se han ido trasladando hacia Santiago. La mayoría de los **mapuches** son bilingües o monolingües en español, ya que la proporción de mapuches monolingües en mapudungun no alcanza el 10% del total. En ello ha influido el alto nivel de urbanización de Chile, así como el grado de inserción social y cultural de la población originaria.

Como podría esperarse, el español de Chile incluye mapuchismos, como *cancos* 'caderas anchas en la mujer', *echona* 'hoz', *laque* 'porra' y *trutro* (*tuto, tutro, truto*) 'muslo'. Ahora bien, la mayor parte de estos préstamos se refieren a especies vegetales o animales y su número no es muy grande. En cuanto al habla de los bilingües, aquellos que tienen una competencia más limitada en español dejan asomar el uso de *be* por *efe*, el timbre de la llamada sexta vocal del mapuche (similar a la *u* japonesa) o la palatalización de *tr*, sobre todo en palabras mapuches que llevan ese sonido: *traiguén* 'cascada' o *trauco* 'ser mítico' suenan a algo así como [t͡ʃaj.'ɣen] y ['t͡ʃaw.ko]. En el plano gramatical, podrían darse casos de falta de concordancia de género y número. Cuando la competencia en español es suficiente, estos rasgos se debilitan o desaparecen.

Resumen

El español del Cono Sur es un conjunto de hablas que muestran algunas características muy extendidas, pero que presenta un perfil diferenciado en cada región. Se trata de hablas que tienden al debilitamiento o pérdida de las consonantes en posición final de sílaba o la asibilación de las líquidas, que suelen circunscribirse a algunas áreas interiores y en contacto con lenguas indígenas, como el quechua.

Entre las hablas del Cono Sur, se distinguen las chilenas de las australes o rioplatenses. Estas últimas presenta modalidades diferenciadas en la costa y el interior. En la costa, destaca por su peso demográfico el español de Buenos Aires y Montevideo, cuyas características más destacables son el rehilamiento palatal y el voseo, con el paradigma verbal en concordancia y con una amplia implantación social. Por su parte, el norte del territorio se caracteriza por la convivencia con el guaraní, que se aprecia sobre todo en el uso de préstamos léxicos y conversacionales.

En el Cono Sur, existe un uso generalizado del español, que se hace evidente incluso en zonas de gran influencia indígena, como las mapuches del sur. La excepción es el territorio de Paraguay, donde el conocimiento del guaraní está muy extendido, en su versión *yopará* o de mezcla con el español. Más al sur, el español de los bilingües, hablantes de mapudungun o mapuche, muestra rasgos fonéticos característicos, junto al uso de mapuchismos léxicos.

Lecturas complementarias

1 "El español de Chile: presente y futuro". Ambrosio Rabanales. 2000. *Onomazein*, 5: 135–141.
   https://web.archive.org/web/20130514030845/www.onomazein.net/5/espanol.pdf

Descripción: Este trabajo presenta una visión sintética del español que se habla actualmente en Chile y conjetura algunas hipótesis sobre su futuro.

2   "Apuntes sobre el español en el Uruguay: historia y rasgos caracterizadores". Virginia Bertolotti y Magdalena Coll. 2006. *Ámbitos: revista de estudios de ciencias sociales y humanidades*, 16: 40–31.
www.historiadelaslenguasenuruguay.edu.uy/143/descargar.html

Descripción: Este trabajo analiza dos aspectos de la historia y la caracterización lingüística del Uruguay. Se trata, en primer lugar, el aporte indígena, que se manifiesta solamente en la conservación de léxico vinculado con la toponimia y con la flora y la fauna autóctonas. Un repaso por la historia del componente hispano, en segundo lugar, sirve para explicar algunas características del nivel fonético-fonológico, del morfológico y del sintáctico del español actual del Uruguay.

Sugerencias para investigar y debatir

1   A partir del *Catálogo de voces hispánicas* del Instituto Cervantes, F. Moreno-Fernández (dir.), 2010 (https://cvc.cervantes.es/lengua/voces_hispanicas/), escuche las voces procedentes de Buenos Aires (Argentina), Asunción (Paraguay) y Santiago (Chile) e intente analizar sus principales diferencias fonéticas.
2   Lea las partes I y II de la obra de José Hernández *El gaucho Martín Fierro* (Buenos Aires, 1872). Accesible en Wikisource.

A partir de la lectura, identifique los rasgos de pronunciación más destacados en el habla de los gauchos argentinos. Puede debatir sobre si esos rasgos son propios de la Argentina y están vivos o si son reflejo de otra época.

GLOSARIO

chilote: variedad de español chileno hablada en la isla de Chiloé.
coa: jerga de Chile de naturaleza marginal y juvenil.
cocoliche: variedad de mezcla de español e italiano, utilizada en Buenos Aires desde finales del siglo XIX y ya desaparecida, cuyos elementos se utilizaban como recurso humorístico o literario.
fronterizo/*fronteiriço*: variedad de mezcla de español y portugués, estabilizada socialmente en el norte de Uruguay.
gaucho: jinete trashumante dedicado a la ganadería que habitaba en la pampa argentina, así como en tierras de Uruguay y del sur de Brasil; hombre de campo experimentado en labores ganaderas tradicionales.
lunfardo: jerga marginal de Buenos Aires, utilizada principalmente a comienzos del siglo XX como consecuencia de las migraciones y de la complejidad de la vida urbana.
porteño: de la zona correspondiente a la desembocadura del Río de la Plata, especialmente a la de Buenos Aires.
rehilamiento: pronunciación de /j/ que consiste en un rozamiento intenso en el paladar, que puede tener un resultado sordo [ʃ] o sonoro [ʒ].
yopará: variedad guaraní con fuerte influencia del español.

REFERENCIAS

Academia Argentina de Letras (2004): *Diccionario del habla de los argentinos*. Buenos Aires: La Nación-Espasa-Calpe.

Acuña, Leonor (1997): "El español de Argentina o los argentinos y el español". *Textos de Didáctica de la lengua y de la Literatura*, 12: 39–46.

Alvar, Manuel (2001b): *El Español en Paraguay. Estudios, encuestas, textos.* Alcalá de Henares: Universidad de Alcalá-La Goleta Ediciones-AECI.

Elizaincín, Adolfo (comp.) (1981): *Estudios sobre el español de Uruguay.* Montevideo: Universidad de la República.

Fontanella de Weinberg, María Beatriz (1987): *El español bonaerense: cuatro siglos de evolución lingüística (1580–1980).* Buenos Aires: Hachette.

Fontanella de Weinberg, María Beatriz (1999): "Sistemas pronominales de tratamiento usados en el mundo hispánico". En I. Bosque y V. Demonte (dirs.), *Gramática descriptiva de la lengua española.* Madrid: Espasa-Calpe, pp. 1401–1425.

Fontanella de Weinberg, María Beatriz (coord.) (2000): *El español de la Argentina y sus variedades regionales.* Buenos Aires: Edicial.

Guarnieri, Juan Carlos (1978): *El lenguaje rioplatense.* Montevideo: Ediciones de la Banda Oriental.

Guitarte, Guillermo (1983): *Siete estudios sobre el español de América.* México: UNAM.

Matus, Alfredo, Soledad Dargham y José Luis Samaniego (1992): "Notas para una historia del español en Chile". En. C. Hernández (coord.), *Historia y presente del español de América.* Valladolid: Junta de Castilla y León-PABECAL, pp. 543–564.

Páez de Urdaneta, Iraset (1981): *Historia y geografía hispanoamericana del voseo.* Caracas: La Casa de Bello.

Vidal de Battini, Berta Elena (1964): *El español de la Argentina. Estudio destinado a los maestros de las escuelas primarias*, 2ª ed. 1966, Buenos Aires: Consejo Nacional de Educación.

Wagner, Claudio (2006): "Las zonas dialectales de Chile". *Revista de Lingüística Teórica y Aplicada*, 44: 13–29.

Capítulo 12

Variedades del español en los Estados Unidos

Introducción

Este capítulo presenta un perfil lingüístico del español en los Estados Unidos de América, teniendo en cuenta su distribución geográfica y social. Se parte de la presencia histórica del español en territorio actualmente estadounidense y se relaciona con la constitución de la comunidad chicana a mediados del siglo XX. También se presta atención a las consecuencias de los movimientos demográficos producidos desde 1980.

La presencia del español en los Estados Unidos, ya sea la tradicional, ya sea la más reciente, ha supuesto su coexistencia con el inglés. El contacto de lenguas se ha convertido en uno de los factores que le han dado personalidad al español de los Estados Unidos, junto a su regionalización y a su progresiva nivelación.

La intención de este capítulo es:

a presentar el desarrollo histórico del español en Norteamérica;
b comentar los procesos demográficos que se han producido en los Estados Unidos;
c caracterizar los principales rasgos del español en los Estados Unidos;
d explicar las consecuencias lingüísticas y sociales del contacto entre el inglés y el español.

12.1 La herencia hispana y el movimiento chicano

La lengua española fue el primer idioma europeo hablado al norte del río Grande. Esto ocurrió a partir de 1513, cuando Ponce de León llegó a la Florida, y de 1528, fecha en que la expedición del español Pánfilo de Narváez partió de Tampa (Florida) hacia el oeste, para recorrer la costa del golfo de México hasta la actual Galveston y, desde ahí, atravesando tierras texanas, hasta el golfo de California. Esa expedición sufrió un naufragio en la desembocadura del río Misisipi, al que solo sobrevivieron Alvar Núñez Cabeza de Vaca y otras tres personas, entre ellas un esclavo de tez oscura llamado Esteban, que probablemente fue el primer africano en llegar a Norteamérica. Con todo, la lengua española comenzó a asentarse a partir de la fundación de ciudades como San Agustín (Florida), la primera establecida en la historia del territorio estadounidense (1565).

El panorama idiomático norteamericano en el siglo XVII era el de un espacio fragmentado donde predominaban las lenguas de la familia utoazteca, en la mitad occidental, y de la familia sioux, en el centro. Aunque se dispone de detallada información sobre las lenguas originarias al oeste del Misisipi, existen grandes vacíos de información sobre la situación lingüística al este del gran río, en la zona de colonización británica. A partir del siglo XVI, la lengua española fue un elemento decisivo en la historia y la cultura de los territorios del sur, especialmente del sudoeste, de los actuales Estados Unidos. En la historia sociocultural y comunicativa de ese territorio, se pueden distinguir seis periodos:

1   Periodo de exploraciones (1513–1596)
2   Periodo de asentamientos (1596–1848)
3   Periodo de anglización (1848–1912)
4   Periodo de estatalización (1912–1950)
5   Periodo de reivindicación (1950–1980)
6   Periodo de rehispanización (1980–2010)

Una de las manifestaciones más genuinas de la herencia hispana en el sur de los Estados Unidos, junto al propio mantenimiento del español, es la conservación de rasgos lingüísticos tradicionales, utilizados ininterrumpidamente desde los tiempos de la colonia española y la independencia mexicana. Se trata del español tradicional de California, Arizona, Nuevo México, el sur de Colorado y Texas, entendido como un conjunto de hablas que, aun en trance de asimilación con las variedades de los inmigrantes más recientes, refleja diversos rasgos tradicionales. Muchos de esos rasgos de origen rural o popular pueden considerarse arcaizantes, comparados con los usos urbanos, pero en cualquier caso son reflejo del **español tradicional** sureño.

Cuadro 12.1 Rasgos del español tradicional, popular o rural en el sur de los Estados Unidos

Plano fónico
/r/ asibilada: [ˈtʐes] 'tres'
Pérdida de -*d*-: *dao* 'dado'
Plano gramatical
Indefinido en -*ites*: *fuites* 'fuiste', *vivites* 'viviste', *hablates* 'hablaste'
Formas verbales analógicas: *salemos* 'salimos', *dicemos* 'decimos', *íbanos* 'íbamos', *vuélvanos* 'volvamos'
Formas populares, tradicionales o arcaicas: *truje* 'traje', *vide* 'vi', *dizque*
Plano léxico
Léxico popular: *lagaña* 'legaña', *párparo* 'párpado', *molacho* 'desdentado', *ansina* 'así', *nadien* 'nadie'

En los años sesenta del siglo XX, se produjo un hecho político y sociocultural de gran relevancia, que ha marcado la vida del sur de los Estados Unidos, así como la identidad hispana o latina de todo el país. Aunque hubiera manifestaciones anteriores, en esa época surgió el llamado **movimiento chicano**, una corriente ideológica reivindicativa de derechos civiles, de una identidad cultural latina y de una voz social propia dentro de los Estados Unidos. Los protagonistas de este movimiento, entre los que destacó César Chávez, fueron los hispanos herederos de la histórica cultura del sur estadounidense, junto a los braceros y trabajadores mexicanos llegados al territorio desde principios de siglo, muy especialmente desde 1950.

La forma de hablar español de estas comunidades de frontera muestra con claridad la influencia de la lengua inglesa, sobre todo entre los hispanos del lado estadounidense. Esa forma de hablar, conocida como *pachuco*, *caló* o *pocho* llegó a convertirse en un estereotipo. Actualmente, aunque no existe una variedad de caló o un pocho propiamente dichos, sí puede hablarse de usos típicos del español de frontera (p.e. *ranfla* 'automóvil', *chante* 'casa', *borlo* 'baile', *cantonear* 'vivir'). La diferencia entre el **pachuco** anterior a los años sesenta y el posterior a esa época es de naturaleza ideológica y sociolingüística: los rasgos 'pachucos', considerados como típicos de un habla desprestigiada y connotada negativamente, fueron durante un tiempo señas de identidad de una comunidad cultural que se reivindicaba con gran fuerza. Esa fuerza también tuvo, lógicamente, numerosas manifestaciones culturales y literarias.

Puede decirse que la literatura chicana comenzó en las décadas finales del siglo XIX y se prolongó en el tiempo durante más de un siglo. Algunas de las obras más significativas son: *La historia de un caminante o Gervacio y Aurora*, de Manuel Salazar (1881); *El hijo de la tempestad*, de Eusebio Chacón (1892) o *Las aventuras de don Chipote o cuando los pericos mamen*, de Daniel Venegas (1928). En los años sesenta y setenta, pueden destacarse *. . . y no se lo tragó la tierra*, de Tomás Rivera (1971) o *Kalil City y sus alrededores*, de Rolando Hinojosa-Smith (1972). Esta literatura de tema chicano podía redactarse tanto en español como en inglés. En las obras en español, es frecuente la aparición de elementos del inglés, así como la conservación de rasgos populares de las hablas tradicionales. La otra cara de la moneda es la penetración del español en el uso de la lengua inglesa, sobre todo en la oralidad: en el inglés de Nuevo México son numerosos los hispanismos relacionados sobre todo con la naturaleza, la arquitectura, la gastronomía, las creencias o las tradiciones.

12.2 Las migraciones y sus consecuencias sociolingüísticas

El sudoeste estadounidense conoció desde 1980 un proceso de rehispanización o latinización, sobre todo de raíz mexicana, como nunca antes había vivido en su historia. Esta rehispanización se debió a la llegada masiva de nuevos hablantes de español como consecuencia de una migración económica. Actualmente, de todos los Estados Unidos, el estado de Nuevo México es el que tiene una mayor proporción de población hispana (más de un 40%), si bien el uso del español ha ido decayendo en un largo proceso. Las cifras son elocuentes: en 1850, la mitad de la población de Nuevo México hablaba español; en 1905 se mantenía esa proporción; en 1970 se redujo al 8,8%. En los estados de California y de Texas se concentran más de la mitad de los hispanos de todos los Estados Unidos. Además, hay lugares con porcentajes de población hispana superiores al 90% (East Los Angeles, CA: 97%; Laredo, TX: 94%; Brownsville, TX: 91%), con la particularidad de que la media de edad de los hispanos en los Estados Unidos es 10 años menor que la del conjunto de la población del país.

Las migraciones conocidas desde 1980 han sobrepasado con mucho los límites del sur y del sudoeste del territorio estadounidense. Por un lado, la migración puertorriqueña, iniciada desde que la isla pasó a ser territorio vinculado administrativamente a los Estados Unidos (1898), se hizo mucho más intensa en la década de los cincuenta y los sesenta, y en el área de Nueva York, especialmente el Bronx y el conocido como *Spanish Harlem* o *El Barrio*. De esta forma, el español de la ciudad de Nueva York comenzó a adquirir un perfil predominantemente puertorriqueño y caribeño, que solo se ha visto difuminado por la llegada posterior de grandes grupos de población procedente de México, Colombia o Ecuador, entre otros orígenes hispanohablantes.

Por otro lado, la migración de carácter político e ideológico marcó decididamente el perfil de la población hispana instalada en el área de Florida a partir de 1960, como consecuencia de la revolución cubana encabezada por Fidel Castro. Así, el español de Florida, y muy singularmente el de Miami, se configuró con rasgos predominantemente cubanos, en cuanto a la fonética, la gramática o el léxico. Esa impronta cubana se ha mantenido con el tiempo, si bien ha incorporado otros muchos usos esperables de la convivencia con la lengua inglesa y con otras variedades de español.

Desde 1990, los Estados Unidos han experimentado un crecimiento generalizado de la población hispana en todas sus regiones, sin excepción. Este proceso ha tenido una doble consecuencia: por un lado, el debilitamiento de la identificación del sudoeste con lo mexicano, de la costa este con lo puertorriqueño y del sur de Florida con lo cubano, al incorporarse a estas áreas nuevos hablantes de español; por otro lado, el ascenso de la población hispana, no solo en los tres grandes territorios mencionados, sino por toda la geografía estadounidense. Además, como fruto del asentamiento de la población de origen hispano, se ha producido un doble fenómeno, muy significativo desde una perspectiva sociolingüística: el aumento de la población hispana nacida en los Estados Unidos, por encima de la población inmigrante de primera generación desde 2015; y el descenso (lento, pero constante) del número de hablantes de español entre los hispanos.

A las personas que han aprendido la lengua o han vivido la experiencia del español en sus hogares se las considera **hablantes de herencia**, aunque su dominio de la lengua puede ser desigual. Por ello, el español de este tipo de hablantes presenta una amplia variación, aunque suelen ser recurrente rasgos como los siguientes:

a) pronunciación fluida con acento de sus respectivos orígenes hispánicos y con influencias del inglés;
b) gramática simplificada (p.e. paradigmas verbales reducidos, especialmente en los tiempos de pasado);
c) cambio del orden de palabras nativo;
d) uso nativo de frases hechas o expresiones fosilizadas;
e) uso frecuente de préstamos y de alternancia de lenguas, por limitaciones de léxico español;
f) escaso o nulo dominio de la escritura académica.

El conjunto de estas realidades históricas y sociales ha creado en los Estados Unidos una situación que podría calificarse de diglósica, dado que una lengua (A) se utiliza en espacios públicos, es objeto de enseñanza escolar, tiene escritura y literatura, así como gran prestigio social, mientras otra lengua (B) se utiliza principalmente en espacios privados o familiares, no se enseña en las escuelas, no tiene cultivo escrito y literario, y cuenta con escaso prestigio social. Sin embargo, esta situación diglósica muestra muchos rasgos excepcionales en los Estados Unidos, dado que el español puede encontrarse en espacios públicos (p.e. discursos políticos, televisión, radio), además de tener escritura y literatura. El uso del español, como ocurre en otros espacios hispanohablantes, muestra una gran variación debida a factores geográficos y sociales, como la intensidad del contacto entre variedades de distinto origen hispánico o el perfil cultural y socioeconómico de los hablantes. Asimismo, las variedades de español en los Estados Unidos están en conexión y continuidad entre sí, pero también con el inglés estándar y con las variedades regionales del inglés.

12.3 Consecuencias de los contactos del español y el inglés

La convivencia de hablantes de inglés y de español produce unas consecuencias sobre las lenguas que no son exclusivas de los Estados Unidos, pero que en este país son especialmente interesantes. El contacto entre el español y el inglés crea un continuo de variedades o manifestaciones comunicativas que podrían ordenarse del siguiente modo:

español :: español con transferencias del inglés :: inglés con transferencias del español :: inglés

En el centro de esta escala continua podrían aparecer prácticas translingües, bien en forma de alternancia de lenguas, si existe dominio de ambos idiomas, bien como mezcla de lenguas, cuando una de ellas no se domina suficientemente.

La **alternancia de lenguas** en el discurso de un mismo hablante recibe también el nombre de *cambio de código* y a menudo es considerada como la manifestación prototípica de espanglish. Esta alternancia o cambio no es algo desordenado, sino que obedece a un sistema y puede producirse de distintas formas. En primer lugar, puede aparecer dentro de una misma oración y recibe el nombre de *alternancia intraoracional* (p.e. estamos *walking the dog*). En segundo lugar, puede darse entre oraciones diferentes y recibe el nombre de *alternancia interoracional* (p.e. Quiero comer patatas. *I love potatoes*). Finalmente, podemos encontrar la aparición de "marcadores de discurso" de una lengua dentro de un enunciado en la otra (p.e. *So*, te marcharás esta tarde, ¿*right*?). De acuerdo con el sistema de alternancias, el cambio nunca puede producirse dentro de una palabra; esto es, entre la raíz y sus morfemas (*restricción de morfemas libres*); por otro lado, los cambios solo pueden producirse en los puntos en que coinciden las estructuras de las dos lenguas en alternancia (*restricción de equivalencia*) (p.e. Me llamas *because you need me*).

En cuanto a las condiciones pragmáticas en que la alternancia de lenguas se produce, hay que destacar el cumplimiento de funciones como las siguientes: hacer énfasis en un elemento (p.e. no quiero que vengas tú, quiero que venga *your brother*), citar textualmente otro enunciado (p.e. ella me dijo; "*I love you*"), marcar un cambio de tema o hacer una aclaración (p.e. vamos a seguir negociando, *let's move forward*), entre otras funciones. Junto a estos factores pragmáticos también pueden actuar otros de naturaleza social o psicosocial, como la expresión de identidad, el posicionamiento del hablante respecto a su interlocutor, el tema tratado o el nivel de conocimiento que el interlocutor tenga de las lenguas implicadas, entre otros.

Desde un punto de vista lingüístico, las consecuencias del contacto entre el inglés y el español son similares a las que se encuentran en el contacto entre cualesquiera otras lenguas (§ 13.1). Los efectos lingüísticos más destacados son los siguientes: préstamos, calcos semánticos y calcos léxicos. Todos ellos pueden incluirse bajo el término general de **transferencias**. Los préstamos son el proceso más conocido y consisten, básicamente, en la adopción en una lengua de una forma léxica procedente de la otra lengua en contacto (p.e. *casting* 'audición'; *mouse* 'ratón'). En el caso del español de los Estados Unidos, los préstamos léxicos suelen producirse desde el inglés, en procesos que se vienen conociendo desde el siglo XIX. El nombre que reciben tales préstamos es el de *anglicismos* (§ 9.4). Los calcos léxicos suponen replicar la estructura y el significado de una palabra de otra lengua (p.e. *skyscraper* > *rascacielos*); los calcos semánticos, en cambio, consisten en asignar el significado de una palabra de una lengua sobre la forma de una palabra ya existente en la otra (p.e. *apply* > *aplicar*).

Los **anglicismos** léxicos del español, en los Estados Unidos, precisamente por ser efecto de una convivencia sociolingüística, presentan formas diferentes, así como distintos niveles de integración. Es posible encontrar préstamos del inglés sin ningún tipo de adaptación al español, pronunciados con fonética inglesa: *baby shower, borderline, dime, disclaimer, full-cover, high school, lease, major, money order, nutcracker, part-time, ranger, security*. Asimismo, existen préstamos adaptados fonéticamente al español y escritos con ortografía española: *ampáyer* 'árbitro', *autopar, beibisiri, gasolín, morosaico* 'motocicleta', *pínat* 'cacahuete', *reflexión* 'reflejo', *remedial* 'compensatorio; curativo', *taxes* 'impuestos', *yeli* 'gelatina'.

12.4 Características y variedades del español en los Estados Unidos

Las características lingüísticas del español hablado en los Estados Unidos no pueden presentarse como un listado cerrado de rasgos exclusivos. A pesar de la larga presencia del español en territorio estadounidense, sus características principales están en proceso de renovación constante. Esto es así porque, a los rasgos de las variedades más tradicionales (las del sur y el sudoeste, vinculadas a México) hay que añadir los rasgos de variedades del español incorporadas más recientemente desde la América hispanohablante, sobre todo desde el Caribe y Centroamérica. Por esta razón, puede distinguirse entre modalidades consecuentes, emergentes y decadentes: *consecuentes* son las variedades que derivan o son consecuencia de la evolución de otra anterior (p.e. español México-estadounidense); *emergentes* son las variedades que nacen como nuevas formas de español (p.e. el español neoyorquino); *decadentes* son las variedades en trance desplazamiento o desaparición (p.e. el judeoespañol o el español isleño de Luisiana).

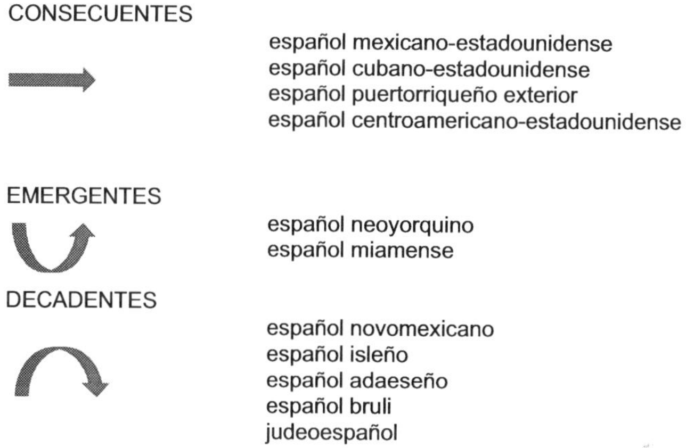

CONSECUENTES

español mexicano-estadounidense
español cubano-estadounidense
español puertorriqueño exterior
español centroamericano-estadounidense

EMERGENTES

español neoyorquino
español miamense

DECADENTES

español novomexicano
español isleño
español adaeseño
español bruli
judeoespañol

Gráfico 12.1 Tipología de dialectos en los Estados Unidos

12.4.1 Perfiles geolingüísticos del español en los Estados Unidos

La historia lingüística de los Estados Unidos explica que el español presente distintos perfiles dialectales en cada una de las grandes regiones en que está implantado. En todas ellas pueden apreciarse las consecuencias del contacto con el inglés, en sus diversas formas, pero aun así es posible identificar características definitorias de cada área. Las áreas geográficas más destacables son las siguientes: el sudoeste (California y su entorno), el sur (Nuevo México y su entorno), el sudeste (Florida y su entorno) y el nordeste (Nueva York y su entorno). La delimitación de estas zonas es muy difusa, ya que los rasgos lingüísticos en los Estados Unidos no obedecen a fronteras geográficas estrictas, por la movilidad de la población y por la diversidad de orígenes de los hablantes. Además, la realidad demográfica, con el paso del tiempo, podrá modificar total o parcialmente los perfiles de cada área geográfica.

La historia del español en el sudoeste de los Estados Unidos siempre ha estado unida a la del español mexicano y lo sigue estando en la actualidad. Hasta tal punto es así, que podría pensarse que el español californiano es una variedad más del español mexicano, si no fuera porque allí se dan otros dos rasgos fundamentales que lo vinculan al resto de los Estados Unidos: las consecuencias del contacto con el inglés y la confluencia con variedades hispánicas de diferente origen.

En el español del sudoeste cabe distinguir entre los rasgos tradicionales, muchos de ellos originados en hablas rurales, como los que aparecen en el Cuadro 12.1., y los rasgos incorporados por la población inmigrante, especialmente de México y sobre todo desde 1980. Entre los rasgos característicos de esta zona merecen mencionarse los siguientes: en el plano fonético, la diptongación de vocales fuertes (p.e. *tiatro* 'teatro', *pior* 'peor', *cuete* 'cohete') o el debilitamiento de /j/ entre vocales (p.e. *sía* 'silla'); en el plano gramatical, la simplificación de los tiempos verbales; en el plano léxico, el uso de formas mexicanas (p.e. *ejotes*: ing. *green beans*; *chícharos*: ing. *peas*; *ejotes* 'habichuelas verdes'; *chícharos* 'guisantes'; *güero*: 'rubio'; *chueco* 'torcido'; *alberca*: 'piscina'; *cuate* 'amigo'; *papalote* "cometa"). Estos rasgos de origen mexicano son los que permiten catalogar el español utilizado en esta región como un "dialecto consecuente", ya que se deriva o es consecuencia de la evolución de una variedad hispano-mexicana anterior.

Cuadro 12.2 Rasgos de algunas variedades del español en los Estados Unidos

El español en el sudoeste
Diptongación de vocales fuertes; ['tjatro] 'teatro'; ['pjor] 'peor'; ['kwe.te] 'cohete'
/j/ debilitada o perdida; [ka.'be.o] 'cabello', [a.'ni.o] 'anillo'
Simplificación del sistema de tiempos verbales
Formas léxicas mexicanas: *alberca* 'piscina', *cuate* 'amigo', *chueco* 'torcido', *chícharos*: ing. *peas*, *ejotes*: ing. *green beans*, *elote* 'maíz', *frijoles* 'habichuelas', *güero* 'rubio', *papalote* 'cometa'
El español en Nuevo México y Texas
-*e* paragógica (*papele* 'papel', *tenere* 'tener')
Che fricativa: ['mu.ʃo] 'mucho'
/j/ debilitada o perdida; *cabeo* 'cabello', *anío* 'anillo'
Aspiración de *h*- (< F-): *juera* 'fuera', *jumo* 'humo'
Formas verbales analógicas: *semos* 'somos', *hamos* 'hemos', *veigo* 'veo'
Mexicanismos: *chueco* 'torcido, patiestevado'; *halar* 'arrastrar'; *mancuernillas* 'gemelos'
Indigenismos regionales: *guaraches* 'sandalias', *milpa* 'maizal', *zopilote* 'buitre negro Americano'
Indigenismos locales: *chimajá* 'perejil'; *mitote* 'chisme, cotilleo'; *teguas* 'sandalias de piel de búfalo'; *tosayes* 'calabazas secas'; *zacate* 'césped'; *zoquete* 'barro'
El español en Miami
Nasalización de vocales trabadas por nasal: ['pãn] 'pan'
Asimilación de líquidas a consonante siguiente: ['bak.ko] 'barco', ['kat.ta] 'carta' [kob.'ba.ta] 'corbata'
Interrogativas con sujeto ante verbo: ¿qué tú quieres?
Diminutivos en – *ico*: *cartica*, *momentico*
Léxico de origen cubano: *asere* 'amigo', 'socio'; *achantado* 'perezoso'; *bemba* 'labios'; *cachimba* 'pipa'; *fotuto* 'bocina del automóvil'; *fruta bomba* 'papaya'; *gárboli* 'juego del escondite'; *jimaguas* 'gemelos'
El español en Nueva York
Debilitamiento y pérdida de -/s/: [lah 'ka.sa] 'las casas'
Neutralización de /ɾ/ y /l/: [an.'dal] 'andar', ['pwel.to] 'puerto'
Anteposición de sujeto con infinitivo: *para yo hacer eso debo estar loco*
Léxico de origen caribeño: *guineo* 'plátano que se come crudo', *monga* 'malestar', 'gripe benigna'

El español de Nuevo México y su entorno mantiene usos propios de la región desde siglos atrás. Dada la situación de frontera, esta zona comparte numerosas características tanto con el español del norte de México como con el español del sudoeste. Entre sus rasgos más relevantes pueden mencionarse los siguientes: en el plano fonético, el uso de una –*e* paragógica (p.e. *papele* 'papel', *tenere* 'tener'), la pronunciación fricativa de *che* (p.e. ['le.ʃe] 'leche', ['mu.ʃo] 'mucho') o la aspiración de *h*- inicial (<F-) (p.e. ['hwer.te] 'fuerte', ['hu.mo] 'humo'); en el plano gramatical, uso de formas verbales analógicas (p.e. *semos* 'somos', *hamos* 'hemos', *veigo* 'veo'); en el plano léxico, uso de formas tradicionales, como *alverjón* (ing. *peas*), *albercoque*, *gallina de la tierra/torque* 'pavo', *enagua* 'falda'. Estas características, de uso tradicional en el área de Nuevo México y su entorno, conviven en la actualidad con rasgos del español de los inmigrantes mexicanos llegados en las últimas décadas. Por otro lado, el sur de los Estados Unidos también incluye otras hablas hispánicas históricas, como *alverjón* ('almorta'), *albercoque* 'albaricoque', en Luisiana desde el siglo XVIII, con rasgos originarios de las islas Canarias, o como el "dasaeño", en la frontera entre Luisiana y Texas. Pero estas hablas, consideradas como dialectos decadentes, se encuentran en trance de desaparición.

Aunque la llegada del español a Florida data de siglos atrás y la presencia de cubanos se documenta desde el siglo XIX, en comunidades como Tampa o Cayo Hueso, ligadas a la industria del tabaco, el perfil lingüístico del sudeste estadounidense se ha consolidado a partir de los años sesenta con la llegada masiva de hispanohablantes desde Cuba, matizada por su contacto con otras modalidades de español, sobre todo en la ciudad de Miami.

El español en el área de Miami muestra un perfil fundamentalmente cubanoamericano y podría catalogarse como un dialecto consecuente del español. Entre sus características más destacadas, podrían anotarse las siguientes: en el plano fonético, la nasalización de vocales trabadas por nasal (p.e. ['sõn] 'son'; ['põn] 'pon') o la asimilación de consonantes líquidas a la consonante siguiente (p.e. ['bak.ko] 'barco', ['kat.ta] 'carta', [kob.'ba.ta] 'corbata'); en el plano gramatical, la anteposición del sujeto al verbo en las interrogaciones (p.e. *¿qué tú quieres?*), el empleo de sujeto con infinitivo (p.e. *dime que hago para yo parecerte interesante*) o el uso de diminutivos en –*ito* e –*ico*, cuando la raíz termina en /t/ (p.e. *chiquitico*, *cartica*); en el plano léxico, el uso de formas habituales en Cuba, como *asere* 'amigo; socio', *achantado* 'perezoso', *gárboli* 'juego del escondite', *fruta bomba* 'papaya', *jimaguas* 'gemelos' o *fotuto* 'bocina del automóvil', y de africanismos como *bemba* 'labios', *bongó*, *mambo* o *cachimba*, además de recursos conversacionales como *dígole* o *ven acá* (§ 9.3.2).

En el nordeste, el español tiene como foco central la ciudad de Nueva York y su entorno. No obstante, Washington DC se ha convertido en uno de los principales asentamientos de población de origen centroamericano, especialmente salvadoreño. Esto hace posible que en Washington se encuentren rasgos como el voseo (p.e. *vos amás* 'tú amas', *vos tenés* 'tú tienes', *vení* 'ven'). En cualquier caso, la mayor parte de la población de esta área, cuando no es de origen caribeño, sobre todo puertorriqueño y, en menor medida, dominicano, ha experimentado un largo contacto con las hablas caribeñas.

Entre los rasgos más destacados del español en el nordeste estadounidense pueden mencionarse los siguientes: en el plano fonético, la neutralización de /r/ y /l/ en posición final de sílaba (p.e. *andal* 'andar', *peol* 'peor', *puelto* 'puerto') o el debilitamiento de la /s/ final de sílaba en forma de aspiración o de pérdida (p.e. [lah.'ka.sa] 'las casas'); en el plano léxico, el uso de formas habituales también en Puerto Rico (*guineo* 'plátano que se come crudo' o *monga* 'malestar', 'gripe benigna').

El área de Nueva York también presenta usos lingüísticos característicos de otros orígenes, como la vocalización de /r/ en posición final de sílaba (p.e. *veide* 'verde'; *pueita* 'puerta'), el empleo de un falso sujeto *ello* (p.e. *ello hay agua*; *ello estaba lloviendo*) o de un plural en *-se* (p.e. *cásase* 'casas'; *cárrose* 'carros'), todo ello de origen dominicano (§ 9.3.2). Asimismo, en Nueva York aún quedan hablantes del judeoespañol, dialecto decadente en proceso de extinción.

12.4.2 Convergencias dialectales: la koinetización o neutralización del español

Aparte del perfil lingüístico de cada una de las áreas mencionadas y de las consecuencias del contacto con el inglés, una de las características más llamativas del español estadounidense es el proceso de convergencia o koinetización que se está conociendo en cada área y en el conjunto del territorio. Es práctica habitual entre hispanos de los Estados Unidos observar los rasgos del habla de sus interlocutores para intentar adaptarse a ellos y facilitar la intercomprensión. Cuando la lengua se utiliza de forma pública, se busca igualmente el empleo de rasgos del español que resulten comprensibles para la mayor parte de una audiencia. Algunos hablantes interpretan este proceso como una búsqueda de un español "neutro" o de una "neutralización", cuando en realidad se está produciendo una acomodación, cuyo resultado es una **koiné** o modalidad común.

Existen estudios que han descrito con mayor o menor detalle el funcionamiento de estos procesos de convergencia o koinetización. En Nueva York, Ana Celia Zentella (1990) realizó un estudio del léxico utilizado por hablantes de origen puertorriqueño, dominicano, colombiano y cubano, a propósito de las denominaciones dadas a 25 objetos. Como es sabido por la dialectología general, entre las áreas mencionadas existen diferencias léxicas a la hora de denominar, por ejemplo, los pantalones jeans (*jeans, mahones, pitusa, fuerteazul, vaqueros*) o la cometa (*papalote, chichigua, chiringa, cometa*). Zentella apuntó dos conclusiones importantes en su estudio. Por un lado, las formas léxicas predominantes en Nueva York suelen ser las comunes a varios grupos de hispanos (p.e. *collar, cadena, cartera, naranja, colchón, aretes . . .*), al tiempo que suelen predominar las habituales entre los grupos hispanos de mejor posición económica y educativa (p.e. la colombiana *cometa*, frente a la dominicana *chichigua*). Por otro lado, la variante en inglés frecuentemente viene a unificar el uso de los hispanos, a modo de alternativa "franca" (p.e. *bus*, en lugar de *guagua* o *autobús*, o *cake*, en lugar de *queque, pastel* o *ponqué*). A unas conclusiones similares llegó Kim Potowski en su estudio del léxico de los hispanos de origen mexicano y puertorriqueño en el español de Chicago.

Por su parte, Claudia Parodi realizó un estudio sobre el español en Los Ángeles, donde predomina claramente el grupo de origen mexicano (> 80%), aunque hay una relevante concentración de centroamericanos (salvadoreños y guatemaltecos). En ese estudio se comprobó la inevitable influencia de las variantes mexicanas que provoca:

a) que el léxico predominante sea el mexicano (se prefiere *papalote* a *barrilete*; *güero* a *chele*; *chamaco* a *cipote*);

b) que el voseo centroamericano apenas aparezca en el uso público de la lengua, aunque sí lo hace en el privado;

c) que los hablantes de origen salvadoreño, los más jóvenes, debiliten las vocales átonas, como se hace en las hablas mexicanas.

Estos hechos producen la impresión de que los centroamericanos jóvenes "hablan como" mexicanos. En realidad, estamos ante un proceso de nivelación o convergencia, determinado por factores pragmáticos, sociales y contextuales.

Resumen

La historia del español en los Estados Unidos se remonta al siglo XVI, pero son las migraciones del siglo XX las que explican la importancia actual de la lengua para todo el país. Estas migraciones supusieron la llegada masiva de hablantes de español desde los años cincuenta y, muy especialmente, desde los años ochenta. La población hispanohablante se fue asentando en diversas áreas de los Estados Unidos, sobre todo en el sudoeste, Florida y la región de Nueva York, si bien su posición socioeconómica ha sido débil. Esta debilidad ha derivado en una situación en la que el inglés funciona principalmente como variedad alta y el español como variedad de uso familiar, si bien el español también tiene presencia pública y en la enseñanza. Dentro del español es posible encontrar modalidades diversas, en las que la incidencia del inglés se hace evidente.

Los orígenes hispánicos de los grupos de inmigrantes han contribuido a construir perfiles dialectales que han permitido distinguir tradicionalmente entre el área de California, de impronta mayoritariamente mexicana; la zona de Miami, de impronta mayoritariamente cubana; y la de Nueva York, de impronta puertorriqueña y dominicana. Estos perfiles dialectales se han ido difuminando conforme la población hispana ha ido aumentando, ha ido asentándose en la sociedad estadounidense y se ha ido entremezclando.

Las principales características del español de los Estados Unidos vienen definidas por el origen de los grupos de hispanos inmigrados, por la nivelación o convergencia que ha provocado la convivencia prolongada de estos grupos y por las consecuencias del contacto con la lengua inglesa. Esas características generales se concretan en cuatro variedades principales (sudoeste, sur, sudeste y nordeste), cada una con sus peculiaridades, aunque la movilidad de la población favorece el intercambio de rasgos lingüísticos.

Lecturas complementarias

1 "Geografía léxica del español estadounidense". Francisco Moreno-Fernández. *Informes del Observatorio*, 034–10/2017SP. Instituto Cervantes en la Universidad de Harvard. http://cervantesobservatorio.fas.harvard.edu/sites/default/files/informeanglicismossp.pdf

Descripción: Estudio de geografía lingüística sobre anglicismos de amplia difusión a partir de información recogida mediante una encuesta a hispanos de todos los Estados Unidos. Esta encuesta, realizada a gran escala, permite conocer el grado de aceptación o rechazo de cuarenta anglicismos de amplio uso en los Estados Unidos.

2 *The Hispanic Population*. 2010 Census Brief. US Census Bureau. www.census.gov/prod/cen2010/briefs/c2010br-04.pdf

Descripción: Este informe de la Oficina del Censo analiza una parte de la diversidad étnica de los Estados Unidos. El informe refleja un análisis de datos de población y vivienda recopilados en el Censo de 2010 y proporciona una instantánea de la población hispana o latina.

Sugerencias para investigar y debatir

1 Tras ver el siguiente video, identifique los tipos de alternancia de lenguas que practica el hablante: "Yo hablo spanglish", *Testimonio del saber*: *Newyorkino-hispano entrevistado Tommy Roque*, Tito Graffe, 2009 (www.youtube.com/watch?v=GIMQWXlPuKc).

2 A partir del *Diccionario de anglicismos del español estadounidense*, de Francisco Moreno-Fernández (Cambridge, MA: Instituto Cervantes at Harvard, 2018) identifique ejemplos en los que se ha producido una adaptación morfológica al español a partir de las formas del inglés.
http://cervantesobservatorio.fas.harvard.edu/sites/default/files/diccionario_anglicismos_2.pdf

GLOSARIO

anglización: proceso de asimilación a la cultura anglosajona.

calco semántico: adopción de un significado propio de otra lengua para una palabra ya existente en una lengua (p.e. *doméstico* 'nacional', por influencia del inglés).

calco sintáctico: adopción de una estructura gramatical propia de otra lengua para construir un enunciado en una lengua (p.e. *¿cómo te ha gustado el libro?* '¿te ha gustado el libro?', por influencia del inglés).

caló: variedad lingüística del español utilizada en la frontera sur mexicano-estadounidense // variedad lingüística de carácter jergal o grupal // variedad del romaní que hablan los gitanos de España.

cambio de código: alternancia de lenguas en el discurso de un mismo hablante.

chicano: (persona, variedad) de origen mexicano y que vive en las áreas fronterizas de los Estados Unidos con México.

convergencia: proceso por el que dos lenguas o variedades van confluyendo en sus formas y significados.

dialecto consecuente: variedad lingüística desarrollada como consecuencia de su trasplante a otro territorio y que se encuentra en un proceso vivo de constitución y consolidación en el nuevo contexto.

dialecto decadente: variedad dialectal que pierde hablantes de una manera intensa, ve reducidos sus contextos de uso y comienza a ser sustituida por otra variedad lingüística, sea de la misma lengua, sea de una lengua distinta.

español neutro: variedad del español resultado de un proceso de nivelación // variedad del español en la que se prescinde de los elementos marcadamente regionales o locales.

hablante de herencia: persona que ha adquirido en su hogar el conocimiento o la experiencia de una lengua que no es la mayoritaria en la comunidad.

koinetización: proceso por el que dos lenguas o variedades van confluyendo en sus formas y significados, creando una nueva variedad de uso compartido.

nivelación: proceso por el que dos lenguas o variedades van confluyendo en sus formas y significados.

pachuco: variedad lingüística del español utilizada en la frontera sur mexicano-estadounidense.

pocho: variedad lingüística del español utilizada en la frontera sur mexicano-estadounidense.

práctica translingüe: uso lingüístico y comunicativo en el que se manejan elementos de dos o más lenguas diferentes sin que se perciban nos límite claros entre ellas.

REFERENCIAS

Escobar, Anna María y Kim Potowski (2015): *El español de los Estados Unidos*. Cambridge: Cambridge University Press.

Espinosa, Aurelio M. (1930 y 1946): *Estudios sobre el español de Muevo Méjico*. Trad. y reel. con notas por Amado Alonso y Ángel Rosenblat. Buenos Aires: Universidad de Buenos Aires.

Lynch, Andrew (2018): "Spatial reconfigurations of Spanish in postmodernity". En J. King y S. Sessarego (eds.), *Language Variation and Contact-Induced Change: Spanish across Space and Time*. Amsterdam: John Benjamins, pp. 11–34.

Moreno-Fernández, Francisco (2003): "El Sudoeste de los Estados Unidos: lengua e historia". *Cuadernos Hispanoamericanos*, 631: 35–44.

Moreno-Fernández, Francisco (2016): "Español estadounidense: perfiles lingüísticos y sociales". *Glosas*, 9–2: 10–23.

Otheguy, Ricardo y Nancy Stern (2011): "On so called Spanglish". *International Journal of Bilingualism*, 15: 85–100.

Otheguy, Ricardo y Ana Celia Zentella (2012): *Spanish in New York: Language Contact, Dialectal Leveling, and Structural Continuity*. Oxford: Oxford University Press.

Parodi, Claudia (2003): "Contacto de dialectos del español en Los Ángeles". En G. Perissinotto. (ed.), *Ensayos de lengua y pedagogía*. Santa Barbara: University of California, pp. 23–38.

Potowski, Kim (2008): "Los hispanos de etnicidad mixta". En H. López Morales (dir.), *Enciclopedia del español en los Estados Unidos*. Madrid: Instituto Cervantes – Santillana, pp. 410–413.

Sánchez, Rosaura (1994): *Chicano Discourse*. Houston: Arte Público Press/University of Houston.

Sankoff, David y Shana Poplack (1981): "A formal grammar for code-switching". *Papers in Linguistics*, 14: 3–45.

Zentella, Ana Celia (1992): "Lexical leveling in *New York City* Spanish dialects: Linguistic *and* social factors". *Hispania*, 73: 1094–1105.

Capítulo 13

Variedades del español en África y Asia

Introducción

Este capítulo presenta las principales características del español hablado en los continentes africano y asiático. La presencia del español en África se extiende históricamente por el territorio noroccidental del Magreb, donde se encuentran las ciudades españolas de Ceuta y Melilla. El español también es usado en el Sahara Occidental y en Guinea Ecuatorial, único país del África subsahariana que lo tiene como lengua oficial y vehicular. La presencia del español en Asia se localiza en Filipinas y en las islas Marianas.

En los continentes africano y asiático, el español ha convivido con muy diversas lenguas. Esta convivencia ha tenido consecuencias lingüísticas tanto para las lenguas nativas como para el propio español. Igualmente, la convivencia ha dado lugar a la aparición de lenguas criollas, como el chabacano en Filipinas y el chamorro de la isla de Guam.

La intención de este capítulo es:

a   presentar un panorama general de la lengua española en el norte de África;
b   presentar un panorama general de la lengua española en Guinea Ecuatorial;
c   presentar las principales características del español de Filipinas;
d   caracterizar los criollos a los que ha contribuido el español en la región de Asia-Pacífico.

13.1 Panorama del español en el norte de África

El norte de África es un territorio donde la convivencia de lenguas es una realidad cotidiana, por lo que ofrece un interesante panorama sociolingüístico. Las lenguas que conviven en el noroeste de África son, entre otras, el francés, el árabe dialectal, el árabe clásico o normativo y el beréber. Junto a ellas hay que incluir la lengua española, por tener frontera con el territorio africano y por haber sido utilizada de diferentes formas dentro de él.

El inicio de la presencia española en el norte de África hay que buscarlo en la segunda mitad del siglo XV. Desde entonces, el uso del español en este territorio ha sido discontinuo e irregular. Además, periódicamente se ha producido una renovación de la población de habla española en este territorio, por lo que resulta complicado identificar una sola modalidad de español.

La principal justificación de la presencia española en el noroeste del continente africano (el Magreb) es la cercanía geográfica y la naturaleza estratégica de un territorio situado junto al estrecho de Gibraltar, en zona de tránsito entre dos continentes. Las primeras expediciones españolas hacia el norte de África se debieron a un deseo de cerrar el paso a las incursiones musulmanas, después de varios siglos de ocupación de la península, así como de llevar la evangelización al continente vecino. El proyecto geopolítico fue dirigido por el cardenal Francisco Jiménez de Cisneros por disposición de la reina Isabel I de Castilla. A comienzos del siglo XVI, España tuvo bajo su control militar y comercial prácticamente

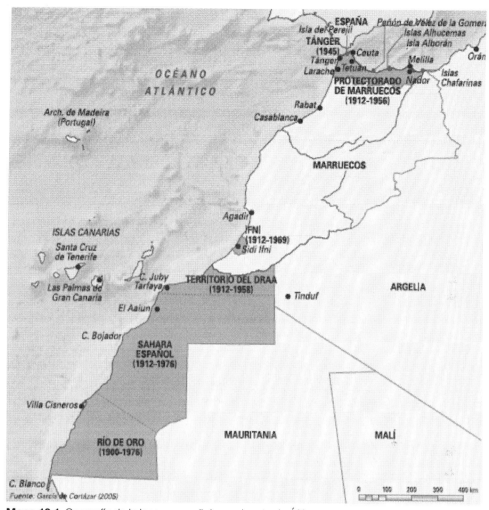

Mapa 13.1 Geografía de la lengua española en el norte de África

Fuente: Moreno-Fernández y Otero 2007

toda la costa de Marruecos y Argelia. Una vez contralada la costa magrebí, España no volvió a practicar una política de expansión por territorios africanos hasta mediados del siglo XIX.

A partir de 1912, como consecuencia de la conferencia de Berlín convocada por las potencias europeas para ordenar la expansión colonial en África, Marruecos pasó a ser zona de protectorado español, aunque este no se hizo efectivo hasta 1927, debido a los numerosos conflictos bélicos que se dieron con la población marroquí: la Guerra del Rif. La independencia de Marruecos en 1956 puso fin al protectorado español y supuso el abandono de los enclaves africanos, con excepción de Ceuta y Melilla, y del Sahara Occidental. Desde entonces, el español ha entrado en una fase de declive, solo pendiente del interés que suscita como lengua segunda o extranjera.

En esta zona noroccidental africana, el Sahara Occidental mantiene con fuerza el uso del español, especialmente por parte de los saharauis instalados en los campamentos de la frontera argelina, constituidos como República Árabe Saharaui Democrática. Allí, el español tiene un importante estatus por ser lengua oficial junto al dialecto del árabe llamado *hassanía*. El reconocimiento político del español en el Sahara supone una seña de identidad frente a Marruecos, donde el francés es la lengua europea de prestigio.

Los máximos exponentes de la presencia del español en el norte de África son las ciudades de Melilla y de Ceuta. La ciudad de Melilla pasó a depender de los castellanos en 1497. Por su parte, la ciudad de Ceuta perteneció a Portugal hasta que el rey Felipe II unió las dos coronas peninsulares. Cuando Portugal volvió a separarse de España, en 1640, Ceuta optó por seguir unida a esta última nación.

El habla de Melilla está claramente relacionada con las modalidades lingüísticas andaluzas, si bien posee peculiaridades debidas a la complejidad sociolingüística de la comunidad y a la convivencia del español con una variedad bereber llamada *cherja* o **chelja**. En las consonantes del español de Melilla, hay muchos rasgos compartidos con las hablas andaluzas: yeísmo sin rehilamiento, aspiración de consonantes finales de sílaba, pérdida de consonantes intervocálicas. En cambio, el sonido [x] tiene una tensión similar a la castellana y las líquidas /ɾ/ y /l/ suelen mantenerse diferenciadas. A su vez, el mantenimiento de la oposición /s/-/θ/ está bastante extendido. En Melilla también se encuentra seseo, especialmente entre hablantes de niveles culturales bajos, lo que no impide encontrarlo en otros grupos, como el de las mujeres cultas. Desde un punto de vista sociolingüístico, los hablantes de más elevado nivel sociocultural suelen mantener claramente unos usos fonéticos más cercanos a los castellanos. Para comprender este hecho, hay que valorar la importancia de la población formada por funcionarios públicos procedentes de numerosos puntos de la península. La aparición de rasgos andaluces está plenamente justificada desde un punto de vista histórico, ya que fueron andaluces los que acudieron a Melilla desde la primera época. Sin embargo, la incorporación continua de hablantes seguidores de una norma castellana hace de Melilla una ciudad con variedades cruzadas y diversas.

En el caso de Ceuta, la convivencia lingüística se produce mayoritariamente con el árabe dialectal ceutí, llamado **dariya**, y la base del español hablado es andaluza occidental, aunque convivan hispanohablantes de distinta procedencia dialectal. En Ceuta se conoce una situación de diglosia (§ 5.3; 5.4), parecida a la que se da en Melilla con el chelja y el español. Allí, el español se considera la variedad alta y se usa para la comunicación pública, oficial, formal y escrita, la comunicación de prestigio abierto, la mejor valorada. La dariya, en cambio, sería la variedad baja, la que se usa para la comunicación privada, íntima, informal y siempre oral, la comunicación de prestigio encubierto, la peor valorada socialmente. No obstante, la situación de Ceuta es aún más compleja porque la diglosia "español/dariya" se superpone a una segunda diglosia "árabe/dariya" en la que el árabe normativo y escrito cumple funciones sociales relacionadas con la vida religiosa y con otros aspectos, orales y escritos, de la comunidad musulmana. Además, en Ceuta se usan otras lenguas, aunque su espacio social sea menor, como es el caso del sindhi, hablado por la comunidad hindú.

El español hablado tradicionalmente en el Magreb, en ciudades marroquíes, como Tánger o Tetuán, y argelinas, como Orán, se caracteriza, en términos generales, por la inclusión de rasgos de origen andaluz. Sin embargo, junto a ellos aparecen otros usos que reflejan la influencia de los dialectos árabes. Algunas características derivadas de este contacto lingüístico son la alteración o inestabilidad del vocalismo átono, debida a que el árabe solamente tiene los fonemas vocálicos /a/, /i/ y /u/ (p.e. *visino* 'vecino', *ureja* 'oreja', *vevía* 'vivía'), el seseo (p.e. *fransese* 'franceses', *mesclao* 'mezclado', *novesientos* 'novecientos'), el yeísmo, con pérdida en muchos casos de la palatal (p.e. *sía* 'silla'), la sustitución de *pe* y *eñe* por *be* y *ni* (p.e. *isbaniol* 'español') o el debilitamiento de las consonantes implosivas, especialmente de /s/, entre otros fenómenos. La gramática del español magrebí muestra usos peculiares, como el empleo de sintagmas nominales sin artículo (p.e. *comemos en cocina*) y, en el léxico, la influencia del árabe se aprecia, por ejemplo, en formas que prescinden de la sílaba *al-* inicial (o *ar-*), por ser esta interpretada como artículo del árabe y no como parte del lexema: *mario* 'armario', *mendra* 'almendra'.

En muchos casos, como en el español tradicional de Orán, la convivencia del árabe dialectal y el español se ha enriquecido por el contacto con la lengua francesa, debido a la presencia política de Francia durante más de un siglo. Por influencia francesa puede explicarse el uso de los artículos del francés *le*, *les* en vez de los españoles *el*, *los*; el frecuente empleo de *u* (fr. *ou*) por *o* y de *e* (fr. *et*) por *y*; o el uso de la forma verbal *ha* por *hace*; además del uso de las preposiciones: *por* por *para* (p.e. *viene por preguntar*), *para* por *por* (p.e. *hecho para mí* 'por mí'), *a* por *en* (p.e. *a pescadería* 'en la pescadería', *al mes de marzo* 'en el mes de marzo', *a Francia* 'en Francia', *a la Independencia* 'en la Independencia') y *en* por *a* (p.e. *voy en España*; *voy en Francia*; *en tu patio* 'a tu patio'). Los casos de galicismos léxicos se manifiestan de tres maneras: manteniendo la fonética y la morfología francesas (p.e. *riz*, *rouget*, *crevette*, *marché*); manteniendo la morfología francesa, pero adaptando la palabra a la fonética española (p.e. *lir* 'leer'; *murir*; *vacances*); o adaptando la morfología y la fonética a mecanismos de expresión más propios del español (p.e. *minore*, de fr. *mineur* 'minero'; *usina*, de fr. *usine* 'fábrica, taller'; *pulía*, de fr. *poulie* 'polea'; *dembarco*, desde fr. *débarquer* 'desembarcar'; *disparesío*, de fr. *disparu* 'desaparecido'; *caserna*, de fr. *caserne* 'cuartel'). También se encuentran calcos semánticos, como *cartitas* 'documentos'; *revuelto a ir* 'vuelto a ir' (desde el fr. *revenir* 'volver'); *me juega el cordeón* (del fr. *jouer* 'tocar'). Y junto a todo ello caben mencionarse otras consecuencias habituales del contacto de lenguas, como el uso alternante del español con el francés y con el árabe, en un proceso de "alternancia de lenguas" o "cambio de código" (§ 12.3).

13.2 El judeoespañol o ladino

Judeoespañol, *ladino*, *sefardí* o *djudezmo* son algunos de los nombres que recibe la variedad hablada por los descendientes de los judíos expulsados de Castilla y Aragón en 1492. Tras el decreto de expulsión (antes se había promulgado en Francia y el norte de Italia; después se ordenaría en Portugal), muchos judíos se instalaron en Marruecos, Argelia y el norte de África; otros emigraron a tierras del imperio Otomano, hasta convertir el judeoespañol en una variedad desterrada, sin solar; o, mejor dicho, con muchos nuevos dominios, si bien socialmente limitados, en contacto con nuevos vecinos lingüísticos: el árabe, el turco, las lenguas eslavas, el griego popular. El judeoespañol se convirtió así en un auténtico paradigma de la diáspora, solo mantenido gracias a un decidido ejercicio de identidad.

La presencia judía en Marruecos y Argelia fue continua desde el siglo XVI, hasta el punto de que se llegó a decir que, cuando los españoles tomaron Tetuán en 1860, fueron sefardíes los que les abrieron las puertas de la ciudad. En el norte de África, el judeoespañol se adaptó a su nueva circunstancia lingüística y creó la variedad llamada **haquitía**.

A su vez, la formación de comunidades sefardíes en Turquía, Grecia – muy especialmente la isla de Rodas – Bulgaria, Serbia, Bosnia, Macedonia, Rumanía o Palestina abocó no solo a la convivencia del judeoespañol con otras lenguas, sino a su progresiva diferenciación dialectal interna. En cada una de sus variedades, el ladino ha incorporado formas de cuño no hispánico, como lo ha hecho cualquier otra variedad del español en su entorno correspondiente.

Los rasgos lingüísticos más relevantes del judeoespañol dependen de la comunidad de que se trate en cada caso (norte de África, Israel, Grecia, Turquía, Balcanes . . .). En todo caso,

pueden observarse algunos rasgos generales y algunos más conservadores, como el mantenimiento de la oposición /s/-/z/, sorda y sonora, la conservación de una africada [dʒ] (p.e. *ondzi*
'once', *dodzi* 'doce'), de la labiodental /v/ ([la.'var]), del grupo – *mb*- (p.e. *palomba* 'paloma',
lombo 'lomo') o de una *efe* inicial de origen latino (p.e. *ferir* 'herir', *forka* 'horca', *fumo* 'humo').
La tendencia arcaizante también se aprecia en algunos usos gramaticales (p.e. *do* 'doy', *esto*
'estoy', *vide* 'vi', *truje* 'traje', *kiriba* 'quería') y en los arcaísmos léxicos (p.e. *mercar* 'comprar',
trocar 'cambiar', *yantar* 'comer'). Junto a estos rasgos, encontramos otros que no son arcaizantes,
como la despalatalización de *eñe* (p.e. *aniu* 'año', *punio* 'puño') o un yeísmo generalizado que ya
existía en el siglo XV. En la morfología, llama la atención el uso de la desinencia verbal en –*í*
(p.e. *cantí* 'canté', *trokí* 'troqué') o la derivación mediante el sufijo –*izo* (p.e. *eskapizo* 'fin', *pensizo*
'pensamiento', *apartizo* 'separación'). Como puede suponerse, el léxico incluye voces de origen
diverso, según la región de implantación, por ejemplo, de origen balcánico y, sobre todo, de
origen turco: *triandafila* 'rosa', *ciorbá* 'sopa agria', *kebap* 'asado', *taván* 'tejado', *kutí* 'caja'. Del
hebreo, se usan *aftaxá* 'esperanza', *mispaxá* 'familia' o *xerém* 'anatema'. También existen voces
de origen árabe (p.e. *khantear* 'fastidiarse') o hebreo (p.e. *laisnear* 'chismorrear, hablar mal'),
junto al uso directo de voces hebreas (p.e. *'anav* 'modesto'; *hamayot* 'fingimiento', 'remilgo';
laisanut 'maledicencia') o árabes (p.e. *cherbiles* 'babuchas'; *fdiha* 'escándalo').

En lo que a la actualidad del judeoespañol se refiere, el retroceso de su uso es más que evidente,
con una comunidad hablante absorbida por las lenguas vehiculares mayoritarias en cada uno de
los territorios. Los sefardíes llegados a los Estados Unidos han perdido su judeoespañol en poco
más de una generación. Hoy la mayor parte de los hispanohablantes de Israel son conocedores de
un ladino que también está en retroceso y que usan con una competencia limitada, sobre todo las
generaciones más jóvenes. La mitad de los hablantes de judeoespañol residen en Israel; en Turquía
pueden quedar unos pocos miles, con una competencia empobrecida con el paso del tiempo, y
en Marruecos la haquitía apenas encuentra espacios sociales en los que manifestarse.

El fuerte deseo de recuperación de esta importante seña de identidad, junto a los recursos
que ofrecen las nuevas tecnologías y los impulsos institucionales, como la creación de la
Academia Nacional del Ladino, podrían ayudar a la supervivencia de esta histórica variedad,
pero la clave para ello residirá en sus posibilidades de uso comunitario. Ese uso nació en el
corazón de la Hispania medieval y se vio abocado por la diáspora, aunque ahora se intenta
recuperar sobre la base de su valor simbólico y cultural.

13.3 El español ecuatoguineano

La situación de Guinea Ecuatorial es realmente singular, por ser el único país en el exterior
del espacio hispánico que cuenta con el español como lengua vehicular y oficial. De hecho,
la oficialidad compartida con francés y portugués es más un guiño político hacia el entorno
africano que un auténtico reflejo del panorama idiomático del país, ya que, si de uso se trata,
la lengua fang o el bubi, incluso el acriollado *pichi* (pichinglis), son las lenguas que gozan de
un mayor arraigo. El español es la lengua de comunicación nacional, la lengua pública y de
prestigio, la lengua de la religión católica, que ha favorecido la penetración de la lengua. El
español entronca directamente a Guinea con el amplio dominio hispanohablante.

El primer contacto europeo con Guinea se produjo en 1471 con la llegada de navegantes
portugueses a la isla de Annobón, muy alejada del resto de los territorios guineanos. Las
prolongadas disputas de España y Portugal por las tierras de Guinea concluyeron en 1777
con la firma de un tratado entre las dos potencias, si bien no existió una auténtica colonización española hasta el siglo XIX. A partir de ese momento se impulsó decididamente el
comercio y se facilitó la llegada de colonos levantinos, de esclavos emancipados y de

deportados políticos de Cuba. También hubo disputas con Francia y Alemania por las regiones continentales de Guinea, que no concluyeron hasta que en 1900 se fijaron los límites definitivos del territorio. A partir de ese momento, la colonización española se intensificó.

La independencia de Guinea Ecuatorial se produjo en 1968, por lo que la capacidad de influencia de España, de su lengua y de su cultura se ha ido reduciendo. Con todo, puede darse por seguro que existe un español ecuatoguineano, así como que no llegó a crearse un criollo del español, al estilo de los criollos africanos circundantes, originados por los colonizadores franceses o británicos. No obstante, en el español guineano es posible identificar algunos rasgos que son muy frecuentes en los criollos, como el uso invariable de una tercera persona verbal (p.e. *yo vive ahí*) o la repetición léxica (p.e. *poto-poto* 'fondo, suelo'; *de ñanga-ñanga* 'falso, de mentira').

Cuadro 13.1 Rasgos del español en Guinea Ecuatorial

Plano fónico
Tendencia a pronunciación oclusiva de /b, d, g/
Yeísmo
Distinción /s/-/θ/ en alternancia con seseo
Tendencia a mantenimiento de /s/ final
Tendencia a debilitamiento de /j/ y a su pérdida en contacto con /e/ e /i/: *pían* 'pillan', *cuchío* 'cuchillo', *eos* 'ellos'
Tendencia a reducción de distinción de /ɾ/ y /r/
Tendencia a pronunciación de [f] por [θ]: *canfión* 'canción', *fintas* 'cintas', *minimifados* 'minimizados'
Influencia de sistemas tonales indígenas
Plano gramatical
Uso de *usted/ustedes* + verbo en segunda persona: *usted quieres*; *ustedes tenéis*
Uso de pronombres átonos por tónicos: *usted me burla* 'usted se burla de mí', *sería fácil hablarme el español* 'sería fácil para mí hablar español', *me abusó* 'abusó de mí'
Tendencia a ausencia de pronombre reflexivo: *la gente concentra aquí*; *vengo a bañar*
Uso redundante o pleonástico de pronombre reflexivo: *se fue reduciéndose*; *no me dudaré nunca*; *la gente se van marchándose*
Uso de preposición *en* para indicar dirección: *voy en Madrid*
Uso invariable de tercera persona singular del verbo como invariable: *yo soy de Bata y vive ahí*; *lo poco que trajo* 'traje' *se me acabó*
Tendencia a falta de concordancia sustantivo-adjetivo: *casa cerrado*; *la plato*; *cosa oculto*
Plano léxico
Uso de guineanismos hispanos: *castizar* 'hablar bien el español', *hermanito* 'miembro de la misma tribu', *lloro* 'deseo', *sanjosé* 'serrucho'
Uso de africanismos: *balele* 'baile indígena colectivo', *bikoro* 'bosque secundario', *chanchú* 'verduras'; 'tubérculo', *de ñanga-ñanga* 'falso', *encué* 'cesto grande', *malanga* 'planta'
Uso de americanismos léxicos: *cayuco* 'canoa', *cayuquero* 'canoero', *chupaflor* 'colibrí', *comején* 'insecto xilófago', *ñame*, *pararse* 'ponerse de pie'
Uso de anglicismos léxicos adaptados: *contrimán* 'paisano'; *contrití* 'té'; *inglés roto* 'inglés corrompido'; *guachimán* 'vigilante'; *misis* 'señora, señorita'; *pepe* 'especia picante'; *poto-poto* 'fondo, suelo'
Confusión de los verbos *oír, entender, enterarse*: *mi hija no habla annobonés, pero lo oye. ¿Me oyes?* 'pero lo entiende. ¿Me entiendes?'; *solo oigo el portugués un poco* 'solo entiendo'; *el elefante se enteró del grito del niño* 'el elefante oyó el grito del niño'

En cuanto a la caracterización lingüística del español ecuatoguineano, sus vínculos con el español de España son más que evidentes, como atestiguan la distinción de /s/ y /θ/, el uso de *vosotros*, el léxico peninsular y hasta sus recursos discursivos. La gramática del español de Guinea refleja parcialmente el complejo funcionamiento de los pronombres en las lenguas indígenas. Por eso se favorece el uso de pronombres átonos donde debería haber tónicos (p.e. *usted me burla* 'usted se burla de mí'), se prescinde del reflexivo (p.e. *la gente concentra aquí*) o se utiliza duplicado (p.e. *se fue reduciéndose*). La ausencia de concordancia (p.e. *la plato; cosa oculto*) o el uso preposicional diferenciado (p.e. *voy en Madrid*) es algo frecuente en las situaciones de lenguas en contacto. Y resulta curioso el uso de pronombres personales de tercera persona con verbos en segunda persona: *usted quieres*.

Por su parte, el léxico refleja la historia sociolingüística del lugar, desde la adaptación del español al nuevo entorno, con la creación de guineanismos hispánicos, hasta la incorporación de africanismos, anglicismos o americanismos. Los africanismos pueden tener la forma de préstamos (p.e. *encué* 'cesto grande'; *chanchú* 'verduras'; de *ñanga-ñanga* 'falso') o de calcos semánticos (p.e. *oír* 'entender': *sólo oigo el portugués un poco* 'solo entiendo'). Los anglicismos pueden deberse a transferencias desde el inglés circunvecino, incluido el *pichinglis* de Bioko, antigua isla de Fernando Poo (p.e. *contrimán* 'paisano' < ing. *countryman*; *pepe* 'especia picante' < ing. *pepper*; *poto-poto* 'fondo, suelo' < ing. *bottom*).

Los americanismos del español de Guinea parecen deberse a los intercambios que se produjeron con Cuba desde el siglo XIX. Con todo, Guinea lleva tiempo orientando su interés hacia América, con la misma decisión con que recibe su influencia: las relaciones con México o Venezuela se estrechan progresivamente; la Televisión de Guinea Ecuatorial (TVGE) es el primer canal africano de televisión 24 horas en idioma español que transmite vía satélite; al mismo tiempo, la música latina se arraiga en Guinea casi con tanta fuerza como las telenovelas. Efectivamente, Guinea Ecuatorial está en un límite de la geográfica hispánica, pero se siente acreedora de mayor centralidad.

13.4 El español en la región Asia-Pacífico

La geografía del español en Asia y el Pacífico incluye las islas Filipinas, las islas Marianas y la isla de Guam. En Filipinas, el español fue lengua oficial desde 1565 hasta 1987. En 1565 la expedición de Miguel López de Legazpi y Andrés de Urdaneta fundó la primera colonia española en la ciudad de Cebú. Filipinas dejó de estar vinculada a España en 1898, a raíz de la guerra entre España y los Estados Unidos, país que aplicó una dura política de **anglización** y erradicación del español, aunque este no vio afectado su prestigio cultural y social hasta bien entrado el siglo XX. La constitución de 1987 estableció cuatro categorías de lenguas: una lengua nacional (el filipino); dos lenguas oficiales (inglés y filipino); las lenguas regionales, como lenguas oficiales auxiliares; y dos lenguas de promoción voluntaria (español y árabe). El filipino o pilipino es una lengua creada a partir del tagalo e incluye numerosos hispanismos. De hecho, la presencia de préstamos del español en las lenguas indígenas filipinas se ha cuantificado en torno a un 20% de su léxico. A pesar de todo, el español nunca tuvo en Filipinas una implantación similar a la americana, por razones muy diferentes, como la distancia respecto a España, la falta de colonos en convivencia estrecha con los nativos o la dificultad geográfica de los archipiélagos para las comunicaciones.

Cuadro 13.2 Hispanismos en las lenguas nativas filipinas

abugado 'abogado'
abri gana 'aperitivo'
abyirto 'abierto'
balasar 'barajar'
bapor 'barco de vapor'
bodiga 'bodega'
hinete 'jinete'
intindi 'entender'
karera 'carrera'
kwarta 'cuarta'
mesa 'mesa'
pera 'perra, moneda'
peryodiko 'periódico'
piraso 'pedazo'
pruweba 'prueba'
pulisya 'policía'
relos 'reloj'
sabon 'jabón'
sintoron 'cinturón'
torompa 'trompa'
umpisa 'empezar'

Actualmente, el número de hablantes de español en las islas Filipinas es difícil de determinar. Dado que los censos no han formulado las preguntas al respecto de un modo igual y constante, encontramos que, según unos datos, apenas hay 3.000 hablantes de español y, según otros, un 3% de la población de Filipinas, de cerca de 100 millones habitantes, habla español. Sea como sea, la implantación del español en la actualidad es muy débil, con la excepción de la modalidad criolla llamada *chabacano*. Pero igualmente cierto es que las Filipinas siguen considerando el español una de sus principales señas de identidad y un valor añadido dentro del panorama idiomático de la región de Asia-Pacífico. Esto se aprecia en los servicios telefónicos en español que se ofrecen desde Filipinas para los Estados Unidos.

13.4.1 Chabacano

Una de las manifestaciones más destacables del español en las Filipinas es la variedad criolla llamada *chabacano*. Se trata de un criollo, fruto de la mezcla de un vocabulario y una fraseología españoles con una base gramatical nativa (tagala o bisaya). El chabacano es una variedad suficientemente diferenciada desde mediados del siglo XVIII.

El chabacano, con sus variedades, se habla principalmente en las islas de Luzón y de Mindanao, al sur del archipiélago, aunque pueden identificarse cinco variedades: *caviteño* y

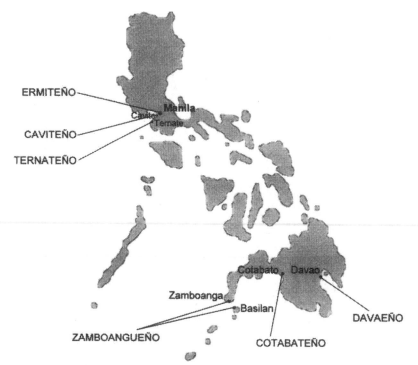

Mapa 13.2 Variedades de chabacano

Fuente: Moreno-Fernández 2009

ternateño, en Luzón; *zamboangueño*, *cotabateño* y *davaeño*, en Mindanao, al sur. La variedad llamada *ermiteño*, de la bahía de Manila, se da por desaparecida. En todo caso, existen hablantes de chabacano en la mayoría de las provincias filipinas, que suelen tenerlo como primera lengua o como segunda.

El origen de esta variedad, como el de muchas otras lenguas criollas, estuvo en el contacto de la población nativa con los colonizadores occidentales (§ 14.4.2). Probablemente, los soldados filipinos aprendieron español de las tropas que protegían la fortificación española en Zamboanga, procedentes en buen número de México. Este contacto estuvo precedido por otros con la población española, por motivos religiosos y socioeconómicos. En la actualidad, las cifras de hablantes de chabacano son desiguales, aunque se calculan unos 800.000. Un estudio realizado por la ciudad de Zamboanga para conocer el uso de las lenguas en ámbitos como la casa, la escuela, el trabajo o los amigos mostró que el chabacano era la lengua más utilizada por los zamboangueños, por delante del inglés y del tagalo.

Entre las características lingüísticas del criollo chabacano hay que señalar el paso a [p] del fonema /f/, sonido inexistente en las lenguas filipinas, el seseo, la aspiración de /x/, el debilitamiento articulatorio de /j/, la conservación de las palatales nasal y lateral, y la simplificación de la vibrante múltiple, que pasa a realizarse como [r]. De todos ellos, es muy llamativo el paso a [p] de /f/ porque afecta al propio nombre del país y de la lengua: *Pilipinas*, *pilipino*. Desde el punto de vista gramatical, merece la pena comentarse el uso del artículo tagalo *si*, la formación del plural mediante la partícula *mga* (p.e. *el mga casa* 'las casas'), que alterna en el uso con los morfemas de plural del español, la invariabilidad del adjetivo, la introducción de formas indígenas en los pronombres personales (p.e. *kamé*, *kitá* 'nosotros') y la simplicidad del paradigma verbal, con pérdida de /r/ final en el infinitivo (p.e. *comé* 'comer', *quitá* 'quitar', *comprá* 'comprar').

La gramática del chabacano refleja la influencia indígena, como se aprecia en estos ejemplos: *quiere yo con ele* 'yo la/lo quiero'; *ñora Juana, quiere yo conusté* 'doña Juana, la quiero'; *quiere yo kaniño* 'os quiero'; *quiero yo kanila* 'los/las quiero'; *quiere yo con ustedes* 'los quiero a ustedes'. En cuanto al léxico chabacano, incluye cerca de un 90% de elementos de origen español, muchos de ellos americanismos. A eso hay que unir voces indígenas, arcaísmos y anglicismos. Son interesantes las palabras que han cambiado o especializado su significado, aunque sean de origen hispánico, como *agwa olor/agwa de olor* 'perfume, colonia'; y también las voces que se han creado por composición y que han pasado a la escritura: *kadabes* 'cada vez', *ketal* 'qué tal'.

13.4.2 Chamorro

El chamorro es una variedad de mezcla vinculada al español y utilizada en la isla de Guam, donde tiene estatus de lengua cooficial y cuenta con más de 60.000 hablantes. Según Rafael Rodríguez-Ponga, el chamorro actual es el resultado de la fusión histórica de elementos austronésicos y españoles, a los que se han añadido, a lo largo del siglo XX, préstamos del inglés (lengua oficial de las islas Marianas) y del japonés. La duda, a propósito de esta variedad, se ha centrado en su posible clasificación como lengua malayo-polinésica o como criollo con fuerte presencia de elementos españoles. Para Rodríguez-Ponga y Munteanu, estamos ante una lengua mixta hispano-austronésica nacida del mestizaje de españoles y mexicanos con nativos marianos y filipinos.

En lo que se refiere a las características lingüísticas del chamorro, se trata de una lengua cuyo léxico de origen español ronda el 60% y que cuenta con presencia de otros elementos lingüísticos hispanos, como la distinción de género y número, las preposiciones (*asta*, *contra*, *desde*, *entre*, *para*, *pot*, *sigún*, *sin*) o la serie de numerales ordinales (*uno*, *dos*, *tres*, *sinko*), entre otros. En la fonología, el español pudo influir en la distinción de los pares vocálicos /e/-/i/ y /o/-/u/, así como del par de líquidas /r/-/l/ (p.e. *para/pala*). La existencia de americanismos y algunos rasgos fonéticos, como el seseo (p.e. *setbesa* 'cerveza') o el yeísmo (p.e. *kabayo* 'caballo') hacen pensar que el español llegado a las islas Marianas pudo ser mayoritariamente de origen americano.

Resumen

El español puede considerarse una lengua universal gracias a su extensión por los continentes de África y de Asia. El conocimiento y el uso del español en estos continentes se debió a la política de exploración y colonización protagonizada por España desde el siglo XV hasta prácticamente el siglo XX, con las naturales diferencias políticas, socioeconómicas y culturales entre unas épocas y otras.

La presencia más antigua del español en el continente africano se debió al enfrentamiento religioso con los pueblos musulmanes, que habían ocupado la península durante varios siglos. Esta realidad histórica llevó a Castilla y a España a desplegar una política de control de las costas del noroeste de África, primero con fines militares y, después, con fines comerciales. De este modo, se ha mantenido durante siglos una situación de convivencia lingüística del español con el árabe, con el beréber y con otras lenguas que ha condicionado la naturaleza del español de esta zona. En este mismo espacio se mantuvo durante siglos la variedad del judeoespañol denominada *haquitía*, aunque existen otras modalidades judeoespañolas en torno al Mediterráneo oriental.

El español comenzó a tener un peso decisivo en Guinea Ecuatorial a partir del siglo XVIII y especialmente como consecuencia de las políticas coloniales del siglo XIX. Esa situación inicial derivó en una consolidación social del español, en convivencia con otras lenguas indígenas vehiculares. El español es lengua oficial de Guinea en la actualidad y muestra los efectos tanto de su estrecha vinculación con España, como de su relación con América y de su convivencia con lenguas africanas.

En la región de Asia-Pacífico, la presencia del español se limita a las islas Filipinas y a las islas Marianas. El español ha sido lengua de prestigio, poder y cultura en Filipinas desde el siglo XVI hasta el siglo XX. El español filipino muestra una clara influencia del español americano, especialmente de México, pues la relación con el mundo hispánico se produjo entre Manila y Acapulco. Fruto también del contacto de lenguas es el criollo chabacano y el importante componente español que muestra el chamorro de Guam.

Lecturas complementarias

1   "El español en Asia-Pacífico". Jaime Otero. *Anuario Asia-Pacífico*, 1 (2004): 413–424.
www.anuarioasiapacifico.es/pdf/2004/ASIA_CID_413_424.pdf

Descripción: Este artículo ofrece un panorama general de la presencia de la lengua española en Asia oriental, prestando atención a la enseñanza del español, mediante una introducción a las recientes tendencias lingüísticas en Asia-Pacífico.

2   "Existe un dialecto ecuatoguineano del español". John Lipski. *Revista Iberoamericana*, LXXX (2014): 865–882.
https://bit.ly/2W5mceP

Descripción: Este artículo demuestra la viabilidad de una variedad guineana del español, de perfil sociolingüístico especial debido a su trayectoria histórica en tierras africanas. Al mismo tiempo, el autor atribuye al racismo multisecular, así como a las nefastas actitudes coloniales, el poco reconocimiento del español guineano dentro de la hispanofonía mundial.

Sugerencias para investigar y debatir

1   Vea el documental "El idioma español en Filipinas" de Javier Ruescas (dir.) (Asociación Cultural Galeón de Manila), 2013.
www.youtube.com/watch?v=GK_Dh8USLNo

A partir del habla de los personajes filipinos que aparecen en el documental, intente hacer una caracterización de la fonética del español de Filipinas.

2   Vea "Si me olvidara mi lingua. Sefarad" de Grupo Sefarad, 2017 (México: Canal 22)
www.youtube.com/watch?v=MX0n3ZiLxk0

A partir de los textos y de las letras de las canciones, identifique algunos de los rasgos más destacados de las hablas judeoespañolas o sefardíes y debata con sus colegas si considera que el judeoespañol está desapareciendo realmente.

GLOSARIO

chabacano: conjunto de variedades criollas surgidas como consecuencia del contacto del español con lenguas nativas de Filipinas, como el tagalo o el bisaya.

chamorro: variedad criolla malayo-polinésica que refleja una importante influencia del español, principalmente en el léxico.

cherja – chelja: variedad del beréber utilizada en la ciudad española de Melilla.

dariya: variedad del árabe utilizada en la ciudad española de Ceuta.

haquitía: variedad del judeoespañol característica del noroeste de África.

hassanía: variedad del árabe utilizada por los saharauis.

judeoespañol: variedad lingüística utilizada por los judíos expulsados de Castilla en 1492 y sus descendientes.

sefardí: variedad lingüística utilizada por los judíos expulsados de Castilla en 1492 y sus descendientes.

REFERENCIAS

Bibang Oyee, Julián-B. (2002): *El español guineano: interferencias, guineanismos*. Malabo.

Casado-Fresnillo, Celia (ed.) (1998): *La lengua y la literatura españolas en África*. Melilla: Sociedad Pública "V Centenario de Melilla", pp. 229–247.

Castillo Barril, Manuel (1966): *La influencia de las lenguas nativas en el español de la Guinea Ecuatorial*. Madrid: CSIC.

González Echegaray, Carlos (1951): "Notas sobre el español en África". *Revista de Filología Española*, 35: 106–118.

Granda, Germán de (1991): *El español en tres mundos: retenciones y contactos lingüísticos en América y África*. Valladolid: Universidad de Valladolid.

Quilis, Antonio y Celia Casado-Fresnillo (1995): *La lengua española en Guinea Ecuatorial*. Madrid: UNED.

Quilis, Antonio y Celia Casado-Fresnillo (2008): *La lengua española en Filipinas*. Madrid: CSIC.

Quintana, Aldina (2006): *Geografía lingüística del judeo-español*. Bern: Peter Lang.

Rodríguez-Ponga, Rafael (1996): "Islas Marianas". En M. Alvar (dir.), *Manual de dialectología hispánica. El español de América*. Barcelona: Ariel, pp. 244–248.

Capítulo 14

Variedades de la lengua española y globalización

Introducción

Este capítulo presenta un panorama general de la lengua española en el escenario internacional de la globalización. Se trata de una reflexión sobre las consecuencias lingüísticas de
la globalización y sobre el modo en que esta afecta a las variedades dialectales. Se atiende a
los efectos del contacto entre dialectos y se reflexiona sobre los conceptos de "interconectividad" y "superdiversidad".

Los objetivos de este capítulo son los siguientes:

a   presentar los tipos de migraciones que han conocido las comunidades hispanohablantes
    y sus consecuencias lingüísticas;
b   reflexionar sobre el fenómeno de las ciudades globales y cómo afecta al español y sus
    variedades;
c   ofrecer un marco conceptual desde el que explicar la realidad lingüística de las fronteras
    del espacio hispanohablante;
d   analizar la posición del español en el mundo globalizado.

14.1 El español como lengua migratoria

Las migraciones son un fenómeno con importantes repercusiones sobre las lenguas. El español, por ser una lengua migratoria, puede dar fe de ello. En realidad, la lengua española le
debe su configuración interna y externa al hecho de haber migrado, con sus hablantes, a lo
largo de muchos siglos y a lo ancho de una geografía intercontinental. Los trasvases poblacionales desde Europa hacia América, los retornos de españoles a sus tierras de origen, los
movimientos entre territorios hispánicos adyacentes o las olas migratorias de América hacia
España y hacia los Estados Unidos han dado a la lengua española una personalidad marcada
por el intercambio de influencias y por la progresiva incorporación de elementos geográficos
y sociales de diversa procedencia. La historia de la lengua española es tan compleja, desde
una perspectiva social, como la historia de los países y territorios que la tienen como lengua mayoritaria o vehicular: España, las repúblicas hispanoamericanas, Guinea Ecuatorial,
Filipinas, bien en todo su territorio, bien en parte de él. Naturalmente, las migraciones han
contribuido a esa complejidad histórica, así como a la aparición de las variedades lingüísticas que conforman el dominio hispanohablante.

Dentro del espacio hispánico, se han conocido migraciones de distintos tipos; por un lado,
según el origen y destino de los migrantes; por otro, según la causa de las migraciones. En
cuanto al primero de estos criterios, las migraciones pueden ser *regionales*, cuando se producen
dentro de un espacio delimitado y dotado de cierta homogeneidad, o *interregionales*, cuando
se dan entre territorios distintos, heterogéneos o lejanos. Un ejemplo de las primeras pueden
ser los movimientos repobladores que se dieron durante la Edad Media en la España

peninsular o los trasvases de población entre los países centroamericanos o entre estos y México durante la segunda mitad del siglo XX. Serían migraciones interregionales los traslados de conquista y colonización de españoles hacia América durante el siglo XVI o la llegada masiva de italianos a las tierras del Río de la Plata a finales del siglo XIX y principios del XX. En este último tipo de migraciones, es necesario distinguir entre aquellas cuyos protagonistas hablan una lengua distinta de la que se utiliza en la tierra de acogida (migraciones *heteroglósicas*) y aquellas en que los migrantes hablan la misma lengua utilizada en la tierra de destino (migraciones *homoglósicas*), si bien las variedades dialectales de migrantes y receptores pueden ser diferentes.

El segundo modo de distinguir migraciones obedece a las causas que las provocan. Desde este punto de vista, encontramos migraciones nacidas de decisiones políticas – como los movimientos de colonización o los de población y repoblación – y migraciones por razones socioeconómicas o ideológicas de los propios migrantes. Esta sencilla tipología de las migraciones permite entender más fácilmente que sus implicaciones sociológicas, económicas, educativas, etnográficas y, por supuesto, lingüísticas pueden ser muy variadas según cada momento histórico o cada área geográfica y según la configuración social de cada comunidad local, regional o internacional.

Las previsiones sociológicas y demográficas apuntan a un aumento de los movimientos migratorios durante los próximos cien años. Ello se deberá en gran parte a la urbanización masiva y a la globalización de la economía, y derivará en contactos interculturales organizados en forma de redes (Castells 1996–1998). Con todo, es posible fijar la atención en dos fenómenos que tendrán en el futuro una gran relevancia o una evolución novedosa: la *interconectividad* geográfica y las *ciudades globales*. Ahí surgirán diversos desarrollos lingüísticos como las convergencias, las mezclas, la formación de redes en distintos niveles, las propuestas normativas o la internacionalización de elementos, que a su vez influirán sobre diferentes ámbitos de la vida de las personas y de las comunidades.

El concepto de **interconectividad** resulta útil para hablar de las lenguas dentro en un mundo globalizado. Si desde el siglo XVI hasta prácticamente el XIX, la globalización ha ido de la mano de la expansión geográfica de unos países sobre territorios ajenos, a partir del siglo XX, y muy especialmente en el XXI, la globalización debe entenderse como conexión entre espacios geográficos; esto es, como interconectividad. En el caso de lenguas como el español o el inglés, la política lingüística desplegada durante varios siglos ha sido de expansión, pero el futuro obliga a la conexión de espacios, medios e intereses. Una lengua globalizada, como el inglés, facilita el acceso a un universo de redes de información y de entidades o instituciones globales; del mismo modo la lengua española, como segunda lengua internacional, ofrece acceso a las redes de un universo de unos 600 millones de hablantes y, en cierta medida, a las redes de información que se comunican en lenguas romances, especialmente el portugués, dada la relativamente corta distancia lingüística que existe entre ellas.

La sociedad red, estudiada por Manuel Castells, sin duda va a hacer más fácil la difusión de las grandes lenguas de comunicación y la progresiva internacionalización de las de mayor demografía, como el español; esto será gracias a las migraciones, desde luego, pero también a la implantación progresiva de tecnologías de la información y la comunicación. Si el mundo se dividiera en áreas de influencia lingüística, dominadas cada una por una lengua regional, a la lengua española le correspondería un lugar preferente en el hemisferio occidental, como alternativa románica, a la lengua inglesa. Ello no es obstáculo para la prolongación hispánica hasta Asia, donde Filipinas cumple una función de puente entre América y Asia.

14.2 El español y las ciudades globales

Por otro lado, la interconectividad entre pueblos y lenguas nacida de los movimientos migratorios se hace muy evidente en las llamadas *ciudades globales*: no olvidemos que desde 2008 más del 50% de la humanidad vive en entornos urbanos y no rurales. En las ciudades se muestran claramente las consecuencias lingüísticas de los procesos de urbanización, incluida la exclusión o las discriminaciones sociales de base lingüística, la llegada e integración sociolingüística de la población migrante, la comunicación con la población llegada por migraciones internas y externas o las expresiones lingüísticas de la superdiversidad incorporadas a la vida de las ciudades en forma de paisaje lingüístico, multilingües o multidialectales. El **paisaje lingüístico** es el conjunto de manifestaciones escritas que se producen en entornos urbanos públicos. Ese paisaje lingüístico, con su multiplicidad idiomática y dialectal, no es solamente una manifestación urbana, sino que se evidencia en el uso de la tecnología, en los medios de comunicación y en los entornos marcados étnica o ideológicamente.

Las ciudades globales ofrecen panoramas multilingües complejos: espacios donde a menudo aparecen fenómenos como la alternancia de lenguas o el habla mixta bilingüe. Tales fenómenos surgen en gran medida por la **superdiversidad** que caracteriza a estos espacios como consecuencia, no solo de unos flujos migratorios intensos, sino de la rápida difusión de información a grandes distancias facilitada por internet y otras tecnologías de comunicación. La inmigración ha sido muy intensa en numerosas ciudades hispanohablantes, como Barcelona, Madrid o México y en ciudades de los Estados Unidos como Miami, Nueva York y San Antonio.

La movilidad que tiene como destino los núcleos urbanos da lugar a la aparición de espacios donde se superponen grupos socioculturales de origen diferente y de distinto perfil lingüístico y dialectal, que se ven sometidos a criterios externos que definen lo que es bueno o malo, apropiado o inapropiado, y que contribuyen a construir sus identidades sociales. Los grupos de inmigrantes en los grandes núcleos urbanos (Madrid, Nueva York) suelen ocupar un lugar de poca o nula relevancia social, especialmente si son hablantes de lenguas diferentes a las dominantes en las comunidades de acogida (p.e. marroquíes en España) o incluso si son usuarios de variedades dialectales diferentes de la más general (p.e. centroamericanos en México o ecuatorianos en Madrid).

Esta estratificación de base sociolingüística tiene implicaciones económicas y sociales que se reflejan en el mercado. En general, los hablantes de clases adineradas, que a menudo son hablantes de un español y de unas variedades de español más prestigiadas, tienen un mayor acceso a los recursos socioeconómicos, así como una mayor movilidad y empleabilidad. Allí donde se reúnen inmigrantes hispanohablantes de diferentes orígenes, como ocurre en las grandes ciudades de los Estados Unidos, son los de mejor posición socioeconómica los que hacen prevalecer sus variedades lingüísticas. Asimismo, los extranjeros hispanohablantes pueden mejorar su acceso al mercado laboral en la medida en que se integren a la dinámica sociolingüística local, incorporando a su habla elementos de la propia variedad local. Los extranjeros de origen no hispano tienen acceso al mercado una vez que saben suficiente español. Solo bajo esta condición un idioma extranjero puede ser un valor agregado o una ventaja económica, principalmente en el campo de la mediación cultural o laboral o en compañías internacionales.

14.3 Dialectos en contacto

Para Peter Auer y Frans Hinskens, los cambios sociales y culturales, como los que provocan las migraciones, están afectando de una forma muy rápida a la naturaleza y a la posición de los dialectos tradicionales. En las condiciones actuales, cambiantes y tensas, los dialectos se ven inmersos en procesos que afectan a cuatro dimensiones diferentes:

1 *Dimensión dialecto – lengua estándar.* En esta dimensión se localizan los cambios que surgen de la relación entre los dialectos y la variedad estándar correspondiente, que a menudo conduce a una nivelación entre dialectos, aunque la lengua estándar también puede recibir influencia de los dialectos. Esta es la situación que puede encontrarse en las variedades de Andalucía, Canarias o la costa caribeña de Colombia, respecto de sus respectivas modalidades "estándar" (español castellano norteño o español bogotano).
2 *Dimensión dialecto – dialecto.* Esta dimensión se refiere a la influencia de unos dialectos sobre otros, como la que se experimenta en las comunidades hispanas de los Estados Unidos.
3 *Dialectos de frontera.* Los dialectos pueden experimentar tendencias divergentes cuando la región en la cual se hablan está dividida por una frontera política. Ahora bien, durante las últimas décadas, el impacto de tales fronteras se ha atenuado, y no intensificado, por el desarrollo de los medios de comunicación. Esto ocurre, por ejemplo, en la frontera mexicano-estadounidense.
4 *Emigración a gran escala.* A este respecto, interesa la convergencia que se produce entre dialectos importados por grandes grupos de inmigrantes, así como la relación entre estos nuevos grupos sociales y los dialectos nativos. Este es el caso de las variedades de español llevadas a España por los grandes contingentes de migrantes hispanohablantes americanos llegados durante el último cambio de siglo.

Las comunidades son permeables a las influencias de los inmigrantes, produciéndose un interesante juego de trasvases, incluidos los lingüísticos, que dan lugar a procesos de **convergencia**. Así se ha comprobado en la ciudad de Nueva York, donde el español de mexicanos y andinos, de consonantismo más tenso, interactúa con el de los caribeños creando procesos de transdialectalización, adaptación y nivelación cuyo resultado acerca a las distintas variedades y las amalgama, normalmente en beneficio de las variedades cuyos hablantes gozan de una mejor posición económica. Del mismo modo, podría analizarse en Madrid, donde se dan cita miles de ecuatorianos, colombianos o rioplatenses, aunque en proporciones menores que en las grandes urbes estadounidenses.

Por último, la movilidad de hablantes provoca la necesidad de una **acomodación** de normas. Es sabido que las lenguas no requieren de regulaciones externas para subsistir, pero no menos cierto es que las sociedades reclaman criterios reguladores, que son socialmente útiles cuando la comunicación alcanza a millones de usuarios, como en el caso de las lenguas internacionales. El español, por ser una **lengua pluricéntrica** o pluriareal, aunque no centrífuga, está afrontando las dificultades que supone la creación, actualización y aplicación de unas normas comunes. Ulrich Ammon explicó que para la **estandarización** de una norma hay que tener en cuenta diversos factores: hablantes modelo, escritores modelo, códigos de ortografía, diccionarios, códigos de pronunciación, morfología y sintaxis y códigos de estilo. En el caso del español, se conjuga una sólida base normativa, acordada por todos los territorios hispánicos (por eso se habla de *endonormatividad*), con la aceptación de los usos autóctonos y de prestigio en cada región. El modelo normativo que cuenta con un prestigio en la actualidad no es el de una metrópoli concreta, sino el de un español culto, de fonética más conservadora, que puede encontrarse en numerosas grandes ciudades hispanohablantes, como Bogotá, México o Madrid, o bilingües, como Los Ángeles.

14.4 Variedades de mezcla en las fronteras

Como resultado de toda su historia migratoria, el espacio hispanohablante puede concebirse como un inmenso sistema geo-socio-lingüístico que forma una red de contactos y relaciones con diversos núcleos y sus respectivas periferias. Es en estas periferias donde aparecen las lenguas mezcladas, las soluciones de frontera, las también llamadas *medias lenguas*.

El origen de estas situaciones limítrofes es muy variado, desde la simple vecindad histórica, hasta las migraciones, antiguas o modernas, por razones de colonización, ideológicas o económicas. En términos generales, puede hablarse de la existencia de tres clases de fronteras: las fronteras geográficas, las fronteras étnicas y las fronteras sociales. Estas fronteras se corresponden con tres de los conceptos que conforman las identidades – territorio, etnia, grupo social – y que se localizan en la periferia de las identidades regionales, de las identidades étnicas y de las identidades sociales, respectivamente. En cada uno de estos tipos de frontera, surgen lenguas mezcladas, cuyo inventario, dentro del mundo hispánico, esbozamos a continuación.

14.4.1 Mezclas en las fronteras geográficas

En los límites del dominio lingüístico del español aparecen variedades fronterizas que se entreveran con las correspondientes lenguas circunvecinas. Esas variedades suelen reunir elementos del español y elementos de las lenguas contiguas, en una mezcla inestable, si bien de cierta extensión y aceptación social, que parece servir de puente o de área de transición entre las dos lenguas colindantes. En el mundo hispánico, existen muy diversas modalidades de frontera; entre ellas están el *chapurreao* de la franja oriental de Aragón, en el límite entre el catalán y el castellano, en la península ibérica (§ 4.3), o el *fronterizo-fronteiriço* de la divisoria entre Uruguay y el estado de Rio Grande do Sul, de Brasil (§ 11.3).

14.4.2 Mezclas en las fronteras interétnicas (geoétnicas)

En los contactos entre las etnias que coexisten en el territorio hispánico, cuando manejan lenguas diferentes, también pueden aparecer variedades mezcladas. Hablamos de etnias que tienen su propio hábitat geográfico y que no conviven de forma continuada con los hablantes de español como primera lengua, aunque el contacto sea frecuente. Esas variedades suelen reunir elementos del español y elementos de la lengua originaria, en una mezcla estabilizada socialmente y, por lo tanto, capaz de funcionar como seña de identidad y de servir de puente entre los dos grupos coexistentes. En el campo de la sociolingüística, algunas de estas modalidades han recibido la consideración de **lenguas pidgin** y **lenguas criollas**. La relación hispánica de este tipo de mezclas estaría formada por el *chabacano* (Filipinas), mezcla de español y una lengua indígena, como el tagalo (§ 13.4.1); el *papiamento* (Antillas Holandesas), mezcla de español, portugués, neerlandés y elementos africanos (§ 9.4); *palenquero* (Palenque de San Basilio, Colombia), mezcla de español con elementos africanos (§ 9.4); el *chamorro* (isla de Guam, Marianas del Norte), mezcla de lenguas austronésicas con español y elementos del inglés y del japonés (§ 13.4.2); y el *bendé* (San Andrés y Providencia, Colombia), mezcla de español e inglés, llamada también *papiamento*. Además, podríamos añadir a esta lista la *media lengua* (Ecuador), mezcla de base quechua con elementos léxicos del español, que parece localizarse en ciertas poblaciones e incluso adquirirse como lengua materna (§ 10.4).

14.4.3 Mezclas en las fronteras sociales

Los contactos entre etnias diferentes también son posibles dentro de un mismo espacio geográfico, generalmente urbano. En estos casos, las etnias se convierten en grupos sociales, asimilables a otro tipo de agrupaciones de las muchas que pueden surgir en una comunidad. De los contactos entre distintos grupos sociales o socioétnicos pueden surgir variedades de mezcla, cuando migrantes y receptores utilizan instrumentos de comunicación bien diferenciados. En esa circunstancia es frecuente que aparezcan dudas sobre la identidad propia, dudas que en ocasiones llevan a la transculturación o a la búsqueda de una personalidad que no se identifica necesariamente ni con la cultura de origen ni con la de la sociedad de acogida. Como consecuencias lingüísticas de esas fronteras sociales en el espacio hispanohablante, pueden citarse tres: el *cocoliche* argentino (mezcla de italiano y español en la Argentina de principios del siglo XX) (§ 11.1), el *portuñol* de los hispanohablantes en Brasil o el espanglish estadounidense (§§ 12.2; 12.3).

14.5 El español y la globalización

La gran extensión geográfica del español obliga a reflexionar sobre el lugar que ocupa esta lengua en el proceso mundial de globalización. La caracterización de "global" para la lengua española no goza de una aceptación tan amplia como para el inglés, pero tampoco faltan propuestas que la respalden. No obstante, el problema de fondo es interpretar qué es la globalización y qué es una lengua global.

Para Jan Blommaert, hay que distinguir entre globalización geopolítica, que afecta al tejido social, político y económico, y *globalización geocultural*, que afecta a la emergencia de nuevas tecnologías de la comunicación, así como a los modelos sociolingüísticos de las lenguas dentro de las sociedades y a las formas multimodales de comunicación. El manejo de este concepto obliga a la consideración de otros, como el de "localización" y el de "indexicalidad". Este último es una cualidad de los hechos sociales y lingüísticos por la que se ligan de tal forma a su entorno inmediato que no solo dependen de él para su existencia, sino que de él hacen emerger también su significado. Precisamente en estos hechos "indizados" es donde las variedades dialectales adquieren un mayor valor.

La globalización implica unas consecuencias, como el desarrollo de las tecnologías de la comunicación, la universalización de la cultura del consumo o la mayor permeabilidad de las fronteras, que hacen que el uso de las lenguas de mayor alcance internacional contraste con el uso de otras lenguas de mayor arraigo local, produciéndose unos fenómenos de gran interés que se aprecian principalmente en los siguientes contextos: los contextos migratorios, los contextos tecnológicos (correo electrónico, páginas electrónicas, redes sociales), los medios de comunicación social, los entornos urbanos y sus paisajes, los discursos de poder, los discursos identitarios, los procesos de estandarización y los contextos empresariales y financieros. En todos ellos son relevante las variedades dialectales en que las lenguas se manifiestan.

Las **lenguas globales** pueden caracterizarse de acuerdo con los factores que implican "globalización". Según Thomas Eriksen (2007), existen ocho factores definidores de la globalización que pueden proyectarse sobre el concepto de "lengua global". Los factores son:

1 deslocalización
2 aceleración
3 estandarización

4   interconectividad
5   movilidad
6   mezcla
7   vulnerabilidad
8   relocalización.

Según estos criterios, una lengua global no estaría necesariamente anclada a un territorio; sería objeto de una estandarización derivada de acuerdos internacionales; facilitaría la conexión de múltiples agentes por canales y medios diversos; se vería implicada en desplazamientos humanos debidos a migraciones, placer o negocios; experimentaría mezclas en su forma y en sus usos; resultaría más vulnerable a procesos de cambios externos; y admitiría también su interpretación como instrumento de identidad local o regional.

La comunidad hispanohablante y el uso del español refleja la incidencia de todos estos factores, pero con diferencias de grado, de manera que podrían ordenarse, de menor a mayor peso o importancia, del siguiente modo:

deslocalización < vulnerabilidad < movilidad < mezcla < interconectividad < relocalización < aceleración < estandarización

De acuerdo con esta interpretación, la *estandarización* sería uno de los rasgos más sólidos de la lengua española y el más débil sería su deslocalización. Como factor de relocalización, el español es un elemento decisivo, por ejemplo, en los asentamientos beréberes (entorno franco-arabófono), en las Filipinas, donde funciona como seña de identidad, o en las comunidades y barriadas hispanas de los Estados Unidos. Todos esos factores de globalización se manifiestan en el español. Pensemos en ellos con algo más de detalle.

a   *Deslocalización.* Este factor fue decisivo en el proceso de difusión de la lengua, por la presencia universal de todo el complejo cultural y tecnológico que se expresó en español entre los siglos XVI y XVIII. Desde comienzos del XIX, el valor deslocalizado de la lengua española y de la cultura en español fue reduciéndose mientras su espacio era ocupado por el francés, primero, y el inglés, después; y, en la economía, por la libra y por el dólar. Actualmente, la posibilidad de hablar español fuera de las comunidades hispanohablantes existe sobre todo en foros y espacios políticos y culturales internacionales o en nudos de comunicación, físicos o virtuales.

b   *Aceleración.* Se trata de un factor externo que repercute sobre la lengua y que la obliga a afrontar modificaciones y ajustes en cortos periodos de tiempo.

c   *Vulnerabilidad.* La susceptibilidad del español a recibir cambios debidos a influencias externas no es mayor que la de otras lenguas del mundo, sobre todo en lo que se refiere a la posible influencia del inglés. En cuanto a la posibilidad de su desplazamiento por parte de otra lengua, esta es relativamente pequeña, principalmente porque el espacio hispanohablante es bastante compacto, al estar situados de forma contigua la mayor parte de sus territorios, en el continente americano. Este hecho lo hace menos vulnerable a influencias externas.

d   *Movilidad.* La movilidad ha sido una característica de la comunidad hispanohablante a lo largo de la historia. La movilidad hizo posible la difusión de la lengua en un primer periodo y la movilidad, interna y externa, es claramente apreciable en la época contemporánea. Hay comunidades hispanohablantes en movimiento en los Estados Unidos, en Europa y en el interior de Iberoamérica, cada una con sus respectivas modalidades.

e *Mezcla*. La historia de la lengua española es una historia de mezclas y de influencias asimiladas que han producido distintos tipos de variedades. Entre estas mezclas, las hay más recientes y más tradicionales. La capacidad de mezcla del español se aprecia con claridad en las fronteras del norte de África o en los Estados Unidos.

f *Interconectividad*. El español es una lengua que permite la conexión de múltiples agentes por canales y medios diversos. Este rasgo se aprecia también en la importancia que ha adquirido en las redes sociales y en la comunicación mediante internet. El volumen de contenidos en español dentro de internet crece a gran velocidad, así como el número de usuarios que utilizan esta lengua para todo tipo de contactos. El uso del español en las redes refleja toda la diversidad dialectal del español.

g *Relocalización*. El español tiene un valor importante como alternativa identitaria de grupos minoritarios en entornos de conflicto lingüístico, como puedan ser los hispanos en los Estados Unidos, los guineanos en el África francófona, los bereberes en el Magreb o los filipinos en un sudeste asiático, dominado por el chino, el japonés y el inglés. Por otro lado, los países hispanohablantes persisten en la promoción de la lengua española como seña de identidad y como contrapeso a la extensión del inglés.

h *Estandarización*. El español presenta un nivel de estandarización muy desarrollado y bien implantado universalmente, beneficiado por una política académica que, sin obviar el pluricentrismo de los usos cultos, fortalece la coherencia de los criterios normativos.

14.6 El español ante lo global y lo local

El español es la lengua de una comunidad de hablantes amplia y vital, en dinámica de crecimiento y cohesión, gran usuaria de las redes sociales y de internet, y gran consumidora de medios de comunicación social. Su protagonismo como segunda lengua de hecho en los Estados Unidos, en Brasil o en Europa no hace más que augurar buenas perspectivas para su presencia internacional y su prestigio, a corto y medio plazo. Además, ofrece un perfil con rasgos que favorecen su globalización. El español es una lengua que opera de abajo arriba en cuanto a su difusión internacional en la enseñanza, en los medios o en las organizaciones internacionales. Su oferta en las escuelas internacionales es interpretada como una oportunidad y una opción, más que como una imposición.

Por otro lado, el espacio hispanohablante también experimenta el fenómeno universal por el que las tendencias globalizadoras se contrarrestan mediante propuestas localistas, incluidas fuerzas centrífugas nacionales, étnicas y regionales, que buscan un refuerzo de la identidad propia mediante el debilitamiento de la compartida. Estas fuerzas incluyen una dinámica de "indigenización" de las variedades del español, que anteponen las variedades locales a las más generales o estandarizadas: pensamos, por ejemplo, en los planteamientos de grupos latinos de los Estados Unidos que refuerzan su autoestima en el desarrollo de una modalidad "relocalizada" que satisface sus necesidades de identidad grupal, contextualizada, con el riesgo de alejarse de unos modelos de lengua de mayor difusión internacional. Con todo, estas tendencias contrarias no están logrando detener una dinámica de mundialización y de seguimiento de los modelos externos más prestigiosos.

Finalmente, como consecuencia del fenómeno de la globalización, el español ha conocido la creación y desarrollo de una variedad denominada **español neutro**. Esta modalidad, también llamada *español internacional*, *español globalizado* o *globañol*, ya ha comenzado a construirse en la práctica a través de las producciones audiovisuales y de las grandes multinacionales de la comunicación; es el español de productos culturales, informativos y de entretenimiento, que, siendo de muchos lugares, en todos se entiende sin que las diferencias se aprecien como extrañas; es el español de las telenovelas y teleseries, que, sin perder el sabor local, sustituyen los elementos léxicos o fraseológicos más particulares por otros de aceptación y comprensión generales.

Este español no es una variedad natural, como las desarrolladas en cada una de las regiones hispánicas, sino consecuencia natural de la implantación internacional del español. Junto al uso de este "español neutro", los productos audiovisuales y comerciales, incluidos los "asistentes virtuales", capaces de hablar mediante "dialectos sintetizados", suelen mostrar en la actualidad un español con predominio de los rasgos de la zona dialectal en que se han creado. Así, cuando los productos (originales, doblados o subtitulados) se han creado en México, país con una importante industria audiovisual, el español que se ofrece es de base mexicana, aunque frecuentemente se eliminan los rasgos más locales para favorecer su distribución internacional. Cuando los productos son de España, el español que ofrecen es de variedad castellana y cuando son venezolanos, por ejemplo, el español es caribeño, si bien es frecuente la participación de actores de diferente procedencia dialectal, sobre todo en las telenovelas. Cuando determinados servicios se ofrecen bien en español castellano, bien en español "latino" o "latinoamericano", este último suele tener un origen mexicano, con los matices comentados, ya que no existe una variedad "latinoamericana" propiamente dicha.

Aceptando la diversidad de modalidades del español, como se ha explicado, lo cierto es que la cercanía y afinidad entre esas modalidades permite la fácil circulación y consumo de productos generados en cualquiera de los países hispanohablantes. Las investigaciones que se han interesado por la cohesión interna del español revelan la elevada proporción de elementos compartidos o fácilmente comprensibles por los hablantes de la mayor parte de los países hispánicos. Los territorios que muestran una mayor peculiaridad respecto de los demás son Chile y España, situados en ambos extremos del espacio hispánico, a los que puede añadirse el Río de la Plata (§ 11.2), que también presenta rasgos particulares y fácilmente reconocibles desde las demás áreas dialectales.

Resumen

Las migraciones han contribuido a la complejidad histórica del dominio hispanohablante, así como a la aparición de sus variedades lingüísticas. En relación con las migraciones, dos fenómenos concretos adquieren una gran relevancia: la *interconectividad* geográfica y las *ciudades globales*. Consecuencia de ambos son diversos desarrollos lingüísticos, como las convergencias, las mezclas, la normativización y la internacionalización, así como el refuerzo de las identidades locales y de grupo. Todos estos fenómenos son manifestación de la superdiversidad. Como resultado de toda su historia migratoria y sociopolítica, el espacio hispanohablante puede concebirse como un inmenso sistema en red, con diversas áreas y dinámicas, donde aparecen variedades mezcladas o de contacto y soluciones de frontera, entendidas desde un punto de vista geográfico, étnico y social.

La globalización tiene consecuencias de todo tipo, incluidas algunas que afectan directamente a la naturaleza y el uso de las lenguas, como la proliferación de las tecnologías de la comunicación, el crecimiento de las clases medias, la aparición de una cultura del consumo o el desarrollo del pluralismo étnico, especialmente en las ciudades. Como en otros campos, los rasgos que permiten caracterizar a las lenguas en la era de la globalización son la deslocalización, la aceleración, la estandarización, la interconectividad, la movilidad, la mezcla, la vulnerabilidad y la relocalización. Estos rasgos afectan a las lenguas en todas sus variedades.

El espacio hispanohablante también experimenta el fenómeno universal por el que las tendencias globalizadoras se contrarrestan mediante propuestas localistas, incluidas fuerzas centrípetas nacionales, étnicas y regionales. Al mismo tiempo, como consecuencia del fenómeno de la globalización, se ha creado una variedad "artificial", denominada *español neutro*, utilizada en producciones audiovisuales por las grandes multinacionales de la comunicación.

Lecturas complementarias

1   "La búsqueda de un español global". Francisco Moreno-Fernández. *VII Congreso Internacional de la Lengua Española*. Puerto Rico. 2016.
http://congresosdelalengua.es/puertorico/ponencias/seccion_5/ponencias_seccion5/moreno-francisco.htm

Descripción del contenido: El texto ofrece una reflexión extensa sobre el español y la globalización. Se explican los intentos de búsqueda de una lengua "perfecta" y las dificultades que existen para identificar y calificar a una lengua como "global".

2   "Viaje lingüístico". Ángel Rosenblat. En *El castellano de España y el castellano de América: unidad y diferenciación*. Caracas: Universidad Central de Venezuela. 1962.
http://llevatetodo.com/viaje-linguistico-texto-para-modificar-y-usar/

Descripción del contenido: El texto, redactado en tono humorístico, refleja las sorpresas que un español experimenta cuando viaja a México, Bogotá, Buenos Aires y Madrid, al conocer las diferentes alternativas léxicas que reciben distintas realidades.

Sugerencias para investigar y debatir

1   Localice una calle en su barrio o ciudad en la que haya una importante cantidad de carteles, anuncios o avisos de todo tipo de establecimientos o servicios, con algunos o muchos de ellos escritos en español. Haga un inventario de las lenguas que aparecen en ese paisaje lingüístico, cuantifique la aparición de cada una de ellas y observe qué lugar ocupa la lengua española y en qué variedad se manifiesta. Construya hipótesis y debata sobre las consecuencias que esta situación pueda tener sobre la lengua española.
2   Busque en internet anuncios publicitarios en los que se haya preferido el uso de un "español neutro" en lugar del español de un área determinada. Haga la búsqueda por países para detectar con más facilidad las diferencias.

GLOSARIO

español neutro: variedad de español desprovista de rasgos marcados dialectalmente y utilizada en productos comunicativos destinados a su distribución internacional.

estandarización: creación del conjunto de normas de una lengua, mediante la redacción de una ortografía, una gramática y un diccionario general.

indexicalidad (indicidad): cualidad de los hechos sociales y lingüísticos por la que se ligan de tal forma a su entorno inmediato que no solo dependen de él para su existencia, sino que de él hacen emerger también su significado.

indigenización: proceso de adecuación de una variedad a las condiciones de un contexto que posee unas características sociales, culturales y lingüísticas determinadas.

interconectividad: capacidad de establecerse relaciones entre regiones geográficas o entre espacios comunicativos muy diferentes.

localización: proceso contrario a la globalización por el cual adquieren relevancia los procesos y transacciones de naturaleza local.

prestigio encubierto: prestigio que existe en el interior de un grupo y que no tiene por qué ajustarse a unos criterios de prestigio general o exterior.

superdiversidad: multiplicidad de manifestaciones dentro de una población que son consecuencia de unos flujos migratorios intensos y de la rápida difusión de información a grandes distancias facilitada por internet y otras tecnologías de comunicación.

REFERENCIAS

Ammon, Ulrich (ed.) (1989): *Status and Function of Language and Language Varieties*. Berlin: de Gruyter.

Auer, Peter, Frans Hinskens y Paul Kerswill (eds.) (2005): *Dialect Change: Convergence and Divergence in European Languages*. Cambridge: Cambridge University Press.

Blommaert, Jan (2010): *The Sociolinguistics of Globalization*. Cambridge: Cambridge University Press.

Castells, Manuel (1996–1998): *La era de la información: economía, sociedad y cultura*. Madrid: Alianza.

Coupland, Nikolas (2010): *The Handbook of Language and Globalization*. Oxford: Wiley-Blackwell.

Duchêne, Alexandre y Monica Heller (2012): *Language in Late Capitalism: Pride and Profit*. London: Routledge.

Eriksen, Thomas (2007): *Globalization: The Key Concepts*. Oxford: Berg.

Heller, Monica (ed.) (2007): *Bilingualism: A Social Approach*. New York: Palgrave.

Lynch, Andrew (ed.) (2019): *The Routledge Handbook of Spanish in the Global City*. London: Routledge.

Moreno-Fernández, Francisco (1999–2000): "El estudio de la convergencia y la divergencia dialectal". *Revista Portuguesa de Filologia*, 23: 1–27.

Moreno-Fernández, Francisco y Hiroto Ueda (2018): "Cohesion and particularity in the Spanish dialect continuum". *Open Linguistics*, 4–1: 722–742. https://doi.org/10.1515/opli-2018-0035

Thompson, Robert W. (1992): "Spanish as a pluricentric language". In M. Clyne (ed.), *Pluricentric Languages: Differing Norms in Different Nations*. Berlin: Mouton de Gruyter, pp. 45–70.

Índice

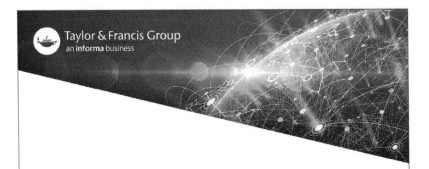